15C
2
REISEHANDBUCH 2A
Cuba

CUBA

VOM UNTERWEGS VERLAG

Verlag
Unterwegs

IMPRESSUM

Dies ist eine Originalausgabe der
Unterwegs Verlag GmbH
Auf der Höhe 6
D-78224 Singen
Tel. +49 (0) 7731 838-0, Fax +49 (0) 7731 838-19,
info@unterwegs.de, www.reisefuehrer.com, www.unterwegs.de

Autor: Thomas Schlegel
Aktuelle Auflage, Texte und Redaktion: Manfred Klemann,
Nico-Gabriel Klemann
Fotos: www.shutterstock.com, www.unsplash.com, www.pexels.com,
Vivian Zadow I Instagram vi_vison
Inselkarten und Ortspläne: Susanne Handtmann
Herstellung/Layout: Cedric Gruber
Titelbild: Das Titelbild zeigt eine Straße in Havanna
(Foto: Vivian Zadow I Instagram vi_vison)

ISBN 978-3-86112-232-6

Haftungsausschluss
Alle in diesem Buch enthaltenen Angaben, Daten usw. wurden von den Autoren und dem Verlag nach bestem Willen erstellt und mit größter Sorgfalt überprüft. Gleichwohl sind inhaltliche Fehler nicht vollständig auszuschließen. Daher erfolgen die Angaben usw. ohne jegliche Verpflichtung oder Garantie des Verlages oder der Autoren. Beide übernehmen keinerlei Verantwortung und Haftung für etwaige inhaltliche Unrichtigkeiten.

Bibliografische Information der Deutschen Nationalbibliothek
Die Deutsche Nationalbibliothek verzeichnet diese Publikation in der Deutschen Nationalbibliografie; detaillierte bibliografische Daten sind im Internet über http://dnb.d-nb.de abrufbar.

INHALT

CUBA

LA HABANA

ZENTRAL CUBA

CUBAS WESTEN

CUBAS OSTEN

CUBAS INSELN

CUBA

EINE ANNÄHERUNG

Klischees und Widersprüche bestimmen die Vorstellungen über Cuba seit den Tagen des Großadmirals Christoph Kolumbus, der als erster Weltreisender von Rang und Namen die Neue Welt im Zeitalter der Renaissance betrat. „Diese Insel ist wohl eine der schönsten, die Menschenaugen je gesehen haben", waren seine emphatischen Worte, mit denen er vor seiner Herrin, der allerkatholischsten Königin Isabella von Spanien, die gerade erst entdeckte größte aller Karibikinseln pries. Damals glaubte er, den Seeweg nach Indien und die sagenhaften Goldschätze Kubla Khans gefunden zu haben.

Heute ist die Zahl der Bilder und Ferienträume, die die Touristikbranche über Cuba verbreitet, Legende: Seien es traumhafte Palmenstrände und ein Meer, das in allen Blau- und Türkistönen in der Sonne flimmert, exotische Cocktails am Strand, Rum und Rumba, fetzige Salsarhythmen, Kolonialstädte voller Charme, die glorifizierende Erinnerung an Ernest Hemingway, den berühmtesten aller Cuba-Residenten, und natürlich die Havannas, Cubas weltberühmte Zigarren. Die erste Bruchlandung erleben allzu rosa gefärbte Illusionen bereits in der Ankunftshalle von Havannas Flughafen: Die Damen und Herren der Immigración scheren sich in ihren Kontrollkabinen wenig um Flausen und Empfinden der in der Warteschlange langsam vorrückenden Inselgäste. Statt „Buenas tardes!" sollte es einfach heißen: „Bienvenido! Vergesst alles, was ihr über Cuba zu wissen glaubt, und macht euch fertig für das große Entsetzen und für das große Staunen!"

Unter dem Wendekreis des Krebses: das Klima

Von warmen Meeresströmen umflossen, weist Cuba ein randtropisches, wechselfeuchtes Klima mit subtropisch warmen Temperaturen auf. Die Mittelwerte liegen in den wärmsten Monaten, Juli und August, bei 29 °C, in den kältesten, Januar und Februar, bei 23 °C. Die sehr hohe relative Luftfeuchtigkeit von 81 % im Sommer und 79 % im Winter bewirkt in den Sommermonaten unvermeidlichen Schweißausbrüche und dass die schwüle Hitze als heißer empfunden wird, als sie tatsächlich ist. Während der Norden und Nordosten unter Einfluss der nordatlantischen Hochdruckzone stehen, herrscht im Südosten, vor allem in den Höhenzügen der Sierra Maestra, wegen des Nordostpassats ein immerfeuchtes tropisches Regenklima mit Niederschlägen von ca. 1500 mm pro Jahr. Statt durch Jahreszeiten wird der Jahresverlauf durch wechselnde Niederschlagsmengen markiert. Der von November bis April dauernden, extrem niederschagsarmen Trockenzeit des Winters (invierno), in Cuba „La Seca" genannt, steht die sommerliche Regenzeit (verano) von Mai bis Oktober gegenüber. Der Regen kommt oft in kurzen Wolkenbrüchen nach dem Höchststand der Sonne (tropische Zenitalregen) oder als Gussregen in der zweiten Tageshälfte. Als Temperaturtiefstwerte werden mitunter 7 °C (1996 sogar nur 4 °C), als Höchstwerte über 44 °C erreicht.

Cubas Küste weist 289 natürliche Strände auf. An der Nordküste sind sie länger und zeichnen sich durch sehr hellen Sand, eine rollende Brandung und Unterwasserströmungen aus. An der Südküste sind die Strände mit dunklerem Sand oft steinübersät und felsig, an vielen Stellen morastig. Das Meer ist dort ruhiger und eine Heimstätte für Seeigel. Die Südstrände sind im Winter nicht den kalten Nordwinden (nortes) ausgesetzt, auch die Wassertemperatur ist das ganze Jahr über 2–3 °C höher als an der Nordküste.

Schatten über dem Paradies: Hurrikane

Zwischen Juli und Oktober, in der *Hurricane season*, wenn das Meer und die darüberliegenden Luftschichten ihre Temperaturmaxima erreicht haben, bilden sich in den tropischen Breiten des Atlantiks Wirbelstürme. Der größte regionale Entstehungsherd liegt östlich der Kleinen Antillen, von dem sich Stürme mit Geschwindigkeiten bis zu 250 km/h nordöstlich nach Cuba, Florida und den Bahamas fortbewegen. Auch wenn sich vie-

Stadt Cienfuegos während des Hurrikans Irma 2017

Aussicht vom Botanischen Garten Soroa Orchid

le auf dem Meer austoben und in Richtung Karibisches Meer weiterziehen, kommt es vor, dass ein Hurrikan über Cuba hinwegfegt. Am gefährdetsten sind die westlichen Provinzen Pinar del Río und Havanna. Dabei erfolgen verheerende Vegetationsschäden, u.a. die Vernichtung der Ernte, weitreichende Überschwemmungen, Tausende werden obdachlos. Dank moderner Technologie werden die Wirbelstürme bereits während ihrer Entstehung beobachtet und die Bevölkerung kann rechtzeitig gewarnt und evakuiert werden.

Bedrohter Lebensraum: die Vegetation

Die ursprüngliche Vegetation der Tiefebenen Cubas, von Savannen durchsetzte, regengrüne Feucht-

wälder, wurde über die Jahrhunderte zerstört. Zunächst wurden Bäume als Baumaterial für die spanische Kriegs- und Handelsflotte geschlagen (bereits Mitte des 16. Jh. wurde in Havanna Lateinamerikas erste Werft errichtet), dann von französischen Einwanderern, um Platz für Kaffeeplantagen zu schaffen. Der größte Teil des Waldes fiel Brandrodungen für den Zuckerrohranbau zum Opfer. Edelhölzer wie Mahagoni, Ebenholz, Ceiba-Bäume oder Zedern verschwanden aus Cubas Wäldern. 1959 war der Anteil des Waldes an der Gesamtfläche auf 14 % gesunken. Die Hochebenen nehmen heute Strauchsteppen mit Dornbuschgewächsen und Kakteen ein. Nur noch die Nordhänge der Gebirge tragen Reste tropischen Regenwaldes. Die Küste säumen Mangroven- und Sumpfwälder wie in der Cíenaga de Zapata, die Schutz vor Erosion sowie Fischen und Vögeln Lebensraum und Brutstätten bieten. Obwohl seit dem Manatí-Plan 1987 vorwiegend mit Pinien, schnell wachsenden Eukalyptus- und Laubbäumen eine massive Wiederaufforstung betrieben wird, ist gegenwärtig nur ⅕ der Insel mit Wald bedeckt.

Flora – Palmenpracht und Blütenzauber

Tropische Vegetation und Klima bewirken, dass die Insel trotz des Kahlschlages der Wälder nach wie vor üppig grün wirkt. Von den mehr als 8000 botanischen Arten ist gut die Hälfte endemisch. Im Landesinneren bestimmen schlanke, bis zu 40 m hohe Königspalmen (*palma real,* die prächtigste unter Cubas 30 einheimischen Palmenarten) die Landschaft, während an den Stränden Pinien vorzufinden sind. Sämtliche Bestandteile der auch im Nationalwappen abgebildeten, gesetzlich geschützten Königspalme werden genutzt: Mit den über 4 m langen Blattwedeln werden die Dächer der Bauernhütten gedeckt, das Stammholz zu Brettern und Möbeln verarbeitet und aus den Blatthülsen entsteht Flechtmaterial für Körbe und Schuhe. Die Palmherzen gelten unter Gourmets für Suppen und Salate als Delikatesse, Samen und Palmhonig verfüttert man an Haustiere. Aus den im Norden der Provinz Matanzas wachsenden Sisalagaven werden Seile und Textilien hergestellt.

Der intensiv duftende, weiß blühende Schmetterlingsjasmin *Mariposa* ist die Nationalblume, mit der sich Freiheitskämpfer in den Unabhängigkeitskriegen schmückten. Auch wenn diese aus Asien stammende Blume in Cuba rar geworden ist, kann man sie an den Ufern von Bächen, Seen und Lagunen bewundern. Von zu Hause nur als winzige Zierpflanzen bekannt, wachsen hier Bougainvilleen, Hibisken und Orchideen (mehrere hundert Spezies) sowie aus dem Fernen Osten stammende Flamboyant-Bäume, die um die Weihnachtszeit in leuchtenden Orange- und Rottönen erblühen, grün-weißblättrige Yagruma-Bäume oder Jacaranda-Sträucher in stattlicher Größe und verschwenderischer Pracht. Neben Zitrusfrüchten wie Orangen und Limonen sowie Bananen sind Mangos und Papayas das weitverbreitetste Obst.

Fauna – Zunzún: Cubas winzigster Superstar

Besonders vielfältig ist Cubas Tierwelt. Mit Ausnahme der Krokodile gibt es keine Tiere, die Menschen bedrohlich werden. Selbst das cubanische Süßwasserkrokodil ist fast ganz aus den Mangroven-Dickichten verschwunden und eigentlich nur noch in den Krokodil-Zuchtfarmen der sumpfigen Zapata-Halbinsel (Guamá) und auf der Isla de la Juventud anzutreffen. Ein Relikt vergangener Zeitalter ist der etwa hechtgroße *Manjuarí*-Alligator, der einer Kreuzung aus Fisch und Reptil ähnelt. Andere verbreitete Reptilien sind Leguane, Echsen und Salamander. Außer den landwirtschaftlichen Nutztieren ist der katzengroße, markant riechende *Almiquí,* ein maulwurfartiges, Insekten vertilgendes Nachttier, das größte freilebende Säugetier Cubas. Wie die rotäugigen Leguane (die Spezies cyclura hubita kommt nur auf Cuba und den Cayman Islands vor) ist der *Jutia conga,* ausgewachsen ca. 60 cm lang und 5 kg schwer, ein inseltypisches Nagetier, das sich in geschützte Waldgebiete und Mangroven-Sümpfe zurückgezogen hat.

Unter den auf Cuba heimischen 350 Vogelarten, von denen die Hälfte nur zum Überwintern hierherkommt, wird man am häufigsten Truthahn- und Rabengeiern, weißen Kuhreihern sowie Kanarienvögeln begegnen. An der Küste sind Flamingos und Pelikane die prächtigsten Vögel. Seine Federn in den Farben der cubanischen Flagge (blau, weiß, rot) machen den nur auf Cuba heimischen, mit dem Quetzal verwandten *Trogon* (tocororo) zum Nationalvogel. Da er in Gefangenschaft nicht überleben kann, ist er zudem ein Cuba-typisches Freiheitssymbol. Reizvollste Rarität unter den Vögeln ist der *Zunzún* (Bienenkolibri, auch als *zunzuncito* oder *Pájaro mosca* bekannt), weltweit der kleinste Vogel (Gewicht 2–3 g), dessen Flügel, wenn er vor einer Blüte schwirrt, um mit seinem langen Schnabel den Nektar zu sammeln, mit bloßem Auge nicht auszumachen sind. Keine der 14 Schlangenarten auf Cuba ist giftig. Und selbst die pythonverwandte Mají-Boa, Cubas größte Schlange, die eine Länge bis zu 4 m erreicht und ihre Beute durch Strangulieren tötet, ist extrem menschenscheu und keine reelle Gefahr. Lästig hingegen sind Moskitos in den Sumpfgebieten. Cubas Küstengewässer sind der Lebensraum von rund 900 Arten tropischer, farbenprächtiger Fische. Klassiker der Speisefische sind Marline, Rotbarsche, Tunfisch, Steinbeißer und Königsfische.

Das Innenministerium Gebäude mit Gesicht von Che Guevara in Havanna

GESCHICHTE

Die cubanische Revolution

Eigentlich war geplant, zeitgleich mit dem Aufstand des M-26-7 unter Frank País bereits am 30. November in Santiago de Cuba einzutreffen. Doch wie die Aktion in Santiago wurde die Landung zum Fiasko. Die Granma war hoffnungslos überladen, die Navigation defekt und die Besatzung nach tagelanger Irrfahrt vollkommen erschöpft. Waffen gingen über Bord, das Rettungsboot sank, die Revolutionäre gerieten in einen Hinterhalt. Zu den wenigen Überlebenden gehörten Castro, sein Bruder Raúl und Che, die sich im unzugänglichen Gebiet verschanzten. Sie sahen sich als Kämpfer fürs einfache Volk, begannen mit der Agitation unter der Landbevölkerung, erteilten den zuerst skeptischen Bauern Unterricht und richteten Krankenstationen ein. Als die Zahl derer, die zu den Bärtigen in die Sierra stieß, wuchs, entwickelte sich das Hauptquartier La Plata zum kleinen Dorf, dessen Radiostation *Rebelde* über die ganze Insel sendete. Waffen wurden durch Überfälle auf Kasernen besorgt.

Eine Verbindung zur Metropole Havanna erhielten die Guerilleros durch die Unterstützung des Studentischen Revolutionären Direktoriums.

Von Ost nach West wurde Cuba durch Guerilla-Aktivitäten aufgerollt. Fast zwei Jahre nach der Landung der Granma ergab sich nach erbitterten Gefechten im Sommer 1958 das größte Bataillon der Regierungstruppen. Im Dezember 1958 fielen Santa Clara und Sancti Spíritus in die Hände der Guerilleros, Castro marschierte mit einem großen Kontingent auf Santiago zu. In Panik geraten, orderte Batista während einer rauschenden Silvesterparty ein Flugzeug, das ihn im Morgengrauen mit zig Millionen Dollar und seinem geliebten goldenen Fernseher nach Santo Domingo brachte. Nach der einwöchigen umjubelten Siegesfahrt von Santiago nach Havanna zog Castro mit seinen Truppen am 8. Januar 1959 in die Hauptstadt ein.

Ein neues Cuba

Im Frühjahr 1959 begann die Revolutionsregierung – mit Castro als Premierminister, Guevara wurde Präsident der Nationalbank –, ein neues Cuba zu errichten, verkündete die Abschaffung der Rassendiskriminierung, Alphabetisierungskampagnen und kostenlose Gesundheitsfürsorge für alle. Die Kontrolle der cubanischen Wirtschaft durch die USA sollte beseitigt werden. Die Agrarreform verteilte durch Enteignung des Großgrundbesitzes gewonnenes Land an Kleinbauern und schuf staatliche Landwirtschaftsbetriebe. Die zweite Landreform 1963 begrenzte privaten Landbesitz auf 67 ha. Dass auch die riesigen Ländereien von US-Konzernen betroffen waren, ließ in den Köpfen der US-Regierung das „Gespenst des Kommunismus" umgehen, das durch die Karibik geisterte. Nach massiven Drohungen verhängten die USA Sanktionen und ein Handelsembargo gegenüber Cuba, das mit der Verstaatlichung von US-Banken und Unternehmen reagierte, was zum Abbruch der bilateralen Beziehungen führte. In der ersten Euphorie wurde Zuckerrohr als Symbol wirtschaftlicher Abhängigkeit in der Entwicklungsstrategie zugunsten einer forcierten Industrialisierung mit stärkerem Produktionswachstum vernachlässigt. Doch die unerbittlichen Fakten globaler Abhängigkeiten ließen sich nicht per Willensakt überspielen. Nach bescheidenen

Anfangserfolgen sollte wieder die alterprobte Zuckerrohrtechnologie hohe Erntemengen und Verkaufserlöse zur Investition in die Industrialisierung einbringen. Aus Furcht vor einer Invasion und nach Mordanschlägen auf Castro wurden Komitees zur Verteidigung der Revolution (CDR) gegründet, um die Küsten Tag und Nacht zu überwachen und auf Angriffe schnell reagieren zu können.

Invasion in der Schweinebucht und „Cubakrise"

Nach der Revolution emigrierten viele wohlhabende Cubaner nach Florida und bilden in Miami eine lautstarke Exilgemeinde, Little Havanna, die vehement den Sturz Castros forderte. Ihre konterrevolutionären Aktivitäten kulminierten am 17. April 1961 mit der von den USA unterstützten Invasion in der Schweinebucht. Doch das CDR

Der sowjetische Außenminister Andrei Gromyko (3. v. l.)

im Gespräch mit US-Präsident John F. Kennedy

bestand seine Bewährungsprobe. Die von Kennedy zugesagte Luftunterstützung blieb aus, so dass die von Kanonenbooten an Land stürmende Söldnerbrigade, bestehend aus 1500 vom CIA trainierten Exilcubanern, innerhalb von 72 Stunden vernichtend geschlagen wurde. Für Kennedy und die Supermacht war es ein Debakel. Zum ersten Mal hatte die junge Republik der Welt gezeigt, dass Castro die Unterstützung weiter Teile der Bevölkerung hinter sich hatte. Die USA verfügten gegen Cuba ein totales Wirtschaftsembargo und drängten alle verbündeten Staaten inkl. Deutschland (nur Kanada und Mexiko widersetzten sich), sich diesem anzuschließen, was auf Cuba Versorgungsengpässe bei Nahrungsmitteln und Ersatzteilen auslöste. Guevara nahm erste Handelsbeziehungen mit der Sowjetunion auf, am 1. Mai 1961 proklamierte Castro den sozialistischen Staat Cuba und bekannte sich zum Marxismus-Leninismus. Die UdSSR nahm die Insel mit offenen Armen auf, unterstützte Castro mit Waffen, garantierte die Abnahme von Zucker zum weit über dem Weltmarktniveau liegenden Preis und lieferte Erdöl zu Dumpingpreisen. Im Oktober 1962 ließ die Stationierung sowjetischer Abschussrampen für Mittelstreckenraketen auf Cuba die Auseinandersetzungen mit den USA eskalieren und brachte die Welt für zwei Wochen an den Rand eines Atomkrieges. Nachdem die USA eine Seeblockade verhängt hatten und mit der Bombardierung der Insel drohten, kam es zu hektischen diplomatischen Konsultationen und einem zynischen Pokerspiel, das schließlich Kennedy gegen Cruschtschow gewann, als letzterer am 28. Oktober die Raketenbasen ohne Faustpfand wieder abbauen ließ und die Cubakrise beendete.

POLITIK

Konzentration der Macht

Augenfälligstes Merkmal cubanischer Politik war die Konzentration politischer Macht in der Person Fidel Castros. Die väterlichen Beziehungsmuster zwischen dem Máximo lider und dem cubanischen Volk hatten ihre Wurzeln in der Revolution, aber auch im Kontext der lateinamerikanischen Tradition des Caudillo. Zusammen mit Castros Charisma förderte dies den politischen Hierarchisierungsprozess. Seit ihrer Institutionalisierung hat die zentralstaatliche Entscheidungsgewalt (Ministerrat, Kommunistische Partei) die Mobilisierung und Beteiligung der Bevölkerung an der Umsetzung getroffener Entscheidungen zu gewährleisten. Trotz anhaltender Wirtschaftsmisere und einer umsichgreifenden Apathie innerhalb des Pueblo blieben die Stabilität der Regierung und ihr hoher Legitimitätsgrad lange unangetastet, obwohl die Partizipationsmöglichkeiten am politischen Entscheidungsprozess, angesichts einer bürokratischen Führungsschicht, die sich zunehmend autoritärer Herrschaftsmethoden bediente, sehr gering sind.

Fidel Castro

Auch als sein mächtiger Bart ergraute und dünn wurde, die Bewegungen schwerfällig und unverkennbar war, dass der große Mann (und die Revolution?) in die Jahre gekommen war, blieb er geliebt, verehrt, respektiert, aber auch gefürchtet und gehasst. Nach außen symbolisierte Castro die Verteidigung nationaler Souveränität, während innenpolitisch kein anderes Land so stark von der Persönlichkeit eines einzigen Mannes geprägt wurde wie Cuba durch den *Comandante y jefe*. Ob nun Máximo lider oder Comandante y jefe, in seinen stundenlangen Reden wusste er durch eine wohlprononcierte Dramaturgie und fast magische Hingabe an das Wort die Zuhörer in seinen Bann zu ziehen. Unablässig nährte er Illusionen und forderte im gleichen Atemzug das Volk auf, auch in den härter gewordenen Zeiten durchzuhalten. Er hatte die Fehler der Revolution zu verantworten und trat gleichzeitig als deren erster Kritiker auf, schwankte zwischen Dogmatismus und Pragmatismus und hielt dennoch am eingeschlagenen Weg unbeirrt fest. Nur widerstre-

FIDEL CASTRO
0000050

50
CINCUENTA

★★★★★

No es un medio de pago

AA00

Fidel Castro, Portrait aus Russland auf 50 Pesos Banknoten

bend hatte Castro in den 1960er Jahren das sowjetische Politmodell für Cuba übernommen, dann wurde er zu einem der letzten Verfechter des Marxismus-Leninismus.

Castro setzte sich an die Spitze einer tiefgreifenden Volksrevolte, die heterogene Bevölkerungsteile vereinte, mit sozialen und nationalen Zielsetzungen, die sich gegen Batistas Militärdiktatur richtete, sich radikalisierte und schließlich in ein Klima permanenter Konfrontation mit den USA mündete. Sie hat bei der unterprivilegierten ländlichen Bevölkerung soziale Erwartungen geweckt, einige auch erfüllt. Darin wie im gemeinsamen revolutionären Kampf in der Sierra Maestra gründete die charismati-

sche Autorität, die Castro bei der Mehrheit des cubanischen Volkes genoss. Und dass ein kleines Land den Mut besitzt, der unzugänglichen Arroganz der Herren aus dem Norden zu trotzen, hat Cuba im übrigen Lateinamerika und in der Dritten Welt viele Sympathien eingebracht.

Ernesto Che Guevara

(1966), nachdem er Cuba verlassen hatte, um im bolivianischen Guerillakrieg und für die Revolution in ganz Lateinamerika zu kämpfen: *En esta isla sólo hay espacio para un individualista. Yo soy el otro –* „Auf dieser Insel ist nur Platz für einen Individualisten. Ich bin der andere."

Die Post-Castro-Ära

Im Februar 2008 übertrug ein schwerkranker Fidel Castro die Präsidentschaft seinem Bruder Raúl, einem wenig charismatischen, aber mit pragmatischem Gespür ausgestatteten Apparatschik. *Während der Übergangsregierung* Raúl Castros wurden viele drängende Wirtschaftsreformen zögerlich angegangen. Immerhin sind viele Beschränkungen in der Privatwirtschaft aufgehoben und über 2000 bisher staatlich kontrollierte Bereiche für Selbstständige zugänglich. Wer kann (und will), ist jetzt als Taxi-Chauffeur unterwegs, schneidet Haare, gibt den Sprach- oder Tanzlehrer, verkauft Pizzas, Sandwiche, von der Finca Obst und Gemüse, Kleidung, Schuhe und Haushaltswaren. Für Casas Particulares und Paladares wurden zig neue Lizenzen vergeben und Limitierungen aufgehoben. Privatrestaurants können statt zwölf 50 Sitzplätze haben und konkurrieren auch in ihrer Kapazität mit staatlichen Restaurants. Außenpolitisch größter Erfolg Raúl Castros war der Besuch Barak Obamas und die vorsichtige Annäherung im politisch-ökonomischen Tauwetter, was ein Strohfeuer war, weil die Trumpsche Präsidentschaft die Vereinbarungen nicht nur aufhob, sondern über 100 neue Sanktionen gegen Cuba verhängte. Umso dringlicher war das Bündnis mit Venezuela, das bis zum *ökonomischen* Kollaps Erdöl zum Freundschaftspreis an Cuba lieferte. Cuba wiederum entsandte eine Armada an Ärzten und Gesundheitshelfern nach Venezuela. Der Export von Gesundheitspersonal in Staaten Lateinamerikas und Dritt-Welt-Länder wurde neues Geschäftsmodell. Auch nach dem Tod Fidel Castros und Rücktritt Raúl Castros änderte sich mit dem neuen Präsidenten Miguel Díaz-Canel wenig. Für Cuba wurde der Ausfall Venezuelas als Energie- und Devisenquelle zum größeren Fiasko als die mit gesteigerter Intensität über die Insel fegenden Hurrikane. Durch die Covid-19-Pandemie fand für zwei Jahre kein Tourismus auf Cuba statt,

Che Guevara auf Cuba Banknote

brachte den Staatshaushalt zum Bersten und viele Privatpersonen, die Restaurants betreiben oder Gästezimmer vermieten, in Existenznot. Die cubanische Mangelwirtschaft steuerte auf neue Tiefstände zu und die Verzweiflung der Menschen kulminierte. Ausgehend von Havannas Vorort San Antonio de los Baños braute sich, über soziale Netzwerke angefeuert, im Juli 2021 ein landesweiter Massenprotest gegen Regierung und Lebensbedingungen in Cuba zusammen. Von Regierungsseite abgewürgt und beschwichtigt, brodelt es bei den Oppositionellen weiter. Seit November 2021 ist ein Exodus von Cubanern über das visafreie Nicaragua in Richtung USA im gange.

Zum 1. Januar 2021 schaffte die lang angekündigte Währungsreform den Peso Convertible (CUC) ab und machte den Peso Cubano (CUP) zum alleinigen Barzahlungsmittel. Ein konsequenter Schritt, jedoch inkonsequent ausgeführt. Denn die Einführung der Tarjeta Prepago MLC, die devisendefiniert ist – entsprechende Konten lassen sich nur mit Devisen-Währungen aufladen – und mit der man in exklusiven Geschäften einkaufen kann, verursachte einen entfesselten Schwarzmarkt und zementierte eine sozialistische Zwei-Klassen-Gesellschaft.

BEVÖLKERUNG

Gesundheitswesen

Cubas Gesundheitswesen ist komplett staatlich. Nach der Revolution wurden hunderte Krankenhäuser und Polikliniken gebaut. Die medizinische Versorgung auf dem Land verbesserte sich durch Gesundheitszentren und die Einführung des Hausarzt-Systems selbst in abgelegensten Orten (junge Ärzte beginnen ihre Laufbahn mit zwei Praxisjahren auf dem Land). Mit einem Arzt je 320 Einwohner nimmt Cuba weltweit eine Spitzenposition ein, Prophylaxe und Gesundheitsaufklärung genießen Priorität. Kliniken und Forschungsinstitute in Havanna erzielten hervorragende Ergebnisse (z.B. Augenkrankheiten, Herz- und Transplantationschirurgie). In der Impfstoffforschung wurden Arzneien gegen Poliomelitis, Meningitis und Covid-19 entwickelt. Krankheiten wie Tuberkulose, Typhus und Malaria sind zurückgedrängt oder ganz beseitigt. Die Säuglings- und Kindersterblichkeit reduzierte sich durch Schwangerenbetreuung, Vorgeburtenstationen und Nachberatung auf den niedrigsten Stand (1,4 %, in den USA 4 %). Die aufgrund des Handelsembargos der USA bestehenden Versorgungslücken (Stromversorgung bei OPs, Arzneimittel) sind trotz eingeräumter Priorität immer schwieriger zu lösen. Ärztliche Behandlungen und Krankenhausaufenthalte sind für Cubaner kostenlos. Die cubanische Sozialgesetzgebung beinhaltet eine Unfall- und Arbeitslosenversicherung, Invaliden- und Mutterschaftsrenten.

Religion

Cubas Verfassung trennt Kirche und Staat. Etwa die Hälfte der Bevölkerung ist konfessionslos, ca. ⅓ gehört der römisch-katholischen Kirche, ca. 6 % den protestantischen Methodisten und der Episkopal-Kirche an, ca. 70.000 sind bekennende Baptisten. Im Gegensatz zu anderen Ländern Lateinamerikas besitzt die katholische Kirche, die in der vorrevolutionären Zeit nie eine Kirche der Armen war, in Cuba einen schwachen Einfluss, der sich nach drei Papstbesuchen kaum verstärkte. Volkstümliche Ausdrucksformen reichen von Heiligenverehrung bis Aberglauben. Gottesdienste werden wenig, hauptsächlich von älteren Frauen in Dörfern und der Provinz, wo reli-

giöse Traditionen verbreiteter sind, besucht. Entgegen einer Kirche in der Krise hat die wirtschaftliche Not zur Popularisierung afrocubanischer Kultgemeinschaften geführt. Die wichtigsten sind die *Santería,* auch unter der Bezeichnung *La Regla de Ochoa* bekannt, *Palo de Monte* (ein mehr mit dem haitianischen Voodoo verwandter, von Schwarzer Magie geprägter Kult), *Regla de Conga* (in der die Rituale der Zauberei, in deren Zentrum der Priesterschamane mit seinem mit allerlei Okkultem – Tierkadaver, Kräuter, Zweige etc. – gefüllten, eisernen Topf, dem „Nganga" steht, dominieren) und *Abakuá* (eine ursprünglich Angst und Schrecken verbreitende Organisation, eine Art Blutsbund – einmal aufgenommene Mitglieder, die „Ñañigos", die ausschließlich Männer waren und einen aggressiven Männlichkeitskult pflegten, konnten ihn Zeit ihres Lebens nicht mehr verlassen –, der ins Verborgene und Geheime abgetaucht ist).

CUBA A–Z

An-, Abreise

Cuba verfügt über zehn internationale Flughäfen. Die größte Bedeutung kommt dem *Aeropuerto Internacional José Martí* in Havanna zu. Es folgen Varadero für den (reinen) Badeurlaub und Holguín für Reiseziele im Osten Cubas. Die reine Flugzeit (Mitteleuropa–Cuba) beträgt 10–11 Std. Zwischenstopps, die Anreise (Flug/Fahrt) zum Abflughafen, die Wartezeit bei/nach dem Check-in führen dazu, dass die Gesamtreisezeit aber mind. 16–18 Std. beträgt.

Cocina criolla – Die cubanische Küche

Die cubanische Küche kennzeichnet eine bodenständige Sachlichkeit. Es wird zu fett, zu viel und vor allem viel zu süß gegessen. Folglich verwundert es nicht, dass ein stattlicher Anteil der Bevölkerung an den als solchen apostrophierten Problemzonen ebenso stattliche P(r)oportionen vorzuweisen haben.

Dennoch ist ihre Lust auf Nascherein ungebrochen, sei es das delikates Schokoladeneis in einer Coppelia-Eisdiele, Dulces (Süßigkeiten) jedweder Art oder der Café cubano, der obligatorische Kaffee nach dem Essen. Dieser muss stark, schwarz, heiß und vor allem zuckersüß sein – wie eine schöne Mulattin, so sagen's jedenfalls die Cubaner.

Das Nationalgericht der rustikalen Cocina criolla ist ein saftiger Schweinebraten (Cerdo asado) mit *Moros y cristianos* (im „Oriente" unter der Bezeichnung *Congrí* geläufig), das ist mit schwarzen Bohnen untermischter Reis, zu dem Yucca oder Kochbananen (plátanos) serviert werden. Gekocht, flachgedrückt und in Öl gebacken heißen diese *Tostones* oder *Patacones pisaos* („abgelautete Absätze"). Weitere cubanische Klassiker sind *Ajiaco*, ein Eintopf afrikanischen Ursprungs aus Wurzelgemüse und Schweinefleisch, die mit Fleisch oder Meeresfrüchten zubereitete Paella, für die der Reis in einer deftigen Fleischbrühe gekocht wird, Rindergulasch (picadillo) und Pollo frito (gebratenes Huhn, der definitive cubanische Dauerren-

ner). Gemüse wird von Cubanern verschmäht und kaum serviert. Cubanische Salate bestehen nur aus Gurken, ein paar in Öl getauchte Tomatenscheiben und etwas Kraut oder Rote Bete. Delikate Soßen und Gewürze sind dem Gros der Köche unbekannt, die aber allerorts mit ihrem Standard viel zu viel Salz, Zwiebeln und Knoblauch bestechen.

(Gesetzliche) Feiertage

1. Januar – *Día del Triunfo de la Revolución*. Jahrestag des Sieges der Revolution

1. Mai – *Día del Trabajo*. Großkundgebung auf der Pl. de la Revolución in Havanna

26. Juli – *Día de la Rebeldía Nacional*. Jahrestag des Sturms auf die Moncada-Kaserne. Der 25. und 27. Juli sind ebenfalls Feiertage.

10. Oktober – *Día de la Cultura Cubana*. Beginn des I. Unabhängigkeitskrieges 1868

25. Dezember – Weihnachten

Zu den wichtigsten nationalen Gedenktagen gehören: 28. Januar: Geburtstag von José Martí. 8. Oktober: Todestag von Ernesto Guevara. 2. Sonntag im Mai, der heroischste Gedenktag: *Día de la Madre* (Muttertag)

Fotografieren & Videoaufnahmen

Die Fotoausrüstung bringt man mit. In der digitalen Zeitenwende ist Cubas chronischer Mangel an Farbfilmen obsolet, Speicherkarten für Digitalkameras brauchen keinen Platz im Gepäck. Anders ist es bei Reflektoren, Blitzgeräten, Stativen etc. Beim Fotografieren (vermeiden, wenn die Sonne im Zenit steht) sind die den tropischen Breiten eigenen Lichtverhältnisse zu beachten, z.B. sorgt intensives Sonnenlicht für harte Kontraste, Bildteile verschwinden in der Finsternis, andere sind grell überbelichtet. Cubas morbider Charme und die exotische Natur in intensiven Farben bieten Motive en masse. Generell verboten ist das Fotografieren militärischer Anlagen. In vielen Museen ist Fotografieren nur gegen Gebühr erlaubt (bei Videokameras sehr hoch). Die Cubaner sind ein Volk, das gerne posiert und sich in Szene setzt. Trotzdem sollten im Gespräch mögliche Mißverständnisse (oft wird für ein(ige) Foto(s) ein Dollar eingefordert) von vornherein umgangen werden.

Geldwechseln – Währung

Landeswährung ist der **Cubanische Peso: CUP**. Mit ihm sind Waren und Dienstleistungen in Cuba bepreist oder etikettiert. Ausländer können mit dem Peso, in einigen Gebieten auch mit dem Euro bezahlen. Dazu gehören Varadero, Cayo Coco, Guardalavaca, Jardines del Rey und Santa Lucía. Offizielle Wechselstellen sind die *Cadecas* (Casas de Cambio), ein Relikt aus Zeiten, in denen nur dort der Peso Convertible in Moneda Nacional eingetauscht werden konnte. Geblieben ist die Cadeca als seriösester Ort von Geldgeschäften. Inzwischen bekommt man den CUP auch in Banken oder gar im Hotel für Euro oder Schweizer Franken und kann diesen dort auch zurücktauschen.

Der Wechselkurs entspricht den aktuellen Börsennotierungen des US-Dollars, mit der Konstante, dass 1 US\$ fix 24 CUP entspricht. Auf dem Schwarzmarkt wird man für Euro deutlich mehr Cubanische Pesos bekommen, mit allen Risiken, denn es ist traditionell ein Sektor, in dem verstärkt gerissene Betrüger agieren. Nur mit Personen des persönlichen Vertrauens ist Geldwechseln unbedenklich. Viele Cubaner bevorzugen, für ihre Waren oder Dienste Euro zu bekommen. Der CUP ist eine reine Binnenwährung und sollte vor Abreise aufgebraucht oder zurückgetauscht werden.

Eine neue und sichere Zahlungsvariante ist die **Tarjeta Prepago MLC (MLC-Prepaid-Karte**: **M**oneda **L**ibremente **C**onvertible), die man in den Cadecas bekommt. Mit ihr kann man einkaufen und Dienstleistungen bezahlen, z.B. ein Auto mieten, Hotelzimmer oder Exkursion reservieren, (Flug-)Tickets kaufen, die Rechnung in Geschäften, Restaurants und Bars begleichen etc. Tarjeta-Prepago-MLC-Karten gibt es zu festen Beträgen von

1000, 500 und 200 MLC (die Zahl bezieht sich auf den aktuellen Wert des US-Dollars). Sie sind nicht personenbezogen, erfordern eine PIN für den Zugang, können nur in Cuba verwendet werden und sind zwei Jahre gültig. Beim Erwerb einer MLC-Prepaid-Karte wird von der Cadeca eine Gebühr erhoben. Diese beträgt 5 MLC oder entsprechender Betrag in einer akzeptierten Währung. Vor der Abreise aus Cuba wird der Restbetrag in frei konvertierbarer Währung in einer Cadeca-Filiale oder am Flughafen zurückerstattet. Zu den Vorteilen einer Tarjeta-Prepago-MLC gehört die Sicherheit. Durch den Höchstbetrag sind Ausgaben limitiert und kontrollierbar, bei Diebstahl ist sie ohne PIN unbrauchbar, nicht an ein Bankkonto gekoppelt, so dass bei Verlust kein unermesslicher Schaden entstehen kann. Bei der Nutzung, z.B. Bargeldabhebung am Geldautomaten in Landeswährung, fallen keine weiteren Gebühren an, und es muss kein extra Bankkonto eröffnet werden. Allerdings bedeutet die Limitierung auch eine Einschränkung der Verwendung der Tarjeta Prepago MLC.

Kreditkarten von US-amerikanischen oder europäischen Banken, die Tochterunternehmen von US-Gesellschaften sind, werden – eine Folge des US-Embargos – nicht akzeptiert. Mit Master-Card und Visacard bekommt man Bargeld am Bankschalter, auch an *Cajeros Automáticos*, ATM-Geldautotomaten, deren Funktion und Zuverlässigkeit jedoch sehr launisch sind. Über die anfallenden Gebühren von Kreditkarten bei Bargeldabhebung und Auslandeinsatz sollte man sich vor Reiseantritt informieren. Einfuhr und Besitz von US-Dollars sind weiterhin gestattet, werden aber seit dem 21. Juni 2021 im cubanischen Bank- und Finanzsystem nicht mehr akzeptiert.

Informationen

Cubanisches Fremdenverkehrsbüro:
Stavangerstr. 20, 10439 Berlin,
Tel. 030/44719658, info@cubainfo.de, www.cubainfo.de

Infotur:
Oficina Nacional de Información Turística, ist in Cuba die Kette staatlich organisierter Informationsbüros, die an touristischen Orten und internationalen Flughäfen vertreten sind: in La Habana: Ca. No 303 e/ Av, 3ra y 5ta, Miramar, Playa,
Tel. 07-204-6635, infotur@infotur.cu

Ministerio del Turismo:
Informationsportal des cubanischen Tourismusministeriums, auch auf Deutsch abrufbar:
www.cubatravel.cu

Havanatur:
www.havanatur.cu, ein Zusammenschluss internationaler Reiseveranstalter ist in Cuba Anlaufstelle für Exkursionen, organisierte (Rund-)Reisen. Tropicana Touristik (www.tropicana-touristik.de) in Berlin kann vor Reiseantritt kontaktiert werden.

Jineteras & Jineteros

„Where you from?", „Alles klar?", „Amigo, friend! Can I help you?", alles Phrasen, mit denen Reisende in Cuba ständig konfrontiert werden, umso häufiger, wenn sie allein unterwegs sind. Es sind die üblichen *Köder*, mit denen *Jineteros*, Schlepper, sich Touristen krallen, die, sind sie erst mal am Haken, mit Zigarren, Casas Particulares, Restaurants, Taxis, Peso-Scheinen und Chicas versorgt werden. Alles kostengünstig und zu bester Qualität, wie sie sagen. En realiter sind die Zigarren Mist, die Jineteros selbst Zuhälter der Mädchen oder der Amigo eines solchen und der Weg zu Restaurant oder Casa Particular bekommen sie von den Betreibern mit einer Comisión bezahlt, die diese Touristen ihrer Rechnung aufbrummen. Überhaupt ist die **Comisión** ein Schmiermittel cubanischer Privatwirtschaft. Wohnt man in einer Casa Particular und lässt sich von den Besitzern fürs nächste Reiseziel eine gute Casa empfehlen, haben alle eine ebensolche in petto, übernehmen gerne auch die Reservierung. Schließlich wollen sie von jener Casa schnellstmöglich ihre Comisión erhalten.

Die Offerte der *Jineteras* ist limitiert, dafür um so eindeutiger. Das Wort bedeutet „Reiterinnen" und als solche sind sie zu Diensten. Geschäftstüchtig und durchtrieben sind sie allemal, hängen sich solange an den devisenschweren Fremden, solange er bei Kasse oder spendabel ist. Eindeutige Regeln hat das bilaterale Geschäft, weil verboten, nicht. Es gibt also keine Tarife, stattdessen, die Zugabe „tiefer wie echter" Gefühle, Geschichten, die der Kreativität der Jineteros in nichts nachstehen: „Heute ist mein Geburtstag und ich hab keine Zapatos", „die Oma ist schwer krank, braucht dringend teure Medizin", „zu Hause fehlen ein Ventilator oder gar Fernseher und Waschmaschine."

Medizinische Einrichtungen – Notfälle

Notfallstationen in Krankenhäusern sind permanent geöffnet. Touristen wenden sich an *Clínicas Internacionales*. Diese von Servimed (Cubanacán) für Ausländer eingerichteten Häuser bieten englischsprachige, hervorragende Behandlungen (inkl. Zahnarzt). Die anfallenden Gebühren sind noch! moderat. Den Clínicas Internacionales ist oft eine *Farmacia Internacional* angeschlossen, die als einzige Apotheken ein passables Medikamentensortiment vorrätig haben. In Polikliniken gibt es lange Wartezeiten und kaum Medikamente, so dass für Touristen im Hinterland nur eine Clínica Provincial als Alternative bleibt. Viele Ausländer kommen ausschließlich nach Cuba, um sich in der führenden Klinik für Gesundheitstourismus, *Clínica Central Cira García*, Ca. 20 No 4101 c/Av. 41, Miramar, La Habana, Tel. 07-04-2811, einer Behandlung zu unterziehen (auch Operationen, speziell Herz- und Augenkrankheiten). Das *Hospital Nacional Hermanos Ameijeiras,* Ca. San Lázaro 701 c/Padre Varela, Centro, La Habana, Tel. 78-76-1030, turismomedico@hha.sld.cu, hat sich auf plastische Chirurgie und kosmetische Operationen spezialisiert, die sie auch Ausländern für Devisen zu Preisen unterhalb der mitteleuropäischen Kosten anbietet. Die *Farmacia Taquechel,* Ca. Obispo 155 (beim Hotel Ambos Mundos), tägl. 9.30–18.30 Uhr, in Havanna verkauft das cholesterinsenkende Wundermittel *PPG* und Medikamente in Sparten, in denen die cubanische Forschung Pionierleistungen erbracht hat.

Eine Auslandskrankenversicherung deckt entstanden Kosten, wenn die medizinische Dienstleistung als notwendig und nicht bis nach der Reise aufschiebbar anerkannt wird, die detaillierte Quittung und Diagnoseschein vorliegen.

Medien: Zeitung, Radio, TV

Die cubanischen Medien werden von Regierung und PCC strikt kontrolliert und zensiert. Privates Eigentum an Rundfunk- und Fernsehmedien ist nicht zugelassen. Ausländische Publikationen beschränken sich (ohne Tagesaktualität) auf Touristenhotels. Die einzige nationale Tageszeitung ist „Granma", offizielles Organ der PCC, die mehrsprachige, wöchentlich erscheinende „Granma International" ist online verfügbar: www.de.granma.cu. Die Wochenzeitung „Juventud Rebelde", www.juventudrebelde.cu, veröffentlicht der Kommunistische Jugendverband, „Trabajadores" der Gewerkschaftsverband. „Bohemia" ist eine illustrierte Wochenzeitschrift mit Mode- und Kulturthemen. Cubas Nachrichtenagentur „Prensa Latina" gibt mehrere Zeitschriften heraus, u.a. „Cuba Internacional" für internationale Leser. Die Themen der Wochenzeitung „Tribuna de La Habana" konzentrieren sich auf die Hauptstadt, haben auch touristische Infos und Veranstaltungshinweise. Zudem gibt es knapp drei Dutzend regionale Online-Zeitungen.

Der während der Revolution ins Leben gerufene Radiosender *Rebelde* sendet noch heute, ist von den sechs nationalen AM/FM-Radiosendern neben *Radio Progreso* und *Radio Reloj* der wichtigste. *Radio Musical Nacional (CMBF)* und *Radio Enciclopedia* senden einen Mix aus Nachrichten und Unterhaltung, *Radio Taíno* wurde für Touristen kreiert, aber ohne festes Programm, so dass man nie weiß, wer und was zu welchem Zeitpunkt auf Sendung ist. Ausländische Radiosender sind in Cuba beschränkt. Mit ähnlicher Intensität, wie die Zensur der cubanischen Regierung agiert, betreiben US-Regierung und Exilcubaner die Infiltration von *Radio y Televisión Martí* etc.

Das Fernsehen teilt Cuba in zwei Lager. *Cubavisión* ist der Sender für Spielfilme, Hollywood und lateinamerikanische Telenovelas, die abends um 9 Frauen gebannt an der Mattscheibe kleben lassen, wenn der synchrone Sound von aberhunderten Lautsprechern durch den Barrio hallt. *Tele Rebelde*, der Sportkanal, macht Männer bei Pelota-Live-Übertragungen zu häuslichen Locos. *Canal Educativo* und *Canal Educativo 2* haben lobenswerte Ziele, Volksbildung und Telekurse, sind jedoch genauso wenig Gassenhauer wie der Sender „Telesur", ein lateinamerikanisches Gemeinschaftsprojekt, das sich Themen unterentwickelter Länder widmet.

Öffnungszeiten (Richtwerte)

Büros, Behörden: Mo.–Fr. 8.30–12.30, 13.30–17.30 Uhr, Postämter (correos): Mo.–Sa. 8–18 Uhr, Einkaufsläden (tiendas): Mo.–Sa. 10–18 Uhr, Touristenshops: tägl. 10–21 Uhr, Banken Mo.–Fr. 9–15 Uhr (letzter Werktag im Monat bis 12), Cadeca: Mo.–Sa. 9–18 Uhr, Museen: tägl. außer Mo. 9–17 Uhr, sonntagnachmittags geschlossen.

Reisezeit

Ausgeprägte Jahreszeiten mit gro-ßen Temperaturschwankungen gibt es in Cuba nicht. Die beste Reisezeit ist die für das feuchtheiße Klima an-genehmere Trockenzeit von Ende November bis April. Die Regenzeit von Mai bis Oktober beeinträchtigt das Reisen wenig, da sich die Nieder-schläge oft auf wenige Stunden am Nachmittag konzentrieren. Ausnah-me: wenn in der *Hurricane season* ein Wirbelsturm über die Insel fegt. Südliche, im Regenschatten der Ber-ge liegende Küstengebiete haben im Sommer ein schwüles, den Kreislauf belastendes Klima mit extrem hoher Luftfeuchtigkeit.

Die touristische Hochsaison reicht von Ende November bis Ostern, doch das Baden im Meer ist übers ganze Jahr möglich. Die Wassertemperatu-ren sinken nie unter 23 °C. Zwischen Weihnachten und Neujahr, während des Karnevals und in der Osterwo-che sind viele Hotels und Inlandflüge ausgebucht. Die meisten Cubaner ha-ben im Juli und August Ferien (Über-völkerung lokaler Strände). Juni und Anfang November sind beste Reise-monate mit Nebensaisonpreisen, kul-turell Interessierte sollten alljährliche Events berücksichtigen wie für den Zielort Santiago das Festival del Caribe (Anfang Juli) oder Carnaval (Ende Juli).

Reisen: individuell oder pauschal

Für beide Varianten sollten die Recher-chen wegen des diffusen Angebots (und abweichender Bausteine der Pakete) der Reise-/Fluggesellschaften möglichst früh beginnen. Pauschalan-gebote sind preisgünstiger als die selbst-organisierte Tour durch Cuba und lösen logistische Probleme wie Trans-port, Verpflegung und Unterkunft. Wer nur einen Pauschalurlaub in Varadero macht, mag wohl hautbräunende Badeferien in einer Art Exklave ver-bringen, vom eigentlichen Cuba aber nichts sehen. Spezialisierte Reiseveran-stalter bieten kombiniert Rundreisen, Mietwagen-Flexi-Drive und Tagestou-ren an, die touristische Höhepunkte abdecken. Geeignet für Cuba-Einstei-ger ist die Buchung eines einwöchigen Pauschalprogramms mit Flug, Zim-mer und Frühstück, das oft nicht teurer als ein reines Rückflugticket ist, an das sich die individuelle Reise anschließt. Unabhängig Reisende werden in Cuba nicht verwöhnt, können nirgendwo Dampf ablassen, ein echtes Manko, wenn man vor Wut über organisatori-sche Mängel zu kochen beginnt. Ent-sprechende (Budget-)Traveller sollten innerlich robust sein, sich durchsetzen können, die spanische Sprache zur Ver-ständigung nicht unbedingt ablehnen und vor allem geduldig sein.

Reiseausrüstung, -gepäck

Zum Standard gehören bequeme Halbschuhe, Jeans, T-Shirts, Sweatshirt, Baumwollhemden, Jacke, Unterwäsche und Socken, Waschbeutel (Nassrasierer), Plastiktüten für gebrauchte Wäsche und nasse Badesachen, Reisewecker, Batterien, Taschenmesser, Nähzeug, Schreibsachen, Bauchgurt, Brustbeutel, Taschenlampe (Stromausfälle), Ersatzbrille mit bruchsicherem Gehäuse. In der Nähe vom Nacht- und Straßenleben schläft man mit Oropax besser. Für kombinierte Touren ist ein Kofferrucksack die elegante Lösung. Nützlich: eine separate Umhängetasche oder „Day pack", für Badeferien Taucherbrille, Schnorchel (nur in dürftiger Qualität oder teuer zu mieten). Alte Turnschuhe schützen vor scharfkantigen Felsbrocken und Seeigeln. Bergwanderungen in der Sierra Maestra verlangen festes Schuhwerk und Regenschutz. Strickjacken schützen in Hotels, Bussen mit eiskalt eingestellten Klimaanlagen vor Erkältung. Besichtigungen von Kirchen, Museen und Restaurantbesuche sind in Shorts indiskutabel. Wer mit Spanischkenntnissen anreist, ist im Vorteil. Ansonsten sind Wörterbuch und Sprachführer unverzichtbar. Es hat sich bewährt, von den Reisedokumenten Fotokopien anzufertigen und sie getrennt von den Originalen im Gepäck und Hotelsafe aufzubewahren. Bei Verlust der Originale sind Kopien bei der Wiederbeschaffung wichtige Hilfen. Neben den Kopien von Reisepass, Ticket und Führerschein gehören zwei Reserve-Passfotos ins Gepäck.

Reiseapotheke

Aufgrund der Versorgungsengpässe nimmt man Medikamente, die man zu Hause regelmäßig braucht, mit sowie: Norphen, Micoren (Kreislaufschwäche), Aspirin, Optalidon (Schmerzen, Fieber), Ilvixo, Fluprim (Erkältung), Bactrium, Binotal (Infektion), Buscopan, Spasmo-Cibalgin (Bauchweh, Krämpfe), Soventol-Gelee (Sonnenbrand). Frauen denken an Antibabypille und die Zeitverschiebung (in der Hitze schnell schmelzende Zäpfchen sind ungeeignet). Heftpflaster, Verbandswatte, elastische Binden, Schere, Pinzette und Sicherheitnadeln gehören ins Reisegepäck. Wer notgedrungen mit Insulin und Spritze unterwegs ist, sollte mit der aktuellsten medizinischen Verordnung (Rezept) reisen. Das hilft bei Verlust und vermeidet Missverständnisse bei einer Drogenkontrolle.

Reiseveranstalter

Auf Cuba spezialisierte deutsche Reiseveranstalter:

tropicana touristik:
Spreeufer 6, 10178 Berlin-Mitte,
Tel. 030/3087433,
cubainfo.berlin@tropicana-touristik.de,
www.tropicana-touristik.de

avenTOURa:
Rehlingstr. 17, 79100 Freiburg,
Tel. 0761/2116990,
info@aventoura.com,
www.aventoura.de – in Havanna:
Lonja del Comercio de La Habana,
Oficina J, 2do Piso,
Ca. Lamparilla 2, Habana Vieja,
Tel. 7-801-1412, info@aventoura.cu

tropicana touristik, deutscher Pionier in Sachen „individuell organisierte Cubareisen", hat den Reisekatalog abgespeckt und konzentriert sich auf die Zusammenarbeit mit *havanatur,* der Touristikinstitution in Cuba. Zur Auswahl stehen individuell buchbare Hotels, Mietwagen, Transfers und Inlandflüge, dazu Rundreisen und die Teilnahme an Sprachkursen. Die entgegengesetzte Entwicklung haben avenTOURa-Cubareisen eingeschlagen. Ihr breit gefächertes Rundreiseprogramm ist regional- (z.B. Valle de Viñales, Naturparks im Oriente) und themenspezifisch (z.B. Tabak, Öko-

tourismus). Privatunterkünfte, Tanz-, Percussion- und Sprachkurse gewähren Kontakt zur einheimischen Bevölkerung, für sportlich Versierte gibt's Tauchkurse. Das Programm von avenTOURa-Cubareisen hat den Charakter von Studienreisen, was Vorteile hat, aber auch ein gehobenes Preisniveau mit sich bringt. Für einige Hotels bieten avenTOURa-Cubareisen leichte Preisvorteile, dennoch liegen sie oft über den Preisen von tropicana touristik (da hilft nur Preislisten studieren und Zusatzleistungen einkalkulieren).

Cubanische Reiseagenturen vor Ort:

Cubatur: Rundreisen, Exkursionen, Tauchen, Hotelzimmer, Transfers: www.cubatur.cu

Ecotur: Ökotourismus, geführte (mehrtägige) Touren wie „Ruta del tabaco", „Ruta del café", „Ruta del cacao en Baracoa", Wandern in Nationalparks, Zu- und Eintritt, Führer für Rerservas und Áreas Protegidas, Vogelbeobachtung: www.ecoturcuba.tur.cu

Gaviota: „naturschonendes" Reisen, Hotelzimmer, Transfers, Mietwagen, Tauchen und Segeln: www.gaviota-grupo.com

ARTexx S.A.: Kulturprogramm, Festivals, Konzerte, Ausstellungen: www.artexsa.com

Restaurants – Paladares

Cuba ist kein Urlaubsland für Gourmets. Zu hohe Erwartungen auf exotisch-kulinarische Entdeckungen werden enttäuscht. In teuren Hotels locken überladene Buffets, während man sich in preisgünstigeren Unterkünften zum Frühstück mit einem Kännchen Kaffee mit Sandwich oder Omelett begnügt. 4- und 5-Sterne-Hotelrestaurants gehen auf Nummer sicher und servieren eine stereotype internationale Küche wie Restaurants an touristischen Brennpunkten.

Charakteristisches Merkmal staatlicher Restaurants ist ihr langsamer, lustloser Service, kombiniert mit einer launenhaften Capitana oder Capitán, die, sich ihrer Macht bewusst, über Zutritt und Platzzuweisung entscheiden. Mittagessen gibt's von 12–14, Abendessen ab 19 Uhr. Spätestens nach 22 Uhr gehen in den Küchen Herde und Lichter aus. Speisekarten bieten kaum Abwechslung, Schweinebraten gibt es oft, gebratenes Huhn fast immer, wie Reis mit Bohnen, aber sonst ... Wer nicht nur Hunger, sondern auch Humor hat, kann sich in diesen Restaurants dennoch amüsieren, bieten sie doch ein Schauspiel sondersgleichen und inklusive – und als Gast wird man notgedrungen Teil dieses Spiels –, das sich um Etikette und Anspruch, Mangel, Fatalismus und ungewollte Situationskomik dreht. Das beginnt schon am Eingang, wo selbst der Besitzer einer Casa Particular trotz seiner neuen adidas „por noventa dolares", wie er nicht aufhört zu insitieren, ohne korrekte Halbschuhe strikt draußen bleibt. Wenn man seitenweise die Speisekarte durchblättert, von stoischen Blicken der Camarera begleitet, um schließlich nach der Wahl zu hören: „Alles aus, es gibt nur Pollo con congrí." Vor dem Bestellen sollte man sich nach dem definitiven Preis (mit oder ohne Steuer und Service, Reis, Brötchen, Salate oder Beilagen werden gerne extra berechnet) erkundigen, unverlangt an den Tisch Gebrachtes dankend zurückweisen und am Schluss die Rechnung begutachten. Dies bewahrt vor einem schalen Gefühl danach. So oder so, die unschlagbaren Preise der staatlichen Restaurants sind für jeden Gast mit begrenztem Budget ein Argument.

Begonnen hat die Karriere der **Paladares**, privat geführter Restaurants, 1995 als Teil der ökonomische Krisenstrategie durch den Período Especial. Damals noch auf eine Kapazität für 12 Gäste beschränkt, wurden viele Restriktionen 2011 mit der zunehmenden Privatisierung aufgehoben, Paladares boomen und einige sind zur beachtlichen Größe angewachsen. In ihnen hat sich sogar eine gehobene cubanische Küche entwickelt, und engagierte Köche üben sich im experimentierfreudigen Crossover. Man wird schnell und freundlich bedient, statt Huhn gibt's Hummer und Langusten, Reis und Bohnen im Überfluss, so dass man pappsatt vondannen zieht. Allerdings wird man in Paladares viel mehr bezahlen, und die Zuneigung an den Gast ist wohldurchdachtes Kalkül. Paladares sucht man nur auf eigene Faust auf, nicht mit Jineteros, die Fremde auf der Straße ansprechen. Wird man von diesen in einen Paladar geführt, wird man mit der Rechnung zudem deren Kommission bezahlen.

Märkte, Merenderos & Fast food

Ein Erlebnis für sich ist das Einkaufen auf einem Mercado agropecuario (Markt), den es in jeder Stadt und größerem Dorf gibt und frische exotische Früchte (Mangos, Zapotes, Ananas etc.), Gemüse und Fleisch zu günstigsten Preisen anbietet. Merenderos sind die Kombination von Cafeteria und Kiosk mit Zigaretten, Snacks, Rum und Erfrischungsgetränken. In jedem Viertel gibt's in der Straße offerierte Pizzas (in Fett schwimmende, schwülstige Teigfladen, eine cubanische Manie) und Bocadillos (Sandwiches von niedriger Qualität) für einige Pesos, die für zwischendurch immerhin den Magen füllen. Fast-food-Ketten wie El Rápido sind bei Cubanern in, rund um die Uhr geöffnet und servieren Pollo frito, Bier und Pizzas.

Sonne: die definitive Gefahr

Cubas geografische Lage in den inneren Tropen garantiert intensivste Sonneneinstrahlung. Dieser sollte man sich nur behutsam (nach Ankunft max. 30 Min./Tag, für die ersten Schwimmversuche ist als Sonnenschutz ein T-Shirt durchaus passend) und mit langsamen Steigerungen (Pigmentbildung) aussetzen. Eine sowohl Gesicht als auch Nacken schützende Kopfbedeckung ist unerlässlich (besonders bei einer Bootsfahrt), die Sonnencreme sollte einen hohen Lichtschutzfaktor haben. Auch an bedeckten Tagen dringt die Sonne durch die Wolken, was oft zu spät und erst abends an der rot gefärbten Haut bemerkt wird. Der Gewohnheit von Südländern, sich über die Mittagszeit im Schatten aufzuhalten, sollte man sich anschließen.

Fälle von Magen- und Darmver-
stimmungen sind wegen des einfachen cubanischen Essens selten.
Vorsichtsmaßnahmen: Orte mit
hygienischen Defiziten meiden,
besonders während der Akklima-
tisierungsphase auf Produkte der
Straßenstände – Eiswürfel, -creme –
und Salate, die nicht immer mit
einwandfreiem Wasser gewaschen
sind, verzichten. Kein Leitungswas-
ser trinken und den durch die Hitze
hohen Wasser- und Salzverlust aus-
gleichen. Ein Püree aus Kochbananen wirkt magenberuhigender als
pharmazeutische Präparate und
Kohletabletten. Ob es nun nach
Ankunft die exotische Reizüberflu-
tung, Zeitverschiebung, das schwüle, den Kreislauf belastende Klima
oder nur die Unvernunft der Reisenden ist – in der Hitze ein eiskalter
Sturztrunk, das war's dann schon –,
eine Reisediarrhö kann jeden treffen. Dann helfen Ruhe, mehrmals
täglich eine Mixtur aus ¼ l Frucht-
saft, 1 TL Honig oder Zucker und einer Prise Salz.

In Cuba gibt es weder giftige Tiere
noch Pflanzen. Gegen Quälgeister
wie Moskitos sind Einreibemittel wie
Autan, ätherische Öle und Räucher-
spiralen nützlich, am besten ist Kleidung mit langen Ärmeln und Hosen.

Sprache – Verständigung

Landessprache ist spanisch. In Hotels und Touristikzentren wird auch
englisch gesprochen, vereinzelt
deutsch dank des DDR-Aufent-
halts einiger Cubaner. Einheimi-
sche bemühen sich, auf Fremde
einzugehen. Die Verständigung mit
Händen und Füßen hilft, wenn
Sprachkenntnisse versagen. Traveller, die individuell mit öffentlichen
Verkehrsmitteln durch Cuba reisen,
sollten etwas spanisch verstehen
und auch sprechen können, sonst
fühlen sie sich in Busbahnhöfen
und on the road hoffnungslos verloren. Wer immer auf der Straße
mit „Amigo" oder „De qué país?" respektive „Where you from?" angesprochen wird, und das wird zigmal
passieren, sollte dies freundlich mit
„Por favor, no moleste!" strikt abwei-
sen. Es sind generell keine Freund-
schaftsangebote, sondern nur an
Bares interessierte Jineteros.

Sprachkurse

In Cuba gibt es viele Schulen, die Spanisch in Intensivkursen vermitteln. Einer der großen Anbieter ist Sprachcaffe Reisen, Gartenstraße 6, 60594 Frankfurt, Tel. 069/6109120, info@sprachcaffe.com, www.sprachcaffe.de, mit einem großen Angebot an Kursen, Exkursionen und Unterkunft. Ambitionierte wenden sich an:

Universidad de la Habana, Facultad de Lenguas Extranjeras, FLEX, Ca. Edificio Varona, 2nd fl, Calle J No 556, Vedado, La Habana, Tel. 7-832-4245, web.flex.uh.cu. Die Fakultät für Auslandssprachen der Universität von Havanna bietet das ganze Jahr über Spanischkurse von 2 Wochen bis 9 Monaten (intensiv) Dauer, die jeweils am ersten Montag im Monat mit einem Einstufungstest zur Bestimmung des Sprachniveaus beginnen.

Universidad de Oriente, UniversiTUR, Ca. L c/Ampliación de Terrazas, Santiago de Cuba, Tel. 22-64-3186, www.uo.edu.cu, z.B. von Mo.–Fr. tägl. 3 Unterrichtsstunden

Stromversorgung

Das cubanische Stromnetz führt 110 V bei 60 Hz. Die Steckkontakte entsprechen der US-Norm (Flachstecker), was für deutsche, auf 110 Volt umstellbare Geräte einen Adapter erfordert.

Telefonieren – Internet

Auslaufmodell: *Öffentliche* Karten- und Münzfernsprecher gibt es an stark frequentierten Orten wie Busbahnhöfen oder Einkaufsmeilen. An M*ünztelefon*en kann man mit Münzen zu 5, 20 Centavos und 1 Peso Orts- oder nationale Ferngespräche *führen*. Internationale Anrufe sind nur an Kartentelefonen möglich. In *Centros de llamadas* kann man zum gleichen Preis, doch in Ruhe telefonieren. Bei einem Etecsa Telepunto gibt es Karten zu 5 oder 10 CUP und teurere für weltweite Gespräche, dort kann das Guthaben erhöht, die limitierte Gültigkeit verlängert werden.

WiFi-Empfang oder „Netz" hat man an Hotspots, oft im Ortszentrum an der Plaza de Martí oder Parque Central und Internetcafés. Cubas E-Mail-Dienst betreibt die Etecsa-Tochter Nauta. Als Zugang braucht man eine Internetkarte („Nauta"), um sich einwählen, einloggen (*usuario*: Benutzername,

traseña: Passwort) zu können, die in den Etecsa Telepuntos verkauft werden, wo man sich eine E-Mail-Adresse einrichtet, die mit ...@nauta.com.cu endet. Die Kosten der Internetnutzung betragen pro angefangene Stunde CUP 12,50. Ins Internet eingeloggt, kann man mit WhatsApp, Telegram oder anderen Apps telefonieren, wenn auch der Gesprächspartner diese installiert hat.

Im mobilen, von der Etecsa-Tochter Cubacel betriebenen Netz, das fast die ganze Insel abdeckt, kann man mit dem Handy (*Móvil, Celular*) telefonieren, SMS, MMS verschicken und im Internet surfen. Mit einigen europäischen Anbietern bestehen Roaming-Verträge. Damit die Abrechnung kein Schock wird, sind zuerst beim Vertragspartner die Konditionen *fürs* Surfen und Telefonieren in Cuba abzuklären. Cubacell Tur bietet Touristen eine Prepaid-SIM, bei der man Zugriff auf mobile Daten hat und nach Cuba eingehende Anrufe für den Empfänger kostenlos sind.

Vorwahlnummern: nach Cuba: 0053, nach Deutschland: Vorwahl 119-0049, danach die Ortsvorwahl ohne die 0 + Rufnummer, Österreich: 119-0043..., Schweiz: 119-0041...

Unterkunft – Hotels

Um 1980 begann das touristische Erwachen mit der Restaurierung alter Grandhotels im Kolonialstil in Havanna sowie die Erweiterung der Seebäder in Varadero, Santa Lucía, Guardalavaca etc. Zu den neueren Errungenschaften gehören die Auffrischung, teilweise gar Wiederbelebung historischer Hotels in Havanna durch „Habaguanex" und ihren Initiator, den Stadthistoriker Eusebio Leal Spengler, und die touristische Conquista der Cayerias del Norte mit einer Bastion von über zwei Dutzend Hotelresorts. Pauschalurlauber finden in 3- bis 5-Sterne-Hotels (gegenüber dem internationalen Standard oft mit einem Stern zu viel bedacht) gut ausgestattete Zimmer mit Bad und Klimaanlage vor. Während des Aufenthalts gewährt die Gästekarte (tarjeta de huésped) Zugang zum Buffet, ins Restaurant, in Strandresorts die Benutzung der Sportanlagen und des Pools. Luxus- und altehrwürdige Hotels wie das Nacional oder Inglaterra sind im Pauschalarrangement erschwinglich, für Einzelreisende für ein paar Nächte kaum bezahlbar.

Unter den staatlichen Hotelketten bieten *Cubanacán* neuere Hotelzimmer in der gehobenen

Mittelklasse in Varadero, Guardalavaca und Santiago, *Gran Caribe*
historische Hotels in Havanna und
Top-Strandresorts sowie *Horizon-
tes* preislich moderate Hotels in
Havanna, Playas del Este, Varadero und im Oriente. Cubas größte
Hotelkette ist bekannt für eher
schlechtes Essen, aber ordentliche Unterkünfte mit dem besten
Preis-Leistungs-Verhältnis. Islazul
offeriert an den Vorlieben cubanischer Gäste ausgerichtete Hotels,
wo es abends schon mal laut werden kann, man aber mitten drin
im Leben ist.

Casas Particulares – Privatunterkunft

Casas Particulares gibt es in ganzen Heerscharen, erkennbar vor
Ort am blauen Dreieck am Eingang. Sie sind eine kostengünstige
Alternative zu Hotelzimmern. Allerdings sollte man sich die Mühe machen, selbstständig mehrere Zimmer aufzusuchen, zu begutachten
und auszuwählen, denn wer sich
von einem Jinetero anwerben lässt,
muss dessen Provision mitbezah-
len. Casas Particulares kosten ab
US$ 30, egal ob man ein Quartier
allein oder zu zweit belegt, und

bieten unmittelbaren Kontakt zur einheimischen Bevölkerung. Das hat seine Vorteile, denn die Besitzer sind generell behilflich bei der Organisation alles Möglichen und wertvolle Ratgeber, auch wenn jede Hilfe bzw. Freundschaft für sie ein potentielles Geschäft ist, und es hat seine Nachteile, besonders für Reisende, die den Wunsch nach Ruhe (mit einem temperamentvollen Lautstärkepegel ist zu rechnen) und sich zurückziehen zu können haben. Besonders dann, wenn man nur an einer Unterkunft ohne Verpflegung interessiert ist, weil man dort essen will, wo man auf den Streifzügen durch die Stadt Neues entdecken will. Da hilft auch keine Klärung im Vorfeld, man wird jeden Tag aufs Neue dazu gedrängt werden, in der Casa zu Abend zu essen. Portale, auf denen man vor Reiseantritt ein Privatzimmer buchen kann: www.casasparticularcuba.com, www.indicuba.com, www.casa-particular.de

Zeitverschiebung

Die Zeitdifferenz zwischen der Landeszeit Cubas (Eastern Standard Time) und der Mitteleuropäischen Zeit (MEZ) beträgt - 6 Std. (Sommerzeit in Cuba: von Apr.–Sept.: + 1 Std.).

Zollvorschriften

Gegenstände des täglichen Bedarfs (Medikamente), der touristischen Ausrüstung dürfen zollfrei eingeführt werden inkl. einer Stange Zigaretten, 2 l Spirituosen oder 3 l Wein, eine Foto-, eine Videokamera, ein Laptop sowie Sportausrüstung oder Fahrrad (in der Declaración de valor aufzuführen) und Geschenke im Wert von US$ 100. Es dürfen keine unverarbeiteten Lebensmittel (Ausnahme: getrocknet, luftdicht oder in Dosen verpackt) eingeführt werden. Alles darüber Hinausgehende wird mit einer 100%igen Zollgebühr versehen. Bei der Rückkehr nach Deutschland sind zollfrei: 200 Zigaretten oder 50 Zigarren, 1 l Spirituosen, 500 g Kaffee, 50 g Parfüm, 1/4 l Eau de Toilette und zusätzliche Waren im Wert von € 300.

UNTERWEGS AUF CUBA

Inlandflüge

Die cubanische Fluggesellschaft Cubana de Aviación verbindet Havanna mit Nueva Gerona, Camagüey, Holguín, Santiago und Baracoa großteils durch Flugzeuge der Baureihen Antonov AN-24 (48 Passagiere) oder Yakolev YAK 42 (120) ohne Sitzplatzreservierungen, so dass es bei Öffnung des Gateways zu Turbulenzen beim Run auf freie Plätze kommt. Zentrale der Cubana in Havanna: Ca. 23 No 64 c/Infanta, Vedado, Tel. 7-649-0410, Mo.–Fr. 8.30–16, Sa. bis 12 Uhr, www.cubana.cu. Ein langatmiges Personal und übervölkerte Cubana-Büros raten zum frühzeitigen Buchen, auch bei lokalen Reiseagenturen (oft ohne Aufpreis). Die etwas teurere Aerogaviota, Tel. 7-203-0668, www.aerogaviota.com, ergänzt das Cubana-Angebot für Ziele wie Cayo Coco. Kurzfristige Flugplanänderungen und Absagen gestatten sich beide Linien. Fast alle Flughäfen liegen weit außerhalb des Zentrums, so dass ein zusätzlicher Zeitaufwand und Transferkosten zu berücksichtigen sind.

Überlandbusse

Víazul: Die komfortablen, klimatisierten und pünktlichen Víazul-Busse verkehren auf fünf Hauptrouten: Havanna–Pinar del Río–Viñales, Havanna–Varadero, Havanna–Cienfuegos–Trinidad, Havanna–Santiago und Santiago–Baracoa und zu touristischen Destinationen ein- oder mehrmals täglich. Nicht nur in der cubanischen Ferienzeit und von Weihnachten bis Neujahr gibt es Engpässe, deswegen sollten Fahrkarten schon Tage vor Abfahrt am Ticketschalter gekauft werden oder bereits vor Reiseantritt online über www.viazul.com. Man muss mindestens 1 Std. vor Abfahrt am Busbahnhof zur Registrierung sein, sonst werden Tickets anderweitig verkauft. Ohne Ticket kann man es noch über die „lista de fallos" (Warteliste) versuchen oder wird zum *Jefe de turno* verwiesen. Das Gepäck kommt in den Laderaum, der Kontrollzettel wird für die Rückgabe am Zielort benötigt. In vielen Städten sind Busterminals weit vom Stadtzentrum entfernt, z.B. in Havanna in Nuevo Vedado.

Conectando: Die von Cubanacán betriebenen Conectando-Busse, www.viajescubanacan.cu, operieren ohne Busterminal, holen Fahrgäste direkt vor den Hotels ab und bringen sie am Ziel bis zur „Haustür". Das spart den Weg zum Busterminal, allerdings dehnt sich die Reisezeit durch die vielen Zwischenstops aus – und manch einer wird in der Hotellobby genau so lang warten wie im Víazul-Terminal. Fahrkarten (zu ähnlichen Preisen wie Víazul) gibt es bei in den Filialen von Infotur, Cubanacán oder direkt an der Hotelrezeption.

Straßen von Havanna

Ferrocarriles de Cuba: die Eisenbahn

Wann immer möglich und keine Eile besteht, sollte man mit der Eisenbahn fahren, obwohl immer mit Zugausfällen und Verspätungen zu rechnen ist. Denn eine Fahrt mit der Eisenbahn ist 100 % *cubano*. Man wird als Fremder nirgendwo so schnell und unkompliziert Land und Leute kennenlernen wie in Cubas rumpelnden Eisenbahnwaggons. Das cubanische Eisenbahnnetz umfasst alle Provinzhauptstädte. Auf den wichtigen Strecken fährt täglich mindestens ein Zug. Züge sind preiswerter als Busse, die meisten Bahnhöfe zentrumsnah. Fahrkarten gibt es in den *Ladis*-Büros (von „larga distancia") oder am regulären Ticketschalter am/im Bahnhof. Rumbos-Filialen verkaufen Zugtickets gegen Aufpreis. Seit der tägliche *tren frances* aus dem Verkehr gezogen und durch eine Armada chinesischer Lokomotiven und Waggons ersetzt wurde, gibt es mehr Verbindungen von Havanna nach Santiago, allerdings fahren viele nur jeden 2. oder 3. Tag, so dass ein Fahrplan-Studium unerlässlich ist. Züge, die an jeder Station halten, heißen *lecheros,* Expresszüge *nacionales.*

Nah-, Stadtverkehr, Camiones

Mit öffentlichen Stadtbussen (guaguas) kommt man trotz drastischer Einschnitte im innerstädtischen Verkehr und unregelmäßiger Abfahrtszeiten überall hin. An der Haltestelle (parada) stellt man sich in der Warteschlange hinter „El último" an. Der Fahrpreis beträgt ab 1 Peso, abhängig von der Distanz, und wird passend beim Busbegleiter oder Fahrer bezahlt. Während der Rushhour ist im Gedränge das Aussteigen an der richtigen Stelle schwieriger als das Einsteigen (rechtzeitig und laut „parada!" rufen oder gegen das Dach trommeln). Es gibt keine Busfahrpläne, doch festgelegte, durch Nummern ersichtliche Routen, und Cubaner sind auskunftsfreudig. *Camiones* fahren von ihren Terminals oder Haltepunkten zu Zielen in der Umgebung. In den Ladeflächen sitzt oder steht man dicht an dicht, Abfahrt ist, wenn der Camion gefüllt bzw. überfüllt ist, was nicht lange dauert. Ohne Berührungsängste ist man à la cubana unterwegs und bezahlt beim *Machacante* einige Pesos.

Taxis – Coches particulares

Vor den Hotels warten Taxis jüngeren Baujahrs von Cubatur, Cubanacán und Gaviota auf Touristen. Ihr Grundpreis ist Ca. € 1, jeder gefahrene Kilometer kostet einen weiteren Euro. Es sollte darauf geachtet werden, dass der Taxameter benutzt wird, sonst wird der Endpreis noch höher sein als die sowieso schon schnell wachsende Summe des Zählwerkes. Ältere Ladas von Cubataxi oder Panataxi sind billiger, der Preis Verhandlungssache, weil sie, mit einem niedertarifigen Taxameter ausgestattet, nicht für Touristen und Fahrer unmotiviert sind, Ausländer zu diesen Preisen, wenn überhaupt, mitzunehmen. An Piqueras (Taxiständen) um den Parque Central

parkieren aufgetunte US-Straßenkreuzer und private **Coches Particulares** (mit und ohne Lizenz) für Routen, die wie der Preis aushandelbar (vor Fahrtantritt!) sind. **Colectivos** sind private, oft an Busterminals wartende Sammeltaxis, die auch größere Entfernungen zurücklegen und erst abfahren, wenn sie komplett besetzt sind.

Bicitaxis sind Dreiräder mit Platz für zwei Personen auf der Rückbank, mit dessen Chofer man sich über den Preis einigt, bevor! man Platz nimmt. Pferdekutschen verkehren in ländlichen Gebieten, sind günstig, vor allem ein Lehrstück, dass Latinos nicht die gößten Freunde von (Nutz-)Tieren sind. **Cocos** sind Moped-Taxis mit einer „Kokosschale" und Platz für zwei Fahrgäste, im Nahverkehr eine erfrischende Variante, die günstiger als ein Taxi ist.

Mietwagen – Verkehr

Die unabhängigste und teuerste Variante, um in Cuba zu reisen. Zu den Hauptstrecken gehören die Carretera Central, die als Autobahn (autopista) von Pinar del Río bis kurz vor Ciego de Ávila reicht, die Vía Blanca entlang der Nordküste von Havanna nach Varadero und La Farola zwischen Guantánamo und Baracoa. Die geringe Verkehrsdichte und ein leidlicher Straßenzustand machen das Fahren angenehm. Nur mancherorts können die verwirrenden Einbahnstraßen-Systeme zu Irrfahrten verleiten wie in Santiago de Cuba, wo die Übereinstimmung des erwünschten mit dem vorgeschriebenen Abbiegen und das Über-Parallelstraßen-Wenden zur Berg-und-Tal-Fahrt wird, in der man am besten schubweise im lärmenden Pulk mitschwimmt. Ein besonderes Augenmerk gilt unbeschrankten Bahnübergängen, rechts überholenden Fahrzeugen, Autos ohne Licht und Blinker, Radfahrern, Schlaglöchern, Kühen und Pferdegespannen auf der Fahrbahn (besonders nachts). Vor unübersehbaren Kurven und beim Überholen von Lkws (viele ohne Rückspiegel) wird gehupt. Ein rotes Schild „Punto de Control" oder Polizei am Straßenrand verlangen eine Geschwindigkeitsreduzierung auf 40 km/h zur Strafvermeidung, die wie alle Verkehrsvergehen in den Mietvertrag eingetragen und von der hinterlegten Kaution abgezogen werden.

Benzin: Es gibt landesweit über 100 Cupet-CIMEX-Tankstellen, die meisten sind täglich 24 Std. geöffnet, allerdings ist in der Zeitenwende der Sanktionen und Lieferengpässe Benzin rationiert bzw. nicht immer verfügbar. Einen Mietwagen bekommt man vollgetankt ausgehändigt, was bar zu bezahlen ist (auf Tanknadel achten). Dafür kann man ihn mit leergefahrenem Tank zurückgeben.

Vermieter: Unter den Autovermietern haben *Havanautos*, *Cubacar*, beide www.transturcarrental.com, und *Via rent a Car*, www.gaviotagrupo.com, das größte Filialnetz, ein Vorteil, wenn man das Auto an einem anderen Ort zurückgeben möchte oder unterwegs technische Probleme bekommt. Die große Nachfrage und geringe Kapazität raten zur Onlinebuchung 2–3 Monate vor Mietbeginn. Die teureren Jeeps sind in den Bergen und wegen der häufigen Schlaglöcher für Kurzstrecken ideal, für lange Rundfahrten ungeeignet: Die Sitze sind unbequem, durch fehlende Seitenscheiben dringt Regen in den Innenraum, das Gepäck kann nicht weggeschlossen werden. Ein nationaler Führerschein (Mindestalter 21 Jahre) reicht aus. Wer unterwegs einen Plattfuß bekommt, lernt Reserverad und Wagenheber im Kofferraum zu schätzen (vorher kontrollieren) wie die *Poncheras*, die Reifen günstig fli-

cken. Im Falle eines selbstverschuldeten Unfalls ist die hinterlegte Kaution weg.

Radfahren

Cubas Straßen sind für Radfahrer, von Schlaglöchern abgesehen, passabel, selbst Nebenstraßen oft geteert. Das Inselrelief ist flach, nur im Westen und äußersten Osten mit größeren Höhenunterschieden, die in der Sierra Maestra für Radfahrer zur Tortur werden können. Ein geringes Verkehrsaufkommen und die Tatsache, dass Cubaner ihr Rad auf dem Weg zur Arbeit oder für den Ritt durch Dorf und Stadt nehmen, für Fahrten übers Land aber nicht zu begeistern sind und dafür motorisierte Untersätze bevorzugen, selbst wenn dazu lange angestanden werden muss, bietet Radfahrern den ungestörten Genuss einer Landpartie. Für Cubaner ist ein Radfahrer, der mit Muskelkraft einen Hügel erklimmt, ein „Pájaro extraño" oder „definitivamente loco". Dabei können gerade alkoholisierte Cubaner *en la calle* zur Gefahr werden. Im Dunkeln verzichtet man auf eine Fahrt mit dem Rad. Fahrradspuren sind in Ortschaften durch Linien gekennzeichnet. Wer nicht vor Ort ein Fahrrad mieten, sondern es von zu Hause mitbringt, sollte vor der Verpackung Lenker und Pedale umklappen und mit der Fluggesellschaft die Modalidäten abklären (ein, besser zwei Fahrradschlösser gehören ins Gepäck). Für eine einfache Inselüberquerung beginnt man am besten im Oriente, wählt als Ziel Varadero oder Havanna, weil der Wind auf Cuba meistens von Ost nach West bläst. Fahrrädern können in Zügen mit *Coche-de-equipaje*-Waggons und Víazul-Bussen (Extragebühr) mitgenommen werden. Nicht ein Plattfuß – im kleinsten Dorf gibt es jemand, der für ein paar Pesos den Fahrradschlauch flickt –, sondern der Mangel an Ersatzteilen und die intensive Sonneneinstrahlung, der man ohne Schatten lange ausgesetzt ist, sind die größten Handicaps einer Cuba-Radtour.

Hervorragende Routen sind entlang der Südküste von Santiago nach Marea del Portillo (175 km, flach, kaum befahren, imposante Landschaft), von Sancti Spíritus über Trinidad nach Cienfuegos (mit Abstechern in die Sierra del Escambray), die zentrale und nördliche Region der Provinz Pinar del Río (Sierra de los Organos) und für Rennfahrer die *Farola* nach Baracoa.

LA HABANA

Versteinerte Melancholie

Ob man an der Estación Central, am Terminal de Autobus, nach dem Flughafentransfer in einem Hotel Vedados oder mit der Reisegesellschaft bei der Plaza de Armas ankommt, nie ist die Ankunft so, wie man sie sich eigentlich wünschen würde: über das Meer kommend, mit dem Schiff wie die alten Seefahrer – als Reminiszenz an eine Stadt, die einst die erste unter den Städten der Neuen Welt war, auch wenn ihr gegenwärtiges Erscheinungsbild mehr einer abgehalfterten Primadonna gleicht. Man wünscht sich die Ankunft in den frühen Morgenstunden, wenn sich der milchige Dunst über der Stadt öffnet und den Blick freigibt auf eine Landschaft aus Beton und Stein, deren schroffe Formen durch die lichte Transparenz und sanften Pastellfarben eine eigentümliche Milde ausstrahlen – oder man käme abends, wenn die goldglänzende Skyline mit dem Horizont verschmilzt und langsam in der Dämmerung verglüht.

Heute ist Havanna *La Serenissima*, die ruhigste, gelassenste unter Lateinamerikas Metropolen. Auch deswegen, weil viele der Oldtimer aus Detroits Glanztagen wegen des chronischen Treibstoffmangels am Straßenrand parken und weil nach dem Sieg der Revolution die Bautätigkeit bewusst eingestellt wurde, weil sich die Entwicklung mehr auf das vernachlässigte Hinterland konzentrieren sollte. So konnte die Altstadt immerhin von architektonischen Ketzereien bewahrt werden, deren Pläne bereits in den Schubladen US-amerikanischer Banken und Business-Strategen lagen.

In Havanna scheint die Zeit stillzustehen. Durch die Fassaden kolonialer Häuser ziehen sich Risse, Paläste, Kirchen, ganze Häuserzüge werden zu traurigen Ruinen. Es bröckelt der Putz, der Schutt eingebrochener Dächer versperrt verlassene Treppenhäuser, und manche Häuser erodieren von unten her. Was La Habana Vieja, der Altstadt, eine verwunschen-morbide Stimmung verleiht, wie man sie von Venedig her kennt, geht anderenorts, wie im südlichen, raueren Teil Habana Viejas, der mit den brüchigen Behausungen mit Eisschrank und Fernseher den *Bassi* Neapels gleicht, in existentielle Tragik über, dort, wo die von den Habaneros *Solares* benannten Mietskasernen für einfache Leute langsam, aber sicher in sich zusammenstürzen. Trotz der schleichenden wie deprimierenden Tragik des Verfalls besitzt Havanna nicht nur in verschiedenen Zeitaltern gewachsene Stadtviertel, sondern einen architektonischen Eklektizismus und die berauschende Mischung vieler Stile.

Die Altstadt Havannas ist barock, andalusisch, ähnelt Sevilla, nur sind die Hauswände hier nicht kalkweiß, sondern ihrer Farbe beraubt, verwaschen und grau und Balkone quellen nicht über von karminroten Nelken. Man wird im, der Statik wegen, so gern verwendeten harten Holz der Meertraube geometrische Ornamente, eingebrannte Sterne und verspielte Arabesken, über Portalen spitze oder sich überlappende Bögen und in engen Hinterhöfen kühlende Brunnen wahrnehmen. Dies ist der maurische Einfluss, der sich wie an der nächsten Straßenecke der Jugendstil mit eingefassten Buntglasfenstern als ein Zeugnis der Belle Epoque Havannas verewigt hat.

1982 erklärte die Unesco La Habana Vieja zum Weltkulturerbe, unterstützte die Restaurierung von Kirchen und Kolonialbauten. Eine Sisyphos-Arbeit, doch punktuell glänzt wieder erstandenes Schmiede- und Mauerwerk im neuen Anstrich, auch wenn sich Kritiker, ähnlich der Restauration der Deckenfresken der Sixtinischen Kapelle, über die verkitschte Originalität der neuen Pracht echauffieren. Nach wie vor ist Havanna Amerikas authentischste Kolonialstadt und eine Stadt der unmittelbaren Gegenwart – in all ihren Farben, Gerüchen, ihren eruptiven Rhythmen der allgegenwärtigen Musik. Viele kommen hierher auf der Suche nach ihren Mythen, Spuren einer längst vergangenen Zeit. Sei es die Erinnerung an die Kolonialzeit, als die spanische Silberflotte vor der großen Überfahrt in Havannas Hafen ihre Schiffe vertäute, an die Zeit der Zuckerhausse und ihrer gierigen Händler oder die Erinnerung an die sagenumwobene Ceiba, in deren Schatten einst Havannas Wachstum begann, bis ihre Wurzeln vom Meersalz zerfressen wurden. Und es lebt noch die Erinnerung an die dekadenten 1950er Jahre der Batista-Ära, als sich in Havanna tout le monde traf und die eigentlichen Herrscher der Stadt italoamerikanische Mafiosi waren, die Havanna zum Sündenbabel für betuchte US-Touristen und Hasardeure machten.

Plaza de Armas – Wo alles begann

Hier liegen die Ursprünge der Stadt. Wo heute die dorische Kapelle **El Templete**, ein Obelisk und eine mächtige **Ceiba** stehen, wurde 1509 Havannas erste Messe gelesen. Die jetzige Ceiba ist nicht mehr der Originalbaum, aber auch deren Nachfolgerin, in deren ausladendem Geäst, wie die Santeros glauben, die Orishas zu Hause sind, werden magische Kräfte zugeschrieben, wenn sie alljährlich am 16. November von den Habaneras mit stummen Wünschen umrundet wird. Königspalmen flankieren das Céspedes-Denkmal in der Mitte des Platzes, auf dem täglich an Werktagen der Büchermarkt abgehalten wird. An der Westseite ist der **Palacio de los Capitanes Generales** aus dem 18. Jh. in seiner Ausgewogenheit der Formen und dezenten Verzierungen ein Musterbeispiel habanerischer Barockarchitektur. Unter den Arkaden flankieren Glocken den Eingang, die einst auf den Plantagen Arbeitsbeginn und -ende verkündeten. Im Innenhof umrankt tropische Vegetation eine Kolumbussäule. Vor dem Gebäude wurden Holzbohlen im Boden versenkt, die die Pflastersteine ersetzten, als Huf-

geklapper und ratternde Wagenräder den Residenten die Nerven strapazierten. Der Palast diente bereits als Sitz des Generalgouverneurs, war Präsidentenpalast und Rathaus, bis es zum sehenswerten Stadtmuseum umgewandelt wurde (tägl. 9.30–18 Uhr).

Palacio del Segundo Cabo: In der Nordwestecke der Pl. de Armas ist die frühere Residenz des spanischen Vizegouverneurs ein barockes Stadtpalais und dank dem *Centro para la Interpretación de las Relaciónes Culturales Cuba-Europa* und seinem modernen Ausstellungskonzept mit interaktiven Screens und Visualisierungen Havannas bestes Museum, das die Ausstellung des Pop-Art-Malers, Fotografen und Designers Raul Martinez ergänzt (Di.–Sa. 9.30–17, So. bis 13 Uhr).

Das trutzige **Castillo de la Real Fuerza** an der Nordseite ist das älteste erhaltene Bauwerk (16. Jh.) Havannas und wurde nach der Plünderung der Stadt durch den Korsaren Jaques Sores errichtet. Hoch über Burggraben und Bastion thront auf dem Glockenturm die Wetterfahne **La Giraldilla.** Die pittoreske Bronzefigur ist ein Wahrzeichen Havannas (auch auf den *Havana-Club*-Etiketten abgebildet; das Original befindet sich im Stadtmuseum) und stellt Doña Inés de Bobadilla dar. Als ihr Gatte, den Jungbrunnen suchend, durch Amerika irrte, soll sie jeden Tag stundenlang aufs Meer hinausgestarrt haben, in der Hoffnung, ihn heimkehren zu sehen. Als dieser jedoch nicht mehr zurückkam, trat Doña Inés als Gouverneurin seine Nachfolge an. Im Inneren ist ein Keramik- und Waffenmuseum zu besichtigen (tägl. 9–17 Uhr).

Plaza de la Catedral

Drei Häuserblöcke nordwestlich der Pl. de Armas ist die **Catedral de La Habana** Schmuckstück der gleichnamigen Plaza. Von Jesuiten aus Korallenkalkstein in der für den mittelamerikanischen Raum typischen gedrungenen Form gebaut, besticht ihre Fassade – die so gar nicht der üppig verspielten Dekorationslust des Mestizobarocks entspricht – durch schlichte Schönheit. Einzig in den Korallenfels gearbeitete, schneckenhausförmig gewundene Voluten sind äußerlicher Zierrat, den Alejo Carpentier als in „Stein gemeißelte Musik" bezeichnete. Das durch Säulen strukturierte Portal wird von ungleichen Türmen flankiert, der rechte Glockenturm ist doppelt so breit wie der linke. Im neoklassizistischen Kirchenschiff sind der Hochaltar und Vermays Fresken beachtenswert (Mo.–Sa. 10–13 Uhr, Messe So. 10.30 Uhr). Der kitschige Touristenmarkt vor der Kathedrale wurde zwei Querstraßen weiter in Richtung Hafen verbannt.

Prächtige Herrenhäuser mit Arkadengängen vervollständigen das koloniale Ensemble um die Plaza

Domplatz mit katholischer Kirche, historisches Zentrum der Altstadt von Havanna

wie die **Casa del Marqués de Aguas Claras**, in dessen Arkadenfront und malerischen Innenhof das Restaurant „Paris" untergebracht ist und an das sich südlich das **Centro Wilfredo Lam** anschließt, das Werke des von Picasso beeinflussten, führenden Vertreters der modernen Kunst Cubas aufbewahrt und zeitgenössische Kunst aus Drittweltländern zeigt (Ca. San Ignacio 22 c/Empedrado, Di.–Sa. 10–17 Uhr). Auf der gegenüberliegenden Ostseite des Platzes befinden sich die **Casa del Conde Lombillo** mit dem steinernen Briefkasten, dessen Einwurfschacht als Mundschlitz einer antiken Tragödenmaske gemeißelt wurde, die **Casa del Marqués de Arcos** und der **Taller Experimental de Gráfica** (Callejón del Chorro 6, Mo.–Fr. 10–16 Uhr), eine Werkstatt für Druckgrafik, die auch Gruppenunterricht anbietet). Verlässt man den Platz links vor der Kathedrale über die Calle Empedrado, gelangt man nach wenigen Schritten zur **Bodeguita del Medio**. Einst „a great place to get drunk", wie es Errol Flynn, einer ihrer berühmten Gäste formulierte, ist es nun eine von Touristenschwadronen in zyklischen Schüben überrannte Schenke, in der die Mojito-Gläser dutzendweise im Minutentakt gefüllt werden.

Das angeschlossene Restaurant ist abends, wenn die Touristenbusse weg sind, eine der guten Dinieradressen Havannas.

Calle Obispo – Der Touristenkorridor

Unter den engen Häuserschluchten der Altstadt ist die von der Pl. de Armas zum Parque Central an kleinen Museen, Geschäften und Bars vorbeiführende Fußgängerzone Ca. Obispo die pulsierendste, in der sich Gerüche von Meersalz, Desinfektion, Zuckerrohrschnaps und Limonen, Kalfaterteer, von Schankböden herausgeschrupptem Putzwasser mit stickigem Staub auf eigentümliche Weise vermischen. Im **Hotel Ambos Mundos** (Obispo 153 c/Mercaderes) war Hemingway Dauergast, dort begann er sein Manuskript von „Wem die Stunde schlägt" (Hinweisschilder am Eingang, sein Zimmer No 511 mit Schreibmaschine und leerer Whiskyflasche ist im Originalzustand erhalten, Mo.–Sa. 9–17 Uhr), von hier ging und schwankte er

Calle Obispo, Havanna

durch die Ca. Obispo bis zu seiner Stammbar **El Floridita** (c/Monserrate, Bélgica). Zu den interessantesten Häusern der Straße zählen die *Casa de la Obra Pía* (No 158, Kolonialinterieur), das *Café Paris* (No 202 c/Ignacio), ein Szenetreff der Habaneros mit Livemusik, *La Casa del Agua*, wo steingefiltertes Wasser für einige Centavos ausgeschenkt wird, die **Drogería Johnson** (No 257 c/Aguiar), in der die Zeit seit über hundert Jahren stehen geblieben zu sein scheint, wobei dieser Eindruck trügt, denn vieles wurde, nachdem es vor einigen Jahren im Feuer zerstört wurde, originalgetreu rekonstruiert. Pillen und Salben werden wieder in Porzellanbehältern feilgeboten und in der *Casa de Las Infusiones* (gegenüber dem Ambos Mundos) kann man bei Kaffee und Vanilletee ausruhen.

Calle Mercaderes

Die „Straße der Kaufleute" ist eine kopfsteingepflasterte Fußgängermeile und wurde, sich an ihrer Glanzzeit im 18. Jh. orientierend, umfassend restauriert. Die Calle Obispo kreuzend und bis zur Plaza Vieja verlaufend, soll sie den Besucherstrom kanalisieren, unterstützt von (großteils kostenfreien) Museen, Geschäften, Restaurants und Kunsthandwerkstätten, die komprimiert hier angesiedelt wurden. Die **Casa de Asia** (No 111, Di.–Sa. 9.30–17, So. bis 12 Uhr) ist ein Schaukasten asiatischer Kultur und Brauchtum mit Schwerpunkt China, die **Armería 9 de Abril** (No 157, Di.–Sa. 9.30–17, So. bis 12 Uhr), ein Waffengeschäft, das am 9. April 1958 von Mitgliedern der Gruppe M-26-7 (vergeblich) gestürmt wurde, jetzt ein Waffenmuseum ist und jenen Apriltag dokumentiert. In der **Casa de África** (No 157 c/Obrapía, Di.–Sa. 9.30–17, So. bis 12 Uhr) sind okkulte Gegenstände, Masken und Artefakte der Santería und der geheimen Bruderschaft der Abakuá ausgestellt, gelegentlich findet Tanzfolklore statt. An der gleichen Ecke steht eine Bronzestatue Simón Bolívars, gegenüber erfährt man im **Museo de Simón Bolívar** mehr über sein Leben. Die **Casa de México Benito Juárez** (No 116, Di.–Sa. 9.30–17, So. bis 12) zeigt mexikanische Volkskunst und informiert über die Affinität Mexikos mit Cuba.

Plaza de San Francisco

Die Geschichte der Plaza de San Francisco de Asís in unmittelbarer Nähe zum Hafen begann im 16. Jh., als an den Kais spanische Galeonen andockten, als Marktplatz, an dem sich der Franziskanerkonvent ansiedelte. Mit dem neuen Kreuzfahrtterminal „Sierra Maestra" ist die Verbindung zum Hafen wiederhergestellt, bleibt zu hoffen, dass die Restaurierung um die Plaza de San Francisco nicht nur der modernen Kreuzfahrer wegen so gelungen ausfiel. Auf den unebenen Pflastersteinen parkieren Kutschen vor den Straßencafés und in der Mitte steht die **Fuente de los Leones** aus Carraramarmor, weshalb das Terrain auch Löwenplatz heißt. Jünger ist die Statue vor der **Iglesia y Convento de San Francisco de Asís** von *El Caballero de París*, einem stadtbekannten Clochard, der in den 1950er Jahren als sangesgewaltiger Lebenskünstler die Leute unterhielt. Aufgrund ihrer ausgezeichneten Akustik wurde die Franziskaner-Basilika in einen Konzertsaal für Chor- und Kammermusik umgestaltet (Di.–Sa. 9.30–16.30 Uhr, Konzerte Sa. 18 Uhr). Der höchste Kirchturm Havannas kann bestiegen werden, angrenzend zeigt das *Museo de Arte Religiosa* sakrale Kunst. Gegenüber wird die **Lonja del Comercio**, die ehemalige Handelsbörse, von einer Statue Merkurs gekrönt, der zu Glanzzeiten Roms deren Kaufleuten Reichtum bescheren sollte.

Eine Kreuzung weiter südlich zeigt das Museo Palacio del Gobierno im neoklassizistischen Gebäude, in dem früher das Repräsentantenhaus tagte, Exponate und Dokumente zur Geschichte des letzten Jahrhunderts, u.a. dass bereits zwei Tage nach dem Triumph der Revolution am 3. Januar 1959 die Resolution zur Alphabetisierungs-

kampagne unterzeichnet wurde. Schmuckstück ist der grün-weiße **Vagón Mambí** nebenan im Callejón Churruca, der 80 t schwere „Präsidentenwaggon", mit dem die früheren Potentaten im rollenden, mahagoniausgekleideten Palast mit vier Schlafzimmern und Bädern, einem Speisesalon für acht Personen sowie Küche mit Kühlraum durchs Land rollten (Di.–Sa. 9.30–17, So. bis 13 Uhr). Einen Häuserblock entfernt, in der Hafenstraße, bietet das **Museo del Ron** von Havana Club 45-minütige Führungen durch die Historie der Verwandlung und Reifung von Zuckerrohr zum edlen Tropfen mit einem Trago Añejo zum Schluss. Ca. San Pedro 262 c/Sol, Mo.–Do. 9–17, Fr.–So. bis 16 Uhr

Ganz im Süden der Altstadt, gegenüber der Estación Central, befindet sich die gelbe **Casa Natal de José Martí**. Das bescheidene Geburtshaus des Vaters der cubanischen Selbstbestimmung zeigt Briefe, Manuskripte, persönliche Gegenstände etc. Ca. Leonor Pérez 314, Di.–Sa. 10–17, So. bis 13 Uhr

Plaza Vieja

Ein weiterer Platz, der, wiedererstanden aus Ruinen, die Aura Disneylands besitzt. Dabei begann sein Niedergang früh und schien besiegelt, als während der Batista-Diktatur unter dem Platz eine Tiefgarage gebaut wurde. Einer der treibenden Kräfte der Erneuerung ist der Stadthistoriker Eusebio Leal Spengler, der mit Hilfe der von ihm gegründeten Holding „Habaguanex", die in Tourismus investiert und die Erlöse zur Hälfte für soziale Projekte und zur Hälfte

Plaza Vieja, Havanna

LA HABANA

zur Renovierung historischer Architektur einsetzt, herausgeputzte Oasen inmitten der maroden Altstadtschluchten schuf. Heute ist die Plaza Vieja ein von Arkaden und historischen Gebäuden im bunten architektonischen Eklektizismus aus vier Jahrhunderten umsäumter Platz. Das bedeutendste ist die *Casa del Conde Jaruco*, die Residenz der cubanischen Schriftstellerin Condesa de Merlin (Mercedes de Santa Cruz y Montalvo). Mit dem 360°-Teleskop im 8. Stock vom 1933 erbauten *Edificio Gómez Vila* blickt man über die ganze Altstadt (Cámara Oscura, Di.–Sa. 9–17, So. bis 13 Uhr). Der umzäunte Marmor-Brunnen (1796) mit Havannas Wappen in der Platzmitte ist eine originalgetreue Replik.

Parque Central und Umgebung

Capitolio Nacional: Südlich des Kapitols ist der *Parque de la Fraternidad* wichtigster Verkehrsknoten innerstädtischer Guaguas und Sammeltaxis. Zu Zeiten der US-Mania gefeiert, ist das als protzige Nachbildung des Kapitols in Washington auf Initiative von Diktator Gerardo Machado für den Kongress in Auftrag gegebene, 1926–29 errichtete *Capitolio Nacional* ein monumentaler Fremdkörper in der Stadt. Als Verlegenheitslösung wurden im ehemaligen Parlamentsgebäude rechts die Akademie der Wissenschaften, links das Nationalmuseum für Naturgeschichte untergebracht. Bei einer Führung können im 2013–2019 generalsanierten Koloss die Kongressräume, die *Tumba del Mambí Desconocido* und die 30 t schwere Bronzestatue „La República" besichtigt werden. Di./Do./So. 10–16, Mi./Sa. bis 12 Uhr, Führung US$ 10

Fábrica de Tabacos Partagás: Hinter dem Kapitol befindet bzw. befand sich eine der ältesten und größten Zigarrenfabriken Cubas, in der über 400 Tabaqueros die Marken „Romeo y Julieta", Partagás" und „Lusitanias" produzier(t)en. Als vor einigen Jahren ein Teil des Daches einstürzte, zog die komplette Manufaktur samt Verkaufsladen „La Casa del Habano" von der Ca. Industria 520 in die Ca. San Carlos 816 e/Penalver y Sitio im südwestlichen „Centro" um, bis der Stammsitz wieder instandgesetzt ist. Mo.–Fr. 9–14 Uhr, Führungen alle Viertelstunde, Eintrittskarten gibt's im Hotel Inglaterra an der Rezeption.

Gran Teatro de La Habana Alicia Alonso: Eine überbordende

Capitolio Nacional, Havanna

Mischung der Architekturstile ist das sich nördlich ans Kapitol anschließende, engelsgekrönte Gran Teatro. Dem äußeren Bombast entspricht das Theaterinnere. Der große Saal fasst 2000 Zuschauer. Wo früher Enrico Caruso, Anna Pavlova und Sarah Bernhardt mit Ovationen gefeiert wurden, sind heute Aufführungen des Cubanischen Nationalballets, der Staatsoper und illustrer Gastgruppen ein Erlebnis. Mo.–Sa. 9.30–16, So. bis 12 Uhr, Führung nach Voranmeldung, Tel. 7-861-3077

Der folgende vierstöckige Ort der Noblesse mit zum Parque Central ausgerichteten neoklassizistischen Balkonen ist das **Hotel Inglaterra**, das älteste Hotel der Stadt (1856). Seit seiner Renovierung erwartet hinter dem Säulenportal wieder ein Interieur der Eleganz mit Fußbodenmosaiken und vergoldetem Stuck die Gäste. Zwischen Gran Teatro und Inglaterra ist die Ca. San Rafael die Haupteinkaufsmeile der Habaneros. Der lebhafteste Brennpunkt der Stadt ist gegenüber der **Parque Central,** auf dem zwischen ausladenden Königspalmen und der obligatorischen, sehr filigranen Martí-Statue in der *Esquina caliente* Cubaner mit heißblütig-nervösem Temperament über Baseball und Blockade diskutieren und auf den Bänken Jineteros und Schwarzhändler Touristen examinieren. Die Nordseite ist der *Parqueadero* von auf Kundschaft wartenden US-Oldtimern. An der Ostseite des Parque Central quert man die Straße zur Calle Rafael und kommt direkt zum *Palacio de los Asturianos*, in dem das **Museo Nacional de Bellas Artes - *Arte Universal*** holländische, spanische, italienische, lateinamerikanische und japanischen Werke der letzten Jahrhunderte von erstaunlicher Qualität ausstellt. Ca. Rafael e/Zulueta y Monserrate, Di.–Sa. 9–17 Uhr, So. bis 14 Uhr

Über den Prado zum Revolutionsmuseum

Der Prado, offiziell Paseo de Martí, ist den Ramblas in Barcelona nachempfunden. Ausladende Lorbeerbäume, Bänke und Löwenstatuen säumen die Promenade, die vom Parque Central zum Malecón führt. Links und rechts reihen sich neoklassizistische Häuser im Art-déco- und Jugendstil. Viele der Häuser scheinen ihr Verfallsdatum längst überschritten zu haben. Haus No 302 (c/Animas) ist der Heiratspalast, *Palacio de los Matrimonios,* vor dem frischvermälte Paare in dekorierte Straßenkreuzer steigen. **Museo de la Revolución**: Zweigt man am Nordende rechts ab,

stößt man auf den früheren Präsidentenpalast, der wohlüberlegt seiner Bestimmung als Revolutionsmuseum übergeben wurde. Dieses dokumentiert die cubanische Geschichte von den ersten Sklavenaufständen über die Unabhängigkeitskriege bis zum Sieg der Revolution. Anhand der Fotografien, strategischen Pläne und Modelle, Zeitungsausschnitte und minuziös gesammelten Original-„Reliquien" der Revolutionäre werden deren Jahre in der Sierra Maestra und die Gefechte bis ins kleinste Detail nachgezeichnet (nur in Spanisch). Im Museumspark können die durch einen Glaspavillon gesicherte Yacht **Granma,** mit der Fidel, Che und 80 weitere Guerilleros nach Cuba gelangten, und anderes Kriegsgerät, darunter ein zum Panzer umfunktionierter Traktor, kugeldurchlöcherter Lieferwagen und Trümmer des US-Spionageflugzeugs U2 besichtigt, werden. Ca. Refugio 1, tägl. 9–16 Uhr, Führungen möglich

Von der Westseite der Granma kommt man über die Ca. Agramonte zur Ca. Zulueta, wo in der *La Casa de Hierro* (No 106), **Real Fábrica de Tabacos La Corona** Romeo y Julietas, Montecristos und Cohíbas handgerollt werden (Führungen werktags 10–13 Uhr). Südlich der Granma bietet das **Museo Nacional de Bellas Artes - *Arte Cubano*** den besten Überblick über Klassiker cubanischer Kunst, u.a. hervorragende Werke von Wifredo Lam, dem „cubanischen Picasso", in dessen kraftvoller Malerei Einflüsse der Santería erkennbar sind und der afrocubanische Inhalte und Formen surreal adaptierte. Amüsant sind die großformatigen Bilder von Landaluze, in denen er Schwarze als Herrschende und Weiße als Sklaven malte. Ca. Trocadero e/Zulueta y Monserrate, Di.–Sa. 9–17, So. bis 14 Uhr

Malecón & Vedado

Der Malecón ist die sechsspurige Uferstraße, die La Habana Vieja mit Vedado verbindet und am nach Miramar führenden Tunnel im Westen endet. An seiner Mauer bricht sich die Gischt der Brandung. Bei unruhigem Wetter wird er von Wellen überspült, die bis zu den Kolonnaden der verwaschenen, ausgebleichten Häuser schwappen. Während tagsüber hier vereinzelt Touristen flanieren, verwandelt er sich abends zur Bühne, auf der das Stück improvisiert wird, das „Leben" heißt. Dann ist der Malecón fest in der Hand von lebenshungrigen, exotischen Paradiesvögeln, turtelnden, eng umschlungenen Liebespaaren und Jineteras. An den Kais werden auf Umwegen ergatterte Rumflaschen und Bierdosen brüderlich geteilt, und die Polizei drückt beide Augen zu.

Bester Ausgangspunkt für einen Rundgang durch Vedado ist das in alter Pracht renovierte **Hotel Nacional**, in dem einst alles abstieg, was Rang und Namen hatte und dessen markante Zwillingstürme den Malecón überragen. In Vedado kontrollierten bis Ende der 1950er Jahre US-Gangstersyndikate Spielhöllen und Prostitution. Auch wenn einige Eingangshallen immer noch wie Kulissen für Gangsterfilme aussehen, ist Vedado das biedere Hotel- und Geschäftsviertel Havannas und gleicht Little Miami mit numerierten Straßen und stereotyp langweiligen Häusern. Passiert man auf der vor dem Nacional hügelaufwärts durch Vedado verlaufenden Calle 23 (im unteren Abschnitt „La Rampa" genannt) Geschäfte und Büros internationaler Fluggesellschaften, gelangt man an der Kreuzung mit der Calle L zum Park der **Coppelia**, Cubas berühmtester Eisdiele. Der hektische Betrieb verlangt den Habaneros trotz 600 Sitzplätzen lange Wartezeiten ab, um in den Genuss des köstlichen Schokoladeneises zu kommen. Obwohl Tag für Tag zwischen 15- und 20tausend Eiskugeln ausgegeben werden, kann es sein, dass es mittags für Schokolade nur noch heißt: „Se acabó!" und man stattdessen zweimal fünf Kugeln Guanabaná und Vanilla bestellt, aber die sind auch nicht schlecht. Links erhebt sich der Hotelbunker *Habana Libre,* in dessen heruntergekommener Lobby sich die Immigración, Touristeninformation, ein Centro de llamadas und Reiseagenturen befinden. Drei Häuserblöcke weiter in der Ca. L öffnet sich gegenüber dem Monumento a Julio Antonio Mella die große Freitreppe zur Universidad de La Habana.

Plaza de la Revolución & Cementerio Colón

Im Süden des Stadtteils Vedado liegt die riesige, sich über 4,5 ha ausdehnende **Plaza de la Revolución** (am Weg vom Flughafen in die Stadt). Obwohl sie an monotone osteuropäische Repräsentationsarchitektur erinnert, wurde sie in Grundzügen inkl. der Regierungsgebäude bereits während der Batista-Ära ab 1953 angelegt. Eine überlebensgroße Statue von **José Martí** vor einem über 140 m hohen, fünfzackigen Marmorobelisken bil-

det den Mittelpunkt. Dort wurden die Podeste und Tribünen für den 1. Mai und 26. Juli aufgebaut, wenn aus allen Landesteilen über 1 Mio. Menschen zusammenströmen, um Fidels emphatische Reden zu hören. Den Platz flankieren das Innenministerium mit dem Konterfei Che Guevaras („Hasta la victoria siempre"), das Teatro Nacional (Westseite), die Nationalbibliothek (Ostseite), das Hauptquartier des Partido Comunista de Cuba (PCC) und der Regierungssitz. Ein paar hundert Meter nördlich liegt in der Av. de la Independencia Cubas größter Busbahnhof, das Terminal de Ómnibus, wo Überlandbusse abfahren und ankommen.

Cementerio Colón: Zehn Gehminuten westlich des Revolutionsplatzes betritt man durch die monumentale *Puerta de la Paz* den Cementerio Colón, Havannas ausufernde Nekropolis, die Ende des 19. Jh. angelegt wurde, als die Kapazität der Katakomben erschöpft war. Der weltweit drittgrößte und vielleicht schönste Friedhof mit rund 800.000 Gräbern ist eine nicht endende Anhäufung von Mausoleen und Grabmälern, auf denen Engel, Madonnen, allegorische Figuren, Kreuze und Ornamente aus Carrara-Marmor in beige- und cremefarbenen oder labradorschwarzen Tönen angeordnet sind. Der Duft verwelkter Nelken verweist auf ein Grab, das über und über mit Blumen und Opfergaben geschmückt ist. Hier ruht *Amelia la Milagrosa,* die 1901 schwanger begraben wurde. Als zwei Jahre später ihr Grab geöffnet wurde, um die sterblichen Überreste in eine Urne umzubetten, fand man Amelia mit ihrem Kind in den Armen – so will es jedenfalls die Legende. Aufgrund dieser Begebenheit beten an diesem Grab Schwangere und Eltern für die Gesundheit ihrer Kinder und legen Kinderkleider und -decken auf den Grabstein. Ca. de Zapata c/Ca. 12, tägl. 8–17 Uhr, US$ 5, Übersichtsplan am Eingang erhältlich

Havannas Festungen

An der Ostseite der Hafenzufahrt (La Habana del Este) an exponierter Stelle auf einem Felsvorsprung aus Korallenkalkstein erbaut (1589–1630), ist das *Castillo de los Tres Santos Reyes Magos del Morro,* kurz **El Morro**, die markanteste Festung Havannas. Zusammen mit der westlich der Hafenmündung gelegenen Festung La Punta verteidigte sie Hafen und Stadt gegen

Leuchtturm von La Cabana Fort

Piratenangriffe, indem die Kanonen der beiden Bollwerke feindliche Schiffe ins Kreuzfeuer nahmen. Nachts wurde die 200 m breite Mündung mit einer von El Morro bis La Punta reichenden Kette aus Holzbohlen und Eisenringen versperrt. Die Leuchtfeuer des 1845 neben El Morro errichteten Leuchtturms sind von See her schon aus 60 km Entfernung zu sehen. Unterhalb der mit einem breiten Graben umgebenen Festung ist die *Batterie der zwölf Apostel* stationiert. Tägl. 8–18 Uhr

Ebenfalls durch den Tunnel nach La Habana del Este oder mit der Fähre nach Casablanca zu erreichen, liegt südlich von El Morro die **Fortaleza de la Cabaña.** Nachdem die Engländer 1762 vom Cabaña-Hügel aus „durch die Hintertür" El Morro und die Stadt erobert hatten, wurde das Fort hoch oben auf diesem Hügel errichtet (England hatte inzwischen Havanna für Florida eingetauscht). Von einem 12 m tiefen Graben umgeben, über den eine Zugbrücke zum Haupteingang führt, wurde es zu einer der größten Festungen Lateinamerikas (Waffenmuseum tägl. 10–22 Uhr). Um an die frühere Schließung der Stadttore zu erinnern, wird nach dem Soldaten-aufmarsch in Kolonialuniformen unterhalb der Festung täglich um 21 Uhr der **Cañonazo**, ein Kanonenschuss mit Platzpatronen, abgefeuert.

Hinkommen: am günstigsten mit dem Metrobús oder Ciclo-Bus ab Ca. Dragones c/Aguila, beim Hotel New York, von der ersten Parada nach dem Tunnel ist es ein 10-minütiger Spaziergang – die Fähre nach Casablanca setzt von der Muelle Luz, Ca. San Pedro c/Santa Clara alle 15 Min. über. Eine Treppe führt hinauf zur ästhetisch missglückten, aber weit sichtbaren **Estatua de Cristo**, über ein rotes Tor gelangt man zur Cabaña-Festung. Bequemer ist die Anfahrt mit der Linie T3 der HabanaBusTour.

Miramar, Playa & Mariano

Was in Vedado und Centro der Malecón ist, ist in Miramar und weiter gen Westen die Quinta Avenida: eine Verkehrsachse, die Ost mit West verbindet. Ist der Malecón ein Ort der Begegnung, ist die Quinta Avenida ein Ort der Abgrenzung. Der hier ansässigen Botschaften wegen, die kein einfaches Kommen und Gehen erlauben, aber auch des Reichtums wegen, der sich entlang der Quinta Avenida hinter Zäunen in Nobelvillen verbirgt. Miramar ist spröde und arrogant, kein Touristenland, allemals wenn man aufgrund persönlich-bilateraler Gründe den Bittgang zur Botschaft antritt. Wer in einem der teuren Hotels von Miramar absteigt, hat zwar eine luxuriöse Bleibe als sein eigen, dafür ewig lange Verkehrswege vor sich ohne öffentlichen Verkehrsanschluss.

Marina Hemingway: Auch wenn der Name Illustres verspricht, ist der Yachthafen, der in vier langen Kanälen eine Kapazität für über 400 Boote hat, nicht einmal von 100 Booten belegt, weil die Anlage baufällig und die Zufahrt nur bei ruhigem Seegang möglich ist. Ähnlich desolat sind Hotel und Restaurants. Es werden intensive Verhandlungen mit chinesischen Investoren geführt, um die Marina in ein nautisches Juwel mit Luxushotel und Gourmetgastronomie zu verwandeln. Av. Quinta c/248, Santa Fé, Tel. 73-311-5056

Casa-Museo Compay Segundo: Nicht das Geburtshaus, sondern das opulente Altenteil Compay Segundos ist Ort dieser Ausstellung, die mit Musikinstrumenten, Noten und Fotos das Leben des Son-Großmeisters würdigt. Ca. 22 No 103 e 1ra y 3ra, Mo.–Fr. 9–15.30 Uhr

Tropicana: Das Tropicana, Cubas Top Act im Stadtteil Marianao, ist tagsüber ein ruhendes Nichts, nur abends und nachts fallen die Sterne vom Himmel.

Parque Lenin

Der Parque Lenin im südlichen Distrikt Arroyo Naranjo ist der Habaneros größtes Erholungsgebiet, obwohl er in letzter Zeit einen sichtbaren Niedergang zu durchleiden hatte, vieles vernachlässigt oder kaputt ist, so dass ein Teil der Attraktionen geschlossen ist oder nur unzuverlässig stattfindet. Dennoch bietet der Ort einen prägnanten Einblick ins Leben der Habaneros, wenn sie zur Wochenendpartie in vollgepackten US-Schlitten aufkreuzen, es sich bei den billigen Parrilladas mit Bier und kursierenden Rumflaschen zu dröhnenden Salsa- und Reggaetón-Rhythmen gutgehen lassen. Zum Parque Lenin gehören ein künstlich angelegter See, Freiluftkino, Amphitheater, Süßwasseraquarium, „Pionier-Palast", wo Heranwachsende sich in ihren Talenten üben, eine Minidampfeisenbahn, beim *Centro Ecuestre* Reitplätze und Rodeo sowie das Restaurant Las Ruinas in der ehemaligen Zuckermühle in der Südostecke des Parks. Di.–So.

9–17 Uhr. Um mit dem Bus hierherzukommen, fährt man mit dem P-9 ab der Haltestelle vor der Universität bis nach Vibora, von dort mit dem P-13 zum Park.

Jardín Botánico Nacional: 3 ½ km südlich vom Parque Lenin kommt man zum schön angelegten botanischen Garten, in dem sich ein japanischer Ziergarten, Orchideenzucht sowie große Kakteensammlung und Pavillons der ExpoCuba befinden. Schwer zu erreichen, ist das Gartengelände nur schwach besucht und etwas verwahrlost. Ctra. de Rocio, Mi.–So. 10–17 Uhr, Führungen möglich

Finca La Vigía

Das ewige Hotelleben satt, kaufte Ernest Hemingways damalige Frau Martha Gellhorn 1940 im südöstlichen Vorort San Francisco de Paula die Finca La Vigía, die Hemingway in den folgenden 20 Jahren bewohnte und 1960, bei seiner Rückkehr in die USA, dem *pueblo cubano* vermachte. Von La Habana Vieja ist es eine etwa 10 km lange Anfahrt durch den Hafen, entlang alter Lagerhäuser, später folgen Industrieanlagen und schließlich die kleinen Holzhäuser von San Francisco de Paula, wo es plötzlich holpernd hügelaufwärts geht

bis zum Gittertor, hinter dem ein Kiesweg das La-Vigía-Anwesen, einen kleinen Park mit Palmen, Mangobäumen, Rasen und Sträuchern, durchquert. Heute können Zaungäste der Villa – das langgezogene Kalksteingebäude auf dem Hügel darf nicht betreten werden – des **Museo Ernest Hemingway** durch geöffnete Fenster und Türen einen Blick auf die unveränderten Arbeitszimmer und Wohnräume mit afrikanischen Jagdtrophäen, Stierkampfplakaten an den Wänden, abgetretenen Tierfellen auf den Bodenfliesen, der berühmten Royal-Schreibmaschine und Bibliothek werfen. Im Park wird sein legendäres Motorboot *Pilar* gelagert, daneben ruhen unter vier kleinen Grabsteinen Hemingways Hunde. Mo.–Sa. 9–16, So. bis 13 Uhr, US$ 5 (bei Regen bleiben die Fenster der Villa verschlossen, um die Möbel vor der Feuchtigkeit zu schützen), Hinkommen: Camello-Bus M-7

Tropicana – Paradies unter Sternen

„El cabaret más fabuloso ... el espectáculo más grande del mundo, Señoras y Señores, it's show time!" Wie auch immer die Tropicana-Revue sich anpreist, stets überschlägt sich der Ansager in schwelgerischen Tönen und eloquenten Anhäufung von Superlativen. Drunter, so scheint es, geht gar nichts. Im Lichtermeer aus Scheinwerfern und Neon, das das Amphitheater mit Säulen, kitschige Brunnen und lasziv-erotischen Figuren in grellen Farben erleuchten lässt, fegt das rasante Spektakel in einer Choreografie exotischer Sinnlichkeit und fantasievoll ausgespielter Erotik über die Bühne. Mulatinnen wirbeln mit nicht endenden Beinen in Glitzerbikinis, mit Federboas, Flitterkram und Silberlamé in komplizierten Schrittfolgen übers Parkett. Andere schweben akrobatisch hoch am Trapez durch die laue und doch vor Spannung vibrierende Abendluft. Ein 32-köpfiges Orchester und ein Chor geben mit zündenden Rhythmen das Tempo bis zum Finale furioso vor. Ca. 72 No 4504 e/45 y Línea del Ferrocarril, Marianao, Einlass ab 20.30, die Show beginnt, außer bei Regen, tägl. um 22 Uhr. Vorverkauf-Tel. 7-267-0110: 10–16 Uhr. Karten gibt's nach Tischen gestaffelt ab US$ 80 (ob am Ticketschalter oder über Hotel/Agentur gebucht, ist der Preis der gleiche, doch vor Ort kann man den Platz auswählen). Ein frühes Erscheinen ist ratsam, denn das Tropicana ist nicht nur Touristenattraktion, sondern steht auch bei Cubanern hoch im Kurs.

Unterkunft

Das Gros der Hotels sind Relikte vorrevolutionärer Zeiten: Zum einen mit dem in den 1950er Jahren üblichen Komfort ausgestattete, uniforme Hotelbunker, die während der Batista-Ära quasi als Hauptquartiere der US-Mafia fungierten, zum anderen stilvolle Grandhotels des Fin de siècle, aber auch heruntergekommene Absteigen prägen Havannas Hotellerie. Für unabhängige Budget-Traveller sind Casas Particulares die Alternative, wobei diese in den letzten Jahren einen fulminanten Preisschub erlebten und die preisgünstigen nur für Anspruchslose geeignet sind.

Hotel Inglaterra: Hervorragende Lage und eine Atmosphäre von Noblesse direkt am Parque Central. Die 84 Zimmer im altehrwürdigen, stilvoll restaurierten Hotel sind antiquiert und schlicht, das Restaurant bescheiden, die Lärmkulisse von draußen nervig, und dennoch fühlt man sich „angekommen". Abends gibt's auf der Dachterrasse Livemusik in Laid-back-Atmosphäre. Prado 416 c/San Rafael, Tel. 7-860-8594, US$ 128 mit Frühstück

Hotel Nacional: Im 1930 erbauten Hotel wurde Geschichte geschrieben, trafen sich Lucky Luciano und Meyer-Lanski, die im mondänen Ballsaal ihrem Freund Frank Sinatra eine Geburtstagsparty gaben. Das damalige Herzstück, die Spielhalle wurde abgeräumt und geschlossen, jeder Hauch von Dekadenz ausgekehrt. Kein Luxusliner mit exorbitanter Ausstattung, aber mit historischem Glamour in der Lobbyhalle und dem Park direkt am Meer. Ca. O c/21, Vedado, Tel. 7-836-3564, US$ 240

Hotel Sevilla: Mit Historie behaftetes Hotel zwischen Centro und La Habana Vieja mit wundervollem maurischem Dekor, es wurde mehr ins Ambiente als in technische Modernisierung investiert. Ca. Trocadero 55 e/Prado y Agramonte, Tel. 7-860-8560, US$ 220

Santa Isabel: Was früher die Stadtresidenz der Hochwohlgeborenen von Santovenia war, ist heute ein herausgeputztes Schmuckstück mit edlem historischem Mobiliar, zur malerischen Lage inmitten der Altstadt gibt's von der Dachterrasse eine superbe Aussicht. Ca. Baratillo 9 c/Pl. de Armas, Tel. 7-860-8201, US$ 208 inkl. Frühstück

Meliá Cohiba: Hier wohnt, wer modernsten Luxus mit allen erdenkbaren Annehmlichkeiten braucht, um sich auch auf Reisen als Mensch, der's zu was gebracht hat, zu fühlen. Weit ab vom Schuss, ist der

Hotel-Shuttle bis Habana Vieja im Preis inklusive, der nur bei frühzeitiger Online-Buchung günstiger wird. Paseo e/1ra y 3ra, Tel. 7-833-3636, ab US$ 295

Hotel Palacio Cueto: Ein prächtiger Jugendstilpalast mit eleganten Säulen und geschwungenen, eines Antoni Gaudí würdigen Balkonen ist seit 2019 die Kulisse dieses stilbewussten Hotels, dessen Innenleben und Zimmerausstattungen sehr nüchtern ausgefallen sind. Ca. Muralla c/Mercaderes, Tel. 7-823-4100, US$ 225

Hotel Florida: Ein gelungenes Beispiel für das Wirken von Señor Spengler und seiner Habaguanex, die ein Kleinod an Eleganz und fast morbider Schönheit, eben La Habana, geschaffen haben. In den Arkadengängen des Patios fühlt man sich in eine andere Zeit versetzt. Ca. Obispo 252 c/Cuba, Tel. 7-862-4127, US$ 180

Casa Jesús y María: Wenn's nicht stört, beim Kommen und Gehen durchs Private der Vermieter zu marschieren (neu in der Stadt und voller Fragen, muss man nicht erst Ansprechpersonen suchen), bekommt ordentliche Zimmer, Terrasse mit Schaukelstühlen und ein ausgiebiges Frühstück. Ca. Aguacate 518 e/Sol y Muralla, Tel. 7-851-1378, US$ 35–40

Casa 1932: Fast direkt am Malecón bietet dieses mit Belle-Époque-Antiquitäten ausstaffierte Kolonialhaus drei gemütliche Zimmer und den eloquenten Vermieter Luís Miguel, der ein wandelndes Stadtlexikon ist, schließlich veranstaltet er auch Stadtbesichtigungen. Ca. Campanario 63 e/San Lázaro y Lagunas, Tel. 7-863-6203, ab US$ 35

Casa Azul Habana: Die Casa Particular in Loma de Ángel hat eine größere Auswahl an hervorragend ausgestatteten Gästezimmern. Die Vermieter wissen, was Gäste wünschen, dazu gibt's eine Dachterrasse mit Aussicht über Habana Vieja, allenfalls die Stufen können zur Stolperfalle werden. Ca. Habana 54 e/Cuarteles y Peña Pobre, Tel. 7-801-5304, ab US$ 50

Dulce Hostal: Nur ein Zimmer vermietet Dulce María Gonzáles, und das sehr günstig, was bei den Preisexplosionen innerhalb der Casa Particulares in Havanna sehr lobenswert ist. Und über die Jahre hat die Vermieterin nichts von ihrer einfachen Gastfreundschaft verloren. Ca. Amistad 220 e/Neptuno y San Miguel, Tel. 7-863-2506

Casa Calderón: Dem Haus merkt man an, dass hier kräftig investiert wurde, so dass es für Centro-Verhältnisse einen gehobenen Komfort gibt. Dazu residiert man „mitten drin", kann vieles zu Fuß erreichen und bei kleinen Wehwehchen Médico Señor Calderón um Rat fragen. Ca. Industria 154 e/Trocadero y Bernal, Tel. 7-863-0449, US$ 40

Restaurants

Havannas Köche sind keine Weltmeister ihrer Innung und die Hotelrestaurants bieten nichts Außergewöhnliches. Für zwischendurch sollte man sich mit privat verkauften *Cajitas* (mit Reis und Schweinefleisch gefüllte Pappschachteln) bescheiden und mit dem Ersparten sich den Besuch renommierter Restaurants leisten.

La Bodeguita del Medio: Die einstige Bohemienkneipe zehrt vom legendären Ruf. Weil hier Hemingway, Errol Flynn, Nat King Cole etc. verkehrten, zieht's Touristen in Scharen in die beengte Bodega. Im Schankraum steht man dicht an dicht unter seinesgleichen und trinkt den von Hemingway berühmt gemachten Mojito, Cubas Nationalcocktail. Gemülicher ist's an den Esstischen mit gut zubereiteter Cocina criolla. Hausspezialität: Schweinebraten mit Congrí und sangeskräftige Barden, die mit Inbrunst „Guantanamera", „Hasta siempre" und „La Paloma" zum Bes-

ten geben. Gehobene Preisklasse. Ca. Empedrado 207, tägl. 11–24 Uhr

El Floridita: Das Lokal verdankt sein Renommee Papa Hemingway. Die frühere Eckkneipe präsentiert sich umgestylt als Nobelrestaurant mit unterkühlter, versnobter Atmosphäre. Hausspezialität: Fisch, Meeresfrüchte, sehr teuer. Unübertroffen: die weltbesten Daiquirís, Hemingways Lieblingscocktails, werden hier für US$ 6 gemixt (die Bar hinter der östlich folgenden Häuserecke schenkt Daiquirís fast gleicher Qualität zum halben Preis aus). Obispo 557 c/Bélgica, tägl. 11–24 Uhr

Doña Eutimia: Kreolische Küche wird mit Engagement gekocht. Das „Lechón asado" ist deliziös, die „Ropa vieja del chorro" interessant. Dass man hier nach dem Essen satt ist, dafür sorgt schon die Überfülle an Beigaben wie Congrí oder gebratene Kochbananen, Callejón de Chorro 60-C, Tel. 7-861-1332, tägl. 12–22 Uhr, teuer, in der Nähe der Kathedrale ständig gut besucht, deswegen reservieren!

Restaurante Hanoi: Einer der preiswerteren und gemütlichen Essplätze von Habana Vieja, die kreolische Küche mit internationalen Standards und Meeresfrüchten ergänzt. Nicht's für den großen Hunger: Weil's nicht allzu teuer ist, sollten keine überladenen Teller erwartet werden! Ca. Brasil c/Bernaza, tägl. 12–23 Uhr

Café Paris: Einfache Gerichte mit Huhn und Schwein in dichter, lebhafter Atmosphäre mit vibrierender Livemusik. Auch okay, wenn's nur ein Bier oder Trago sein soll. Deswegen ein eingespielter Treffpunkt der Locals und Touristen. Ca. Obispo 202 c/Ignacio, tägl. 24 Std.

Habana 61: Der Paladar profitiert von Havannas Ausgehszene, die die Loma del Ángel für sich entdeckt hat und sich hier Langusten oder Tomatensuppe mit Garnelen gütlich schmecken lässt. Ca. Habana 61 e/Cuarteles y Peña Pobre, tägl. 12–24 Uhr

O'Reilly 304: Nur eine Parallelstraße von der Ca. Obispo entfernt, ist das O'Reilly ein etablierter Boxenstop für kleine Mahlzeiten wie Tapas, Tacos oder Ceviche, eine ausgezeichnete Coctelería, in der auch, wenn alle Plätze besetzt sind, bald etwas frei wird. Ca. O'Reilly 304 e/Habana y Aguar, tägl. 12–24 Uhr

El del Frente: Weil das ständig gut besuchte O'Reilly nur eine beengte Raumkapazität hat, wurde erweitert, und zwar direkt gegenüber, also enfrente, und bietet Gästen außer Langusten, Tintenfisch, Hähnchen und Bistec eine luftige Dachterrasse. Ca. O'Reilly 303 e/Habana y Aguar, tägl. 12–24 Uhr

Lamparilla 361 Tapas y Cervecas: Leckerste Tapas und eiskaltes Bier im schmucken Ambiente. Eine große Auswahl, die in der Küche kreativ zubereitet wird, so dass das Lokal stets gut besucht ist. Ca. Lamparilla 361 e/Aguacate y Villegas, tägl. 12–24 Uhr

Castropol: Alteingesessene asturische Einwanderer haben am Malecón einen lukullischen Doppeldecker geschaffen, in dem man unten Schweinefleisch vom Holzkohlengrill auf iberocubanische Art, oben Langusten, Fisch und zum Schluss eine im Rahmen bleibende Rechnung serviert bekommt. Malecón 107 e/Genios y Crespo, tägl. 12–24 Uhr

Paladar La Guarida: Ein renovierungsbedürftiges koloniales Privathaus, das in den 1990ern zum Drehort für „Fresa y Chocolate" auserkoren wurde, war Karrierestart eines der besten Paladare Havannas. Mit dieser Reputation und der Gewissheit neugieriger Gäste hat sich die Küche auf *Nueva cocina cubana* spezialisiert, klassische cubanische Gerichte, die vom Küchenmeister verfeinert und optisch getuned werden (oberes Preissegment). Ca. Concordia 418 e Gervasio y Escobar, Tel. 7-866-9047, tägl. 12–16, 18–24 Uhr

Nachtleben & Entertainment

Havanna bei Nacht, das sind laue Abende am Malecón, Schauen und Staunen oder auch nur ein geruhsamer Schluck Rum in einem verborgenen Winkel der Altstadt. Die Broschüre *Cartelera* informiert über aktuelle Konzerte, Theater-, Kinoprogramme und Ausstellungen. Online: carteleracuba.com. Zu den populärsten Spots gehören:

Salón Rosado Benny Moré: Trotz des klassischen Namens des Open-air-Salons hat die Jugend Havannas anderes im Sinn, die ins *La Tropical* im Distrikt Playa kommt, um bei wildem Son und Reggaetón, u.a Havana D'Primera oder La Micha, abzufeiern. Av. 41 c/46, Tel. 7-206-1281, Di.–Sa. 21–2, So. 17–22 Uhr

Casa de la Música (de Centro): In diesem Haus vereinig(t)en sich Abend für Abend Größen der cubanischen Musikszene, amüsierwillige Touristen und lauernde Jineteras in einer explosiv-wilden Partymischung und werden es wieder tun, wenn die aktuelle Renovierung abgeschlossen ist. Av. de Italia 255 e/Concordia y Neptuno, 17–3 Uhr. Derweilen weicht man ins kleinere und noblere Pendant in Miramar aus: **Casa de la Música (Miramar)**: Vom nationalen Musiklabel EGREM veranstaltet und auf Miramars Klientel ausgerichtet Live-Konzerte vom Feinsten. Ca. 20 No 3308 c/35, 17–21, 23–3 Uhr. Infos über Wiedereröffnung und Programm: Tel. 7-204-0447, www.egrem.com.cu

Café Cantante Mi Habano: Einer der etabliertesten Salsa-Tempel der Stadt mit Liveauftritten der populärsten cubanischen Musiker und Urgesteine wie Los Van Van, Adalberto Álvarez y su Son oder Rojitas (angepasste Garderobe von Vorteil). Im Teatro Nacional de Cuba (Seiteneingang), Paseo c/Ca. 39, Pl. de la Revolución, Tel. 7-878-4273, Di.–Sa. 21–5 Uhr

Cabaret Salón Rojo: Die geballte Präsenz dunkler Cubaner, die sich definitiv loco gebärden, unter den Gästen macht diesen Salón zu einem von Havannas heißesten Nightspots. Im Hotel Capri: Ca. 21 e/N y O, Vedado, Tel. 7-833-3747, Di.–So. ab 22, Shows um 23 Uhr

La Taberna del Son: Ein Ort, so klein und intim, dass die Combo fast so viel Platz braucht wie die Zuhörer. Obwohl alle gut jenseits der Siebzig, sind die Musiker Abend für Abend in bestechender Form, à la Buena Vista Social Club plus, dass schon nach den ersten Takten die ganze Taverne groovt. Ca. Brasil 104 e/Cuba y San Ignacio, tägl. 12–24 Uhr

Cabaret El Turquino: Die spektakuläre Aussicht von der Spitze des nur noch zweithöchsten Gebäudes der Stadt über Havannas Lichtermeer gibt dem Turquino, einem Klassiker der Salsatempel Vedados und Touristenmekka mit geballter Jinetera-Präsenz, einen besonderen Reiz. Die Cabaret-Revue ist lau, die fol-

genden Live-Bands haben Pfeffer … Im Hotel Habana Libre, 25. Stock, Ca. L e/23 y 25, tägl. ab 22.30 Uhr

Café Teatro Bertolt Brecht: Ein Favorit des ganz jungen Publikums, günstiger Eintritt, auf der Bühne viele Newcomer-Bands. Hier erfährt man, wie cubanische Musik der Zukunft klingt, und kann heute schon in den Gängen mitwippen. Ca. 13 No 259 c/Ca., I, Vedado, ab 21 Uhr

Casa de la Trova: Tradicionales und klassischer Son à la Buena Vista Social Club präsentiert Havannas kleine Trova im urigen Ambiente. Ca. San Lázaro 661 e/Gervasio y Padre (Centro, in der Nähe des Malecón beim Parque Maceo), Tel. 7-879-3373, Do.–Sa. 19–24 Uhr

Kultur & Events

Gran Teatro de La Habana: Das Vermächtnis lebt! Auch nach dem Tod der *Primaballerina Assoluta* des cubanischen Ballets wird die Tradition von Alisia Alonso weitergeführt. Nach russischem Vorbild bildet die weltweit größte Balletschule exzellente Tänzer aus, von denen die besten ins Balletensemble aufgenommen werden. Und es gelingt der Spagat zwischen „Giselle", „Schwanensee", afrocubanischem und modernem Tanz in grandiosen Choreographien, die die Aufführungen des **Ballet Nacional de Cuba** zum mitreißenden Erlebnis machen. Seltener sind Heimspiele des Opernensembles des Teatro Lírico Nacional de Cuba. Prado 458 c/San Rafael, Tel. 7-861-3077, Tickets: Mo.–Sa. 9–18, So. bis 15 Uhr und 1 Std. vor Vorstellungsbeginn, aktuelles Programm am Eingang und www.balletcuba.cult.cu

Teatro Nacional de Cuba: Das *Orquesta Nacional Sinfónica* musiziert in den Salas „Avellaneda" (großer Saal) und „Covarrubias" (kleiner Saal) im Nationaltheater, Paseo c/39, Plaza de la Revolución, Tel. 7-879-6011, Tickets am hinteren Ende des kleinen Gebäudes nebenan Di.–Do. 10–18, Fr.–So. 15–21 Uhr, Konzerte Fr., Sa. 20.30, So. 17 Uhr), und im restaurierten *Teatro Amadeo Roldán*, Calzada c/D, Vedado, Tel. 7-832-4521

El Hurón Azul: traditionelle cubanische Boleros, afrocubanische Folklore, Jazz, Trova und Literatur-Events mit Intellektuellenpräsenz im Publikum. Open air in Parkatmosphäre. Ca. 17 c/H (im *Social Club* der Unión Nacional de Escritores y Artistas de Cuba), Vedado, Tel. 7-832-4571, Programm: www.uneac.org.cu

Centro Cultural El Gran Palenque: Hier veranstaltet der Conjunto Folklórico Nacional samstags um

15 Uhr den folkloristischen „Sábado de Rumba" mit Yoruba-Tänzen, bei dem man für 3 Stunden in die Welt der Santería eintaucht. Ca. 4 No 103 e/Calzada y 5, Vedado,

Teatro Karl Marx: Von außen nicht schön, aber drinnen groß, d.h. es ist der Ort für Großveranstaltungen, Film- und Musikfestivals, von Do.– So. treten in der kleineren „Sala Atril" cubanische und lateinamerikanische Musikgruppen hauptsächlich vor cubanischem Publikum für niedrige Eintrittspreise auf. Av. 1ra No 1010 e/8 y 10, Miramar, Tel. 7-209-1991

Teatro Mella: Die Bühne für moderne Tänze, zeitgenössisches Theater und Performances des Conjunto Folklórico Nacional. Linea No 657 e/A y B, Tel. 7-833-8696

Einmal im Monat verwandelt sich der Platz vor der Kathedrale in die **Noche Plaza** mit ca. 100 Sängern, Trommlern und Tänzern (Personal im Restaurant „El Patio" kann Auskunft geben).

Casa de las Américas: Im riesigen Art-déco-Komplex finden Konzerte, Ausstellungen und Kongresse zu Musik, Literatur und Kunst Lateinamerikas, renommierte Kulturwettbewerbe und afrocubanische Workshops statt. Ca. 3 c/G, Vedado, Tel. 7-838-2706, www.casa.co.cu, im kleineren Rahmen in der *Casa de la Cultura de Plaza*. Ca. Calzada 909 c/8, Vedado

Cine Charles Chaplin: Auch wenn gerade keine Premieren oder Festivals stattfinden, bietet das legendäre Kino ein engagiertes Filmprogramm und in der Lobby Filmplakate aus der Historie des cubanischen Kinos. Ca. 23 No 1157 e/10 y 12, Tel. 7-831-1101

An-, Rum-, Weiterkommen

Havannas Flughafen liegt über 20 km südwestlich vom Parque Central im Bezirk Rancho Boteros. Es gibt 5 Terminals, von denen 3 für Reisende relevant, jedoch weit entfernt voneinander sind, so dass man sich vergewissern sollte, auf welchem Terminal man ankommt und auf welchem es weitergeht: Terminal 3: internationale Flüge, Terminal 1: Inlandflüge (Cubana), Terminal 5: Caribbean (Charterflüge von Aerocaribbean, Aerogaviota, Aerotaxi). Der **Aeropuerto Internacional José Martí** (Tel. 7-649-5777) ist das *Terminal 3* („Wajay"), 3 km westlich vom *Terminal 1* am Ende der Zufahrtsstraße und 2,5 km nordöstlich von *Terminal 5*. Flugtickets verkauft die Cubana im Airline Building in der Ca. 23 No 64 c/ Infanta, Vedado, Tel. 7-834-4446, Mo.–Fr. 8–16, Sa. 8 bis 12 Uhr. Taxis in die Stadt sollten nicht mehr als US$ 30, Boteros je nach Tageszeit US$ 20 kosten. Ohne großes Gepäck auf Inlandtour und mit La Capital schon etwas vertraut, kann man mit den Metrobús-Linien P-12 (Capitolio–Santiago de las Vegas) oder P-16 (Vedado–Santiago de las Vegas, Haltestelle: Hospital Nacional Hermanos Ameijeiras–Santiago de las Vegas) ab/zur Haltestelle in der Av. Rancho Boyeros in die Stadt/zum Flughafen kommen.

Das **Terminal de Ómnibus** befindet sich an der Nordseite der Pl. de la Revolución in der Av. de la Independencia 101 c/19 de Mayo. *Víazul*-Tickets verkaufen „Ventas de Boletines", Tel. 7-870-9401, im Tiefgeschoss rechts vom Haupteingang, wo Fahrgästen „ihr" Bus zugewiesen wird. Mit hier gekauften Víazul-Fahrkarten kann an diesem Busbahnhof zugestiegen werden. *Infotur* in der Ca. Obispo 358 bietet Fahrplanauskunft und Víazul-Tickets, für die man das Busterminal in der Ca. 26 c/Zoológico (3 km südwestlich vom Terminal de Ómnibus), Tel. 7-881-1413, in Nuevo Vedado benutzen muss. Aufgrund der hohen Nachfrage ist eine Online-Buchung mindestens eine Woche im Voraus der sichere Weg: www.viazul.wetransp.com. Von Pinar del Río im Westen bis Santiago im Osten bestehen täglich mehrere Víazul-Verbindungen. In Havanna ankommende Víazul-Busse fahren durch die Außenbezirke direkt nach Nuevo Vedado, nur von Varadero kommend, kann nach dem Tunnel zentral in La Habana Vieja ausgestiegen werden. Die Buslinie 27 verbindet das Víazul-Terminal mit Vedado und Habana Centro.

Mit den Fahrern der Touristenbusse, die vor dem Palacio de Artesanías parken, kann man einen Transfer nach Varadero arrangieren. Die für Touristen nützlichsten innerstädtischen Metrobús-Linien sind P-11: Alamar–Fraternidad–Vedado und P-16: Vedado–Santiago de las Vegas.

Die **HabanaBusTour** fährt mit Doppeldeckern und einfachen Bussen auf drei festen Routen von 9–20/21 Uhr im 30-Min.-Takt durch den Großraum Havanna. Start ist am Parque Central c/Rafael gegenüber dem Hotel Inglaterra. **T1** fährt durch Vedado und Miramar, hat 26 mit blauen Schildern markierte Haltestellen, u.a. Pl. de la Revolución, Cementerio de Colón, Rampa/Hotel Nacional und Castillo de la Real Fuerza. **T3** passiert El Morro und fährt bis nach Santa María del Mar zu den Playas del Este, eine günstige Option für Badegäste, die für die Rückkehr zur Stoßzeit voll besetzte Busse berücksichtigen sollten. Ein Tagesticket für T1 kostet US$ 10, für T2 US$ 5 mit beliebigen Zu- und Ausstiegen.

Die **Estación Central**, Av. de Bélgica c/Arsenal, Tel. 7-862-1920, wo fast alle Züge abfahren, liegt im Südwesten der Altstadt, das Ladis-Büro am Seiteneingang neben der Post in der Ca. Arsenal (Tickets mit Sitzplatzreservierung). Bei Engpässen kann man es am „Lista-de-Espera"-Schalter (7–19 Uhr) weiter westlich an der Kreuzung Ca. Arsenal c/Cienfuegos versuchen (sie verkaufen kurz vor Abfahrt die letzten freien Plätze). Impressionenreich ist die rumpelnde Fahrt mit der elektrifizierten *Hershey*-Eisenbahn nach Matanzas, deren Bahnhof sich bei der Fährstation in Casablanca befindet: Estación Casablanca, Tel. 7-862-4888

Ab 2017 durchleb(t)e die Estación Central eine Totalsanierung, so dass bis zur im Dezember 2022 anvisierten Neueröffnung (die sich aufgrund Covid-19 und Blockade hinausschob) auf den Bahnhof **La Coubre** in der Südwestecke La Habana Vieja' ausgewichen werden muss(te). Man erreicht diese, indem man vom Zentralbahnhof die Av. de Bélcica bis zum Hafen und dort rechts weitergeht. Auf der rechten Seite ist der Ticketschalter und gleich daneben der Schalter „Lista de espera", wo freie Tickets für die nächsten Züge verkauft werden.

Seit neue „China"-Züge den Schienentransport übernommen haben, sind die Verbindungen nach Santa Clara, Camagüey, Cienfuegos und Santiago häufiger, d.h. es fahren mehr Züge bis in den Oriente, allerdings nur jeden 2. oder 3. Tag, weshalb der Fahrplan mit den Zugnummern eingesehen werden muss, z.B.: Tren 1: jeden 2. Tag nach Santiago, Tren 3: jeden 3. Tag bis Guantánamo, Tren 5: jeden 3. Tag nach Holguín, Tren 7: jeden 3. Tag nach Bayamo, Tren 15: jeden 3. Tag nach Guantánamo, Tren 71: jeden 2. Tag nach Pinar del Río. Die Fahrzeit für die Strecke Havanna–Santiago von 15 Std. hat sich nicht geändert.

Info & Nützliches

In Notfällen hilft das englischsprachige Personal von **Asistur** in der Casa del Científico, Prado 212 c/ Trocadero, Tel. 7-833-8527, Mo.–Fr. 9–17, Sa. 8–14 Uhr. Das Top-Krankenhaus für Ausländer ist: ***Hospital Nacional Hermanos Ameijeiras***, San Lázaro 701 c/Padre Varela (am Malecón), Centro, Tel. 7-876-1030, turismomedico@hha.sld.cu, 24 Std. – **Farmacia Internacional**: im Hotel Habana Libre, Ca. 23 e/23 y 25, Vedado, Tel. 7-831-9538 – **Cadeca**: *Habana Vieja:* Ca. Lamparilla 4 c/ Oficios, Mo.–Sa. 9–20, So. bis 18 Uhr, Ca. Obispo 257 e/Cuba y Aguiar, tägl. 8–18 Uhr, *Vedado:* Ca. 23 c/J, Mo.–Fr. 9–16, Sa. bis 12 Uhr, Hotel Meliá Cohiba, Paseo e/1 y 3, 8–23 Uhr, *Miramar:* Av. 5ta-A e/40 y 42, Mo.–Sa. 9–16, So. bis 12 Uhr – **Etecsa:** Ca. Habana 406 c/Obispo, tägl. 8–20 Uhr

Regla & Guanabacoa

Im Südosten gegenüber dem Hafenbecken ist die Altstadt von Regla ein Zentrum afrocubanischer Traditionen und die **Iglesia de la Santíssima Virgen de Regla** eine der Hauptstätten synkretischer Kulte Cubas. Alljährlich am 7. September pilgern Santeros hierher, um die Prozession der Schwarzen Madonna, der Schutzpatronin der Bahía de La Habana, zu begleiten. Was den Katholiken ihre Virgen ist, ist für sie *Yemayá*, die Gottheit des Meeres und Schutzpatronin der Matrosen, weshalb sie auch in einen blauen Mantel gehüllt ist. Die Kirche neben der alten Ceiba, gegenüber der Fährstation, ist tägl. von 7.30–18 Uhr geöffnet, die lebhafteste Messe wird sonntags um 17 Uhr abgehalten. Das **Museo Municipal de Regla** informiert über Reglas Geschichte und afrocubanische Religionen, besonders lebensnah ist die Darstellung von Remigio Herrero, dem ersten Babalawo der Stadt, in Sklavenketten und Elegguá, dem Herrn der Wege und Türen, mit seinem Gabelstock. Ca. Martí 158, Mo.–Sa. 9–17, So. bis 12 Uhr

In Regla ist die Kontaktaufnahme mit Santeros und Babalawos problemlos – glaubensstark zu sein, schließt Geschäftstüchtigkeit nicht aus – wie im östlich sich anschließenden so malerischen wie tristen Ort Guanabacoa, „El pueblo embrujado", der früher ein florierendes Zentrum des Sklavenhandels auf Cuba war, ebenfalls durch afrocubanische Traditionen geprägt ist und dessen **Museo Municipal de Guanabacoa** Kultgegenstände der Abakúa, La Regla de Ocha und Palo de Monte, deren Riten und Gottheiten, speziell Elegguá, und die Geschichte ihrer Ausprägungen präsentiert. Ca. Martí 108, Di.–Sa. 9–17, So. bis 13 Uhr. Regla ist über die Fähre, die jede Viertelstunde von der Muelle Luz e/San Pedro y Santa Clara in La Habana Vieja ablegt, einfach zu erreichen. In Regla fährt der Bus 29 nach Guanabacoa.

Cojímar

Cojímar ist ein kleiner Fischerort im Osten Havannas. Hier lag Hemingways „Pilar" vor Anker, wurden Cojímar und sein Stammlokal „La Terraza" zum Schauplatz des Romans „Der alte Mann und das Meer". Der Ort ist ein wenig verfallen, den Häusern sind die Spuren von Salz, Regen und Wind deutlich anzusehen. An der Uferpromenade, nahe der Festung Torreón, blickt eine von einem Pavillon geschützte bronzene Hemingway-Büste aufs Meer. Es ist kein grandioses Monument, doch aller Ehren wert, schließlich haben die Leute von Cojímar 1962 ganz Havanna nach Altbronze abgesucht, die Fischer ausgemusterte Schiffsschrauben gestiftet und der Bildhauer auf sein Honarar verzichtet, um ihrem ein Jahr zuvor verstorbenen Gönner ihre Ehrerbietung zu erweisen. *La Terraza*, Ca. 152 No 161, Tel. 7-766-5151, tägl. 12–23 Uhr, ist inzwischen zum Nobellokal hergerichtet worden, das Fischspezialitäten und Cocktails offeriert, die in ihrer Qualität jedoch von der nach wie vor superben Terrassenaussicht deutlich abfallen (in der Rechnung ist ein üppiger Hemingway-Zuschlag enthalten). Hinkommen: Ómnibus Metropolitanos Ruta A58 Bahía oder Metrobús P-11 nach Alamar (bei der dritten Parada nach dem Tunnel aussteigen).

Playas del Este

Im Osten von Havanna sind die Playas del Este mit feinkörnigem Sand, Palmen und türkisfarbenem Meer eine feuchte Abwechslung zum Großstadtleben. An Werktagen und außerhalb der cubanischen Ferienzeit findet man eine relaxte, fast einsame Stimmung

vor, während der Schulferien im Juli und August liegt man hingegen im hektischen Trubel dicht an dicht. Wer hierher kommt, sollte kein idyllisches Tropenparadies erwarten. Das architektonische Erscheinungsbild dieser windgeplagten Gegend ist eintönig, das Gelände und viele Häuser machen einen arg vernachlässigten Eindruck. Die sich insgesamt über neun Kilometer erstreckenden Playas del Este beginnen östlich von Alamar und sind in West-Ost-Richtung in folgende Strandabschnitte unterteilt: Bacuranao, El Mégano, Santa María del Mar, Boca Ciega, Guanabo.

An Wochenenden und im Hochsommer wird die grobsandige Bucht von **Bacuranao** zur überfüllten Badewanne der Hauptstadt mit einem von zurückgelassenen Abfällen übersäten Strand. Sein Vorteil: Er liegt Havanna am nächsten. Die ruhigere, doch „kontaktfreudige" **Playa Mégano**, zu dessen Korallenriff Taucher vom Yachthafen Tarará starten, geht nahtlos in den zwischen Mangroven und Lagunen eingebetteten Strand von **Santa María del Mar** über. Dort sind mit Ausnahme der Polizeipatrouillen Touristen fast unter sich. Hier befinden sich die meisten Hotels, Bars, einige Cabarets und Diskotheken.

Jenseits der Brücke über den Río Itabo folgt **Boca Ciega**, ein geeigneter Ausweichort mit verstreut vor sich hinsiechenden Hütten, wenn die östlichere Playa von **Guanabo** überlaufen ist. Guanabo ist das Downtown der Playas del Este, zählt trotz Kieselsteinen zu ihren schöneren Abschnitten und und ist der von Cubanern und motorisierten Habaneros bevorzugte Badeplatz. Inzwischen wurden in Guanabo viele Casas Particulares eröffnet. Private blaue Kleinbusse starten in Havanna ab der Kreuzung Ca. Gloria c/Agramonte (nahe der Estación Central) nach Guanabo, fahren jedoch nicht durch Santa María del Mar. Einfacher ist's mit der HabanaBusTour Linie T3.

Jibacoa, Jaruco & Santa Cruz del Norte

Gegenwärtig unterzieht sich die **Playa Jibacoa** einem rasanten Wandel bzw. sie wurde von Touristikmanagern auserkoren, etwa auf halbem Weg zwischen Havanna und Varadero zum neuen Resort-Komplex für Pauschalurlauber heranzuwachsen. Um und hinter dem Strand bietet eine schroffe Felsküste Wanderwege mit faszinierenden Ausblicken aufs Meer, das ufernahe Korallenriff ist Tauchern ein hervorragendes Schnorchelrevier. Für die Anreise eignen sich nur ein Mietwagen oder auf der Vía Blanca verkehrende Busse (Havanna–Matanzas–Varadero), die man gegenüber der langen Brücke nahe Villa Loma verlässt. 15 km östlich von Jibacoa liegt an der Provinzgrenze der *Mirador de Bacunayagua,* ein Aussichtspunkt über Cubas längste Brücke (313 m lang und 100 m hoch) und das malerische **Valle de Yumurí** mit mächtigen Königspalmen, die wie urzeitliche Riesen aus dem flachen Weideland in die Höhe ragen und wo sämtliche von Varadero nach Havanna fahrenden Touristenbusse eine Rast einlegen (auf La-Habana-Territorium mit Imbiss). Westlich von Jibacoa befinden sich der Fischerort Santa Cruz del Norte, wo seit 1919 in der **Ronera Santa Cruz**, Cubas größter Destillerie, der 7-jährige Rum von Havana Club produziert wird (keine Besichtigungen), und landeinwärts die Cienfuegos-Zuckermühle, die einst zur Hershey Chocolate Company gehörte.

Eine Abzweigung von der Autopista Nacional bei Tapaste führt auf dem Weg nach Jaruco durch den **Parque Escaleras de Jaruco**, eine Wildnis mit Wald, Höhlen,

Kalksteinfelsen und mehreren Miradores, die den Blick auf die Landschaft von Mayabeque freigeben, und ganz oben das skurrile „Restaurante El Árabe", gebaut wie eine orientalische Moschee, ohne dass von der Küche etwas aus Tausendundeiner Nacht auf den Tisch kommt. Am Wochenende treffen sich viele Familien aus La Habana zur lauschigen Landpartie, wenn der Park offiziell (Do.–So.) geöffnet ist. Auf der Straße von Tapaste ist die Zufahrt immer möglich.

Surgidero de Batabanó

Die Kleinstadt Batabanó, 51 km südwestlich von Havanna, lockt kaum Besucher hierher, auch nicht das Museo Municipal in der Ca. 64 No 7502, dem ein Besuch des 5 km entfernten Fischerdorfes Surgidero de Batabanó vorzuziehen ist. Von hier brachen Fidel und seine Mitstreiter nach ihrer Haftstrafe am 15. Mai 1955 ins Exil nach Mexiko auf. Surgidero de Batabanó ist eine pittoreske Ansammlung leicht baufälliger Holzhäuschen mit überdachten Veranden, an fast jeder Straßenecke offerieren Garküchen gebratenen Fisch. Wer keinen direkten Anschluss zur Fähre nach Nueva Gerona auf der Isla de la Juventud hat, kann hier die Zeit für ein stimmungsvolles „Hangin' around" verstreichen lassen. Das *Hotel Dos Hermanos* in der Ca. 68 No 521 bietet zwischen Hafen und Bahnhof puristische bernachtungsgelegenheiten für ein paar Pesos. Zum weniger als 1 km von der Fährstation entfernten Bahnhof geht man einfach vom Hotel die Straße hinunter. Tägl. kommen zwei/fahren zwei Züge vom/zum Cristina-Bahnhof in Havanna.

Für die Fähre nach Nueva Gerona im Norden der Isla de la Juventud kauft man am besten das Kombiticket (Bus & Fähre) bereits im Astro-Busterminal (Terminal de Ómnibus) an der Nordseite der Pl. de la Revolución in Havanna, Tel. 78-70-1841. Wer ohne Ticket nach Surgidero de Batabanó kommt, wendet sich an die für den Ticketverkauf zuständige Empresa Viamar, Tel. 47-58-8240, am Kai, bei Engpässen ans „Lista-de-espera"-Büro (Warteliste) direkt neben der Post, zwischen Bahnhof und Hotel Dos Hermanos.

LA HABANA

EL OCCIDENTE: CUBAS WESTEN

Seine einzigartige Faszination liegt im Zusammentreffen einer grandiosen Urlandschaft mit einer intensiv genutzten Kulturlandschaft. Auf den sienaroten, sandigen Böden der Vuelta Abajo und des Tals von Viñales wird der weltberühmte Tabak angebaut. Ab November, wenn die Tabakpflanzen reif sind, strahlen die „Vegas" genannten Felder, auf denen sich Staude an Staude reiht, im üppigen Grün. Ochsenkarren bringen die Ernte ein, Guajiros und Vaqueros, cubanische Cowboys, und Vegueros, Tabakpflanzer, mit Strohhüten vervollständigen die Szenerie eines geruhsamen Landlebens. Inmitten der waldlosen, fruchtbaren Ebene erheben sich mächtige, **Mogotes** genannte Kalksteinkegel. Sie sind monumentale Felsburgen, deren grün überwucherten Wände steil aufragen und oben abgerundet sind. Wie ein Archipel von Inselbergen haben sie über Epochen der Erdgeschichte der Erosion widerstanden. Verlassene Cafetales, antiquierte Kaffeehacienden und stillgelegte Eisenbahnstrecken, auf denen Zuckerrohr transportiert wurde, sind eine nostalgische Reminiszenz. Ganz im Südwesten ist die Playa de María La Gorda ein grandioses karibisches Finale nach der trockenen Landpartie.

San Antonio de los Baños: Die auf Besucher freundlich wirkende Kleinstadt San Antonio de los Baños ist Marktstätte des umliegenden Agrarlandes, wo Limonen und Tabak bester Qualität (für die Zigarrenmarke Partido) gedeihen. In der Stadt befinden sich hübsche Plätze, Parks und Kuriositäten wie die sich in Bahnhofsnähe bei der Molina de levadura (Mühle) neben einer großen Ceiba befindende Senke, in der das Flussbett des Río Ariguanabo sich unterirdisch fortsetzt, die alte Kirche an der Kreuzung der Ca. 66 c/Av. 41, deren Priester die sonderbare Angewohnheit hat, sein Automobil in der Kirche zu parken, oder die Basilika des San Lázaro, in der am 16. Dezember, dem Tag des Heiligen, sich (nicht nur) kranke Santeros Heilung erbeten. Für Besucher am interessantesten: **Museo del Humor** mit witzigen Objekten, markanten (politischen) Karrikaturen und einigen pornografischen Cartoons; Ca. 60 c/Av. 45, Di.–Sa. 9–18, So. bis 13 Uhr, US$ 3

Escuela Internacional de Cine y Televisión: Die über die Landesgrenzen renommierte Filmschule wurde auf Initiative Gabriel García Márquez' gegründet. Im Campus der Finca San Tranquilino im Nordwesten von San Antonio de los Baños werden internationalen Filmstudenten Unterweisungen in die Techniken des Films, von Kameraeinstellung über Beleuchtung bis zum Schnitt, gegeben (Anmeldung mind. 2–3 Monate im Voraus). Ctra. de Vereda Nueva km 4 ½, Tel. 47-38-3152

Das unprätentiöse **Hotel Las Yagrumas** im Norden der Stadt ist für die letzte Nacht in Cuba eine Alternative zu den Domizilen in Vedado, weil es nicht weiter vom Flughafen entfernt ist als Havannas Stadthotels. Tel. 47-38-4460, US$ 35/45

Antiguo Cafetal Angerona: Weshalb Ernest Hemingway und Nicolás Guillén von der „Villa Roja", profaner als **Artemisa** bezeichnet, entzückt waren, ist nicht mehr zu ergründen. Das Ende des Kaffee- und Zuckerbooms war auch das Ende vieler lokaler Haciendas. Das Mausoleo de los Martires de Artemisa lohnt auch nicht, den Fuß vom Gas zu nehmen. Doch ein Abstecher auf der Straße zur Autopista Habana–Pinar del Río (A4) 5 km in den Westen von Artemisa zum Antiguo Cafetal Angerona bietet Erstaunliches. Zwischen 1813 und 1820 errichtet, war sie eine der ersten Kaffeehacienden Cubas. Haciendero war der deutschstämmige Cornelio Sauchay, der über 450 Sklaven gebot, die eine halbe Million Kaffeepflanzen bewirtschafteten. Legendär wurde seine Liebesaffäre mit Úrsula Lambert, einer schwarzen, heißblütigen Haitianerin, der er neben dem Herrenhaus eine eigene Casa erbauen ließ. Noch heute weiß der Parkwächter Phantastisches zu erzählen, so dass man glauben könnte, dass alles „es war einmal ..." Nichtsdestotrotz, Antiguo Cafetal Angerona ist ein Ort für Romantiker, an dem die verfallen(d)e Architektur der Säulen und Mauern von wildwuchernder Natur umrankt wird und allerlei stimmungsvolle Impressionen gebiert, so dass es auch Terrain ambitionierter Fotografen ist.

Las Terrazas – Pionier im Ökotourismus

Die Dorfkooperative von Las Terrazas wurde in einem Wiederaufforstungsprojekt ins Leben gerufen. Bis in die 1960er Jahre zerstörten Feuersbrünste und falsche Forsttechniken die Wälder der Region und setzten die immer kahler werdenden Berghänge der Erosion aus. Ab 1970 wurden auf den neu terrassierten Hängen um die Modellsiedlung Las Terrazas massiv Pinien und Koniferen gepflanzt, 1985 die Reserva Sierra del Rosario, damals Cubas erstes von der Unesco bestätigte Biosphärenreservat, gegründet. Seit den 1990er Jahren existiert im und um das Hotel Moka ein Öko-Resort der gehobenen Kategorie inmitten von Farnen, Orchideen und vieler heimischer Baumarten. In der Dorfkooperative haben sich Besuchern offene Kunsthandwerksgalerien und Workshops zur Textilgestaltung und Töpferei etabliert.

Die Comunidad Las Terrazas liegt 20 km nordöstlich von Soroa und 13 km westlich von Cayajabos, der Abfahrt von der Autobahn Havanna–Pinar del Río. Es befinden sich gebührenpflichtige Kontrollstellen (US$ 5 pro Person) an beiden Zufahrten zum Biosphärenreservat, die östliche, Puerta las Delicias, bietet Informationen zum Park, für alles weitere, z.B. Exkursionen das Büro des Complejo Las Terraza, Tel. 48-57-8555, 8–17 Uhr, reservas@terrazas.tur.cu, www.lasterrazas.cu, und das Hotel Moka.

Cafetal Buenavista: Leicht ansteigende 1 ½ km sind es von der Puerta las Delicias bis zu den Überresten der ältesten der ehemaligen 56 Kaffee-Fincas der Region. Im früheren Herrenhaus logiert ein Restaurant, partiell restaurierte Trocknungs-, Lagerstätten, Mahlsteine und Sklavenquartiere können besichtigt werden.

Hacienda Unión: 3,5 km westlich der Zufahrt zum Hotel Moka ist diese Kaffee-Hacienda als „Schauplatz" aufbereitet worden samt Restaurant im Landhausstil, *Casa del Campesino* (11–17 Uhr), und dem Blumengarten Jardín Unión. Pferdemieten möglich.

Casa Museo Polo Montañez: Dort wo der Meister der Guajiras residierte, bis er nahe Las Terrazas mit dem Auto verunglückte, hat man außer der Hausbesichtigung einen hübschen Ausblick auf den See. Mo.–Fr. 9–17 Uhr

Canopy Tour: Am Hochseil geht's mit Sicherheitsinstruktion über 6 Etappen in einer Gesamt-„Fluglinie" von 1 ½ km über Baumwipfel und den Lago del San Juan. 3 Tramos: US$ 18

Im Complejo Las Terraza können geführte Wanderungen, z.B. *La Serafina*, *Las Delicias* oder *La Canada del Infierno*, ein Wanderweg entlang dem Río Bayate zu den Ruinen der Cafetales San Pedro und Santa Catalina (unterwegs gibt's ein erfrischendes Bad am Wasserfall). Je nach Dauer, mit/ohne Mittagessen US$ 25–40

Unterkunft & Restaurants

Hotel Moka: Mitten in die Natur hineingebaut mit Bäumchen in der Lobby, ist es ein stilvolles Quartier für Naturfreunde. Der Komfort hat Grenzen, dafür gibt's einen Pool, Tennisplatz und zur Miete Mountainbikes und Ruderboote. Das Moka fungiert als Kontaktbörse für alle Aktivitäten in Las Terrazas. Tel. 48-57-8600, US$ 90/140

Cabañas Rústicas: Die ultimative Eco-Wahl, bei der man in geräumigen Baumhäusern wohnt und am Leben Gleichgesinnter und des Pueblo teilhaben kann. Vermittelt durch Complejo Las Terraza, Tel. 48-57-8555, reservas@terrazas.tur.cu

Casa del Campesino: in der Hacienda Unión gibt's all das, was das Bauernvolk in den Bergen auf den Tisch ... respektive, das, was der Städter von diesem erwartet. So wird hier gebraten und geschmort ... immer satt auf dem Teller: *Congri*, Reis mi Bohnen

Patio de María: kleine Kaffee-Bar, wo's den besten Espresso gibt. Die Tradition der Cafetales von Las Terrazas verpflichtet.

Soroa – Cubas „kleiner Regenbogen"

Die frühere Kaffeeplantage Soroa am Fuß der Sierra del Rosario präsentiert sich inmitten herrlicher Pinien- und Palmenhaine als malerisches Zentrum für Öko- und Naturtourismus, das ob der Farbenpracht seiner Blumen auch „Regenbogen Cubas" benannt wird. Schließlich fällt hier in den Bergen mehr Regen als anderswo im Land.

El Orquideario, die größte Attraktion am Ort ist ein großzügig angelegter Orchideengarten, in dem eine Vielzahl tropischer Pflanzen – neben Orchideen Bromelien, Begonien und riesige Bäume – bewundert werden kann. Blütezeit der Orchideen, von denen es hier 700 Arten gibt, ist November bis April. Manchmal kann man Cubas Nationalvogel, den Tocororo sehen und hören. Ctra. a Soroa km 9, tägl. 8.30–16.30 Uhr, Führungen in Spanisch und Englisch, US$ 3

Salto de Arco Iris: Ein kleiner Spaziergang führt zum Regenbogenwasserfall *Salto de Arco Iris*. Aus 22 m Höhe prallt das Wasser auf einen Felsen und ergießt sich in ein natürliches Becken (erfrischende Badestelle mit kristallklarem Wasser, tägl. 9–18 Uhr, US$ 3). Gegenüber dem Parkplatz können in den rustikalen Steinbecken der *Baños de Romanos* Schwefelbäder genommen werden, ein schmaler Wanderweg führt in einer halben Stunde zur Aussichtsplattform *El Mirador de Venus*. Auf einer nahegelegenen Bergspitze befindet sich die verlassene, ehemalige Festung *El Castillo en las Nubes* mit einer Cafeteria-Bar, von wo der Blick über die Sierra und das Valle de Soroa bis zur Küstenebene reicht.

Unterkunft

Hotel & Villas Soroa: Inmitten grüner Landschaft eine Bleibe, die Naturfreunde über die überfällige Renovierung hinwegsehen lässt, ein Basislager, von dem sich die Ruinas de los Cafetales Franceses, die Comunidad La Rosita, El Brujito etc. leicht erwandern lassen. Ctra. a Soroa km 8, Tel. 48-52-3534, US$ 60/90 inkl. Frühstück

Casa Las Piedras: Öko-Finca: Zimmer toll, Essen toll, Vermieter nett, doch etwas off the beaten trail ist etwas Fahrbares vonnöten (Ausritte angeboten). Ctra. a Soroa km 3,5, Tel. 5-336-4997, US$ 30

San Diego de los Baños

Bereits seit 1891 werden die schwefelhaltigen Quellen der Region für medizinische Zwecke genutzt.

8 km westlich der Carretera Central auf halber Strecke zwischen Pinar del Río und Soroa ist der **Balneario San Diego** ein Bäderkomplex mit bester Reputation zur Behandlung von Hautkrankheiten, Muskel- und Gelenkbeschwerden. Die Mineralquellen mit einer Temperatur von 30–40 °C liefern eine so hohe Schwefelkonzentration, dass der Aufenthalt in den 8 Gruppenbecken und 26 Einzelwannen auf maximal 20 Minuten pro Tag beschränkt ist. Schlammpackungen von der Mündung des Río San Diego, dessen Tal die Sierras del Rosario und de los Organos teilt, Massagen und Schönheitskuren gehören zum Programm. Ein hippes Spa ist's nicht, hat eher die Aura einer halbverlassenen Klinik mit Schwefelgeruch. Ca. 23 Final, Tel. 48-54-8888, Mo.–Fr. 8–17 Uhr

Der **Parque La Güira** mit der **Hacienda Cortina** 5 km westlich ist das populärste Ausflugsziel der Region. Was vor hundert Jahren ein repräsentatives Nobeldomizil mit superbem Skulpturengarten war, wurde jahrzehntelang dem Verfall und der Wildnis überlassen. In jüngerer Zeit verliehen ausgesuchte Restaurationen dem Park das Ambiente eines Wechselspiels von Wachsen und Vergehen, von morbidem Gestein und tropischem Wildwuchs, der durch französisch, japanisch und chinesisch inspirierte Sektionen botanisch versierte Spaziergänger staunen lässt. Tägl. 8–18 Uhr, US$ 5

Etwas weiter nördlich ist die **Cueva de Los Portales** für historisch Versierte interessant. In diese Höhle verlegte Ernesto Guevara während der Cubakrise 1962 das Hauptquartier des Ejército del Occidente. Außer skurrilen Gegenständen des Commandante und der damaligen Einrichtung gibt's eloquente Höhlenführer, die sich in allerlei heroischen Anekdoten übertreffen. 8–17 Uhr, US$ 3

Unterkunft

Das **Hotel Mirador,** direkt gegenüber den Thermalquellen ursprünglich als Domizil für Badegäste konzipiert, ist heute eine lärmige Stop-and-go-Unterkunft mit Pool und passabler Terrasse. Ca. 23 Final s/n, Tel. 48-77-8338, US$ 48/68

Unter den Casas Particulares bietet sich die **Villa Julio & Cary**, ebenfalls in Badnähe, in der Rubrik klein, aber fein an, hat einen netten Garten und Terrasse, wo man es sich, im Schaukelstuhl wippend, gutgehen lässt. Ca. 29 No. 4009, Tel. 48-54-8037, US$ 30

Valle de Viñales – Tabakland und Elefantenrücken

Nördlich von Pinar del Río schlängelt sich die Straße hinauf ins Valle de Viñales, Cubas landschaftlich reizvollste Region, und in die Sierra de los Organos. Je höher man kommt, desto grandioser werden die Blicke auf die unvermittelt in die Höhe ragenden urtümlichen Mogotes. Diese stark verwitterten, bewachsenen Felsen waren vor gut 100 Mio. Jahren Säulen eines weit verzweigten Netzes aus Höhlen und unterirdischen Flüssen, bis mit der Zeit wegen der Kalksteinverwitterung die Höhlendecken einstürzten und nur die Mogotes sichtbar an der Oberfläche zurückließen. Der Kodak-Point der Strecke wird beim pittoresk auf einen Felsvorsprung gebauten *Hotel Los*

Jazmines erreicht, wo alle Reisegruppen ab dem späten Vormittag halten und sich ein spektakuläres Panorama übers Tal von Viñales und die bizarren, vom Volksmund als Elefantenrücken bezeichneten Mogotes bietet. Die Impression ist noch überwältigender für frühaufstehende Romantiker, wenn in einer einsam-mystischen Morgenstimmung noch der Nebel in den Tälern liegt oder wenn nach einem kräftigen Regenschauer im erneut gleißenden Sonnenlicht die feuchtwarme Erde und Holzhäuschen in der flirrenden Hitze zu dampfen scheinen.

Das Valle de Viñales vereint eine archaische und gebändigte Naturlandschaft in intensivem Siena, der fruchtbaren Erde wegen, und Grün, weil hier Tabakpflanzungen im Überfluss gedeihen. Dass in dieser Szenerie zigarrenqualmende Campesinos, vornehmlich Vegueros, Tabakpflanzer, mit breitkrempigen Hüten und sonnengegerbter Haut, dazu gierenden Ochsenkarren nicht Klischee, sondern Alltag sind, verwundert nicht. Besucher suchen hier nicht den Thrill oder lärmige Fiestas mit Salsarhythmen, sondern das pure Naturerlebnis – und dies am besten wandernd zu Fuß, hoch zu Ross oder auf dem Rad.

Tabakfeld im Nationalpark Vinales

Nationalpark Vinales

Viñales

Vom Los Jazmines sind es 3 km bis zum malerischen, unter Denkmalschutz stehenden Städtchen Viñales, dessen gut erhaltene, schindelgedeckte Häuser im Kolonialstil farbenfroh angemalt sind. En passant eröffnen sich dem Fremden Blicke auf die Architektur der niedrigen Häuserfronten. Säulenveranda reiht sich an Säulenveranda in Holz, meist mit *Balances* bestückt, den wuchtigen cubanischen Schaukelstühlen, natürlich auch aus Holz. Was gibt's Schöneres, als in milder Vollmondnacht auf einer Balance wippend mit einer glimmenden Cohíba den Sternenhimmel über sich ...

Viñales ist Ausgangspunkt für Touren ins Valle de Cueva del Indio oder País de las Cuevas, wie die Umgebung der vielen Höhlen (fast 400) wegen bezeichnet wird, oder in die Sierra de los Organos. Längst kein Geheimtipp mehr, hat sich die touristische Infrastruktur kräftig entwickelt und Casa Particulares, Verleihe jedwelcher Gefährte und Reiseagenturen sind wie Pilze aus dem Boden geschossen. Die Zeiten, wo man in Cubas gar nicht so wildem Westen als einsamer Pionier ... sind längst vorbei. Erste

Anlaufstation ist die Calle Salvador Cisneros, die Pinienalle, die den gesamten Ort durchquert.

Jardín Botánico Carmen y Caridad: Am nördlichen Ortsausgang gegenüber der Cupet-CIMEX-Tankstelle werden Besucher durch einen exotischen, kitschbefrachteten Miniatur-Garten geführt, der seit über hundert Jahren existiert. Tägl. 9–18 Uhr, Spenden erwünscht

La Casa del Verguero: 1 km südlich von Viñales ist das *Haus des Tabakpflanzers* touristischer „Schau"platz zum Anbau von Tabak samt *Secadero*, dem Trockenhaus, in dem die geernteten Blätter hängen, und für das Rollen von Zigarren. Das Restaurant (11–15 Uhr) bietet gitarremalträtierende Guajiro-Barden und auf „Einmal"-Besucher ausgerichtete Standardkost, der Hofladen „Puros fürs Volk", Zigarren ohne für den Export bestimmten Banderolen zu sündhaft günstigen Preisen. Crta. a Pinar del Río km 24, tägl. 10–17 Uhr

Cueva del Indio: Die Cueva del Indio, 5 ½ km nördlich von Viñales, ist eine von einem unterirdischen Fluss ausgewaschene Tropfsteinhöhle, in der sich während der Conquista Indianer versteckten. Nur ein kleiner Bereich ist öffentlich, den man auf einem schmalen, teils niedrigen, engen Pfad begehen kann, ein ratterndes Boot bringt Besucher auf der anderen Seite wieder hinaus. Eigentlich ist diese Höhle samt bizarrer Tropfsteinformationen die schönste der Region, was dazu führte, dass kitschüberladene Souvenirstände und sangeskräftige „La-Cucaracha"-Troubadoure zusammen mit der Schar aller vereinigten Reisebusse sie zum Rummelplatz machen. Vom Hunger Geplagte sollten das Restaurant „Las Magnolias" (tägl. 9–19 Uhr) auf der dem Höhleneingang gegenüberliegenden Straßenseite dem Restaurante „Cueva del Indio" (tägl. 11–16 Uhr) am Ausgang vorziehen, denn letzteres bietet nur auf Touristenbusse abgestimmte, in zyklischen Schüben servierte Pollos fritos, die mit einer weiteren La Cucaracha garniert werden. Tägl. 9–17 Uhr, 5 US$

Cueva de San Miguel: In der Cueva de San Miguel, 4 km nördlich von Viñales, auf dem Weg zum Valle San Vicente, wurde die Disco-Bar Cuevas de Viñales für 300 Gäste eingerichtet, die nachmittags eine genehm kühle Bar ist und samstags um 22.30 Uhr Musik- und Tanzshows bietet, danach ist bis 3 Uhr morgens Disco angesagt. Ein Fußweg (150 m) durch den Mogote führt zum Restaurant *El Palenque de los Cimarrones*, „Versteck der entflohenen Sklaven", wo tägl. bis 16 Uhr Cocina criolla aufgetragen und die Präsenz von Reisegruppen um 12.30 Uhr mit einer Folkloreshow gefeiert wird. 9–17 Uhr, US$ 3 (inkl. 1 Getränk)

Mural de la Prehistoria: 4 km westlich von Viñales führt ein Weg rechts zum Mural de la Prehistoria. Es ist die unter Anleitung von Leovigildo González, einem Schüler des mexikanischen Muralisten Diego Rivera, ab 1961 in drei Jahren von zwanzig Bauern bemalte, 180 m breite Felswand des Mogote Dos Hermanas, der mit dem grellen Graffito die Evolutionsgeschichte thematisieren wollte. Für Spötter mag's wie eine missglückte Werbung eines Baumarkts erscheinen. Von 12–16 Uhr können linkerhand unter einem Bohío-Dach Spanferkel (US$ 15 inkl. Eintrittsgebühr der Felsmalerei) verzehrt und Pferde gemietet werden. Tägl. 9–18 Uhr, US$ 3 (inkl. 1 Getränk)

Comunidad Los Aquáticos: 1 km hinter der Dos-Hermanas-Abzweigung führt eine Schotterpiste auf der Ruta de Aguas zur winzigen Berggemeinschaft Los Aquáticos, deren Familien sich bereits in den 1940er Jahren, als ihnen keine medizinische Versorgung zugänglich war, unter dem Einfluss der Visionärin Antoñica Izquierdo der Heilkraft des Wassers verschrieben haben und fast ohne Kontakt zur Außenwelt leben.

Gran Caverna de Santo Tomás: Fast 20 km in Richtung Westen sind es bis zur Gran Caverna de Santo Tomás bei El Moncada, Cubas größtem Höhlensystem mit endlosen Gängen auf verschiedenen Levels. Alles wurde im damaligen Zustand belassen, statt Touristenhorden in beleuchteten Fluren gibt's Abenteuer-Feeling mit Stirn- und Grubenlampen auf einem 2-stündigen, teils schlüpfrigem Rundgang. Tägl. 10–16 Uhr, US$ 10 (inkl. exzellenter Führung).

Unterkunft

Hotel Los Jazmines, 3 km südlich von Viñales bietet das traditionsreiche Hotel bequeme Zimmer im Hauptgebäude oder in Cabañas, denen eine Renovierung gut anstände. Die Aussicht von der Terrasse ist superb, der Pool nett, doch Einsamkeit und Ruhe werden dort nie aufkommen. Tel. 48-79-6411, reserva@vinales.tur.cu, US$ 98/148 inkl. Frühstück

Hotel La Ermita, 2 km östlich von Viñales gruppieren sich moderne

Cabañas um eine nette Gartenanlage mit Swimmingpool. Wer Wert auf koloniale Architektur und Interieur mit Stil legt, ist hier richtig, das Frühstück im Patio unschlagbar. Tel. 48-79-6071, US$ 70/108

Hotel Central, Motel-ähnliches Stadthotel, das als Gast den Partylöwen braucht. Mitten drin im Geschehen ist der unerlässliche Lärmpegel garantiert, doch alle Orte des nächtlichen Geschehens sind schnell zu Fuß zu erreichen. Ca. Cisneros c/Fernández, Tel. 48-69-5815, US$ 78/98 inkl. Frühstück

Casas Particulares gibt's in Viñales längst wie Sand am Meer, über 600 sind registriert: Im Südwesten des Ortes hat das ehemaliges Ärztepaar der **Casa Daniela**, Ctra. a Pinar del Río, Tel. 48-695501, als akurate Vermieter ihre Residenz auf 6 Gästezimmer (US$ 30) mit Pool erweitert. **Casa Jean-Pierre**, Ca. Cisaneros c/Margoto (hier Eingang), Tel. 48-79-3334, unprätiös und zental, 3 kleine Zimmer (US$ 30) plus ein großes mit Terrasse, Gäste des Hauses bekommen einen Cocktail im Tres Jotas, weil der Vermieter hier dort der Wirt ist. Die Casa **El Balcón" - Mignelys & Juanito**, Ca. R. Trejo 48A, Tel. 48-69-6725, ist 1 Häuserblock vom Parque Martí entfernt, frisch geliftet und punktet mit toller Terrasse zum Dinieren.

Restaurants

El Olivo: Das „In-Lokal" im Ort tischt statt Comida Criolla italienisch und spanisch Angehauchtes auf. Ente in Orangensoße, Kaninchen mit Kräutern in Schokoladensoße oder Salat mit Ziegenkäse werden zu üppigen, aber nicht überteuerten Preisen serviert – und das Konzept „von der eigenen Finca auf den Tisch" garantiert ökologisch frische und hochwertige Zutaten aus dem Valle de Silencio. Ca. Cisneros 89, 12–23 Uhr, Menü ab US$ 10, www.olivovinalescuba.com

Tres Jotas: Im Bereich Tapas in Cuba „das Original". In einem Interieur, wo es sich zu leckeren Cocktails gerne verweilen lässt, munden die cubanischen Tapasvarianten. Köstliches Flaggschiff, pardon -gericht: der Lammtopf, der gemächlich in Rotwein gegart wird. Ca. Cisneros 45, Tel. 5-331-1658, 8–2 Uhr

Restaurant La Berenjena: Viel Gemüse aus eigenem Garten und vom Markt kommt in der „Aubergine" als Lasagne oder auf Crêpes daher. Außer leckeren Frucht-Shakes kleine Fleisch-Auswahl. Ca. Cisneros 81 c/Mariana Grajales y Rafael Trejo, Tel. 5-254-9269, 10–20 Uhr

Casa de Don Tomás: All das, was Touristen erwarten, bietet der Nachfolger jenes Herrn Tomás, also Standardküche mit Huhn, Schwein und Reis ohne Experimente und Esprit, dafür im Kolonialambiente und mit inbrünstiger Musik. Ca. Cisneros 138, 10–22 Uhr, ab US$ 10

La Cocinita del Medio: Einst ein Pionier der Paladares in Viñales hat sich in herzlicher Atmosphäre das Angebot um Pizzas und köstliche Kuchen erweitert. Ca. Cisneros 122, Tel. 48796414, 12–22 Uhr, preis„wert"

Unterhaltung & Nachtleben

Centro Cultural Polo Montañes: Neben der Casa de la Cultura am Parque Martí erklingen im nach dem Altmeister der Guajiro-Klänge benannten Kulturzentrum bereits nachmittags groovende Rhythmen, doch so richtig brummt erst bei den Abendevents ab 21 Uhr der Bär mit regionalen Muikgrößen. Ca. Cisneros 76A, So.–Fr. 14–1, Sa. bis 2 Uhr, US$ 2–5

Patio del Decimista: Informeller Ort für einen Trago, Snack und abends Live-Musik, wo jeder mal vorbeikommt, weshalb er auch ein Stelldichein für Kontaktsuchende ist. Ca. Cisneros 102, tägl. 9–1 Uhr. Noch cubanischer, noch bodenständiger ist schräg gegenüber **El Viñalero**, von elf bis Mitternacht der Treffpunkt der Leute vor Ort, dazu mit sicherem Blick auf alles, was in der Gass passiert.

Verkehr: Lokal & überregional

Die Bürozeiten der **Vízul**-Niederlassung in der Ca. Cisneros 63 gegenüber dem Parque Martí sind 8–11 Uhr, Tel. 48-79-3195. Tägl. Verbindungen nach Havanna (US$ 12 einfach), Pinar del Río, Cienfuegos und Trinidad. Ähnliche Routen zu gleichen Preisen bietet **Cubanacán** mit *Conectandos* gleich um die Ecke, dazu Transfers nach María La Gorda, Las Terrazas, Cayo Levisa und Cayo Jutias.

Die **ViñalesBus Tour** fährt ab dem Parque José Martí von 9–17 Uhr in einem Rundkurs (65 Min.) sämtliche touristisch relevanten Orte der Umgebung an. Mit dem Tagesticket für US$ 5 kann beliebig oft zu- und ausgestiegen werden.

Der etablierteste **Fahrradverleih** befindet sich in der Ca. Cisneros 140 neben dem Restaurant Casa de Don Tomás. 9–17 Uhr, US$ 1/10 pro Std./Tag, günstiger bei mehrtägiger Anmietung

Info & Nützliches

Cadeca, Ca. Cisneros c/Azcuy, Mo.–Sa. 9–16 Uhr, **Etecsa**, C. Fernández 3, 9–18 Uhr, mit Internetzugang (US$ 1/Std.), Information: im Ortszentrum: **Infotur**, Ca. Cisneros 63B, und 3 km außerhalb in Richtung

Süden: **Parque Nacional Viñales Visitors Center**, km 23 ½ Ctra. a Viñales, Tel. 48-79-6144, mit Auskunft und Vermittlung von Wander-/Radtouren, Tour- und Wanderführern, Ausritte per Pferd etc., viele Services werden auch in Casas Particulares angeboten. Internationale **Apotheke** im Hotel Los Jazmines.

Cayo Jutías & Puerto Esperanza

Von Viñales kommend, erreicht man auf einer langsam abfallenden Straße die Küstenebene, kurz darauf den Fischerort Puerto Esperanza, mit 23 km Entfernung der nächstgelegene Strand und Ort für den sich seiner puren Unabhängigkeit ergötzenden Individualreisenden: Außer einigen Casas Particulares, die sich Fremden als Komplettversorger anbieten, und einem langen Holzsteg, der zur Plattform im Meer führt, wo man sich in der Sonne räkeln und sich seines Egos erfreuen kann, gibt's hier nicht viel zu wollen. *Casa Teresa*, Ca. 4 No 7, Tel. 48-79-3703, US$ 30 inkl. Frühstück und genügend Zeit, um sich von Señora Hernández Martínez zum Ausritt, Fahrradmieten oder Fisch auf den Tisch animieren zu lassen.

Größere Freuden verheißt der 4 km lange Pedraplén, ein Steindamm, der kurz nach Santa Lucía, nach noch einmal einer knappen Stunde Fahrt gen Osten Fremden den Weg zum Cayo Jutías eröffnet, einer kleinen, mangrovenumsäumten Koralleninsel, die mit einem schier endlosen, herrlich feinen Sandstrand gesegnet ist. Der Aufstieg zum Faro de Cayo Jutías, dem alten Leuchtturm, ist Verhandlungssache, das kleine Nautik-Center verleiht Kayaks (US$ 1/Std.) und führt Schnorcheltrips (US$ 15) und Bootstouren zu Fixpreisen durch.

Mangroven am Strand von Cayo Jutía

Cayo Levisa

Cayo Levisa ist der Favorit anspruchsvoller Badeurlauber, obwohl das Strandparadies 3 km vor der Küste nur per Fähre erreichbar ist. Die Südseite der Koralleninsel nehmen Mangroven ein, doch auf der dem Golf von Mexiko zugewandten Seite präsentiert sich die ganze Pracht in kräftigem Türkis und puderfeinem Sand. Fährboote legen vom Dock der Küstenwache in Palma Rubia um 10, 14 und 18 Uhr ab (zurück 9, 12.30 und 17 Uhr) zum Anleger des Hotels Cayo Levisa. Tickets kosten US$ 35 inkl. eines Platzes beim Mittagsbuffet des Hotels. Billiger wird's mit dem Wassertaxi (einfach US$ 12) oder mit einer organisierten Exkursion ab Viñales, für die man inkl. Anfahrt (Abfahrt um 8 Uhr, um die 10-Uhr-Fähre zu erreichen), Fähre, Buffet und Getränke US$ 50 bezahlt. Das **Hotel Cayo Levisa** erfreut sich ob seiner Monopolstellung einer respektablen Popularität, die so gar nicht mit den alten Cabañas und dürftigem Restaurant Paraíso einhergeht (Tel. 48-75-6501, Vollpension US$ 118/198). Immerhin gibt es neuere, angenehme Holz-Cabañas. Oder man wählt die **Casa Mario und Antonia** in Palma Rubia, Tel. 5-228-3067, US$ 30, auf dem Festland als Basislager.

Ist der herrliche Strand für viele das Ziel der Begierde, wird dieser für passionierte Taucher noch getoppt durch fast 20 formidable Tauchplätze in 10 bis 35 Metern Tiefe, die allesamt in Küstennähe einfach erreichbar sind. Und diese haben das Hotel Cayo Levisa so richtig lieb, denn die hoteleigene Tauchstation **Centro de Buceo**, Tel. 48-75-6501, bietet (betreute) Tauchgänge (ab US$ 50) inkl. Equipment, Schnorchelausrüstung (US$ 12) etc. zu solch geheimnisvollen Plätzen wie La Corona de San Carlos, La Cadena Misteriosa oder Mogotes de Viñales, allerdings mit der Beschränkung auf maximal 50 Taucher pro Tag.

Pinar del Río – Stadt der Säulen

Pinar del Río liegt in einer Region, in der Tabakanbau und Viehzucht vorherrschen. Alle Wege in den Westen führen über die wirtschaftlich bedeutendste Stadt in Cubas Occidente. Sie ist End- und Umsteigebahnhof für Züge aus Havanna, hier kommen Inlandflüge in den Westen an und hier endet die teils sechsspurige Autopista Nacional von Havanna. Um 1900 gehörte die damals prosperierende, für ihre neoklassizistische Säulenarchitektur bekannte Stadt zu den schönsten des Landes. Heute gilt Pinar del Río als Cenicienta, als Aschenputtel unter Cubas Städten und ist allenfalls Durchgangsstation auf dem Weg ins Tal von Viñales oder zur Playa de María La Gorda. Die Stadt wirkt heruntergekommen, als wäre sie in eine dauerhafte Lethargie verfallen. An den Säulengängen nagt erbarmungslos der Zahn der Zeit. Was Wunder, dass die agilen Jineteras und Schlepper der Stadt noch bissiger sind als anderswo.

Fábrica de Tabacos Francisco Donatien: Einen Häuserblock südlich der Plaza de la Independencia ist im ehemaligen Stadtgefängnis hinter blauweißen Arkaden in den 1960er Jahren die größte lokale Zigarrenmanufaktur eingezogen. Beim Gang durch die langen Bänke (galeras) können von der heiklen Zubereitung der Blätter über das Sortieren, Mischen, Wickeln und Drehen bis zum Befestigen der Banderole alle Arbeitsgänge verfolgt werden (Hausmarke: „Vegueros"). Im gleichen Komplex sind frei zugänglich ein kleines Tabakmuseum und -geschäft; Ca. Antonio Maceo Oeste 157 c/M. Gómez, Mo.–Fr. 9–13 Uhr, Tickets für die unmotivierten und kurz gehaltenen Gruppenführungen US$ 5

Fábrica de Bebidas Casa Garey: Eine lokale Spezialität ist der mit Rum versetzte Likör „Guayabite del Pinar" (*seca:* herb, 40 Vol.% Alk.; *dulce:* süß, 30 Vol.% Alk.). Er wird aus der Guayabite-Frucht, einer Guaven-Art, gewonnen, die der Hagebutte ähnlich, aber nicht kultivierbar ist und nur im Gebiet um Pinar del Río wächst. Ein Rundgang durch die Destillerie ist innerhalb einer Gruppe möglich. Ca. Isabel Rubio Sur 189 e/Fernández y Frank País, Mo.–Fr. von 9–15.30, Sa. bis 12 Uhr, US$ 2 inkl. Trinkprobe

Palacio Guasch: Das ehemalige Stadtpalais, das schon bessere Zeiten erlebt hat, präsentiert sich in einer kapriziösen Mischung verschiedener Baustile (Mudéjar-Fassade, gotische Brunnen, ägyptische Hieroglyphen, dorische Säulen). In seinem Gemäuer befinden sich die ausgestopften Tiere und Fossilien des Museo de Ciencias Naturales, im Hinterhof zwei Dinosaurier aus Beton. Ca. Martí Este 202 c/Av. Pinares, Mo.–Sa. 9–17, So. bis 13 Uhr, US$ 1

Teatro José Jacinto Milanés: Der Landessprache Mächtige sollten eine Aufführung im Gran Teatro aus dem 19. Jh. besuchen. Lange hat's gebraucht, bis die ramponierte Innenausstattung aus Edelhölzern renoviert war und die 540 Sitzplätze

Mangrovenbaum am Strand von Cayo Levisa

auf drei Emporen wieder erlesene Kultur ermöglichen. Ohne kulturellen Anspruch ist's auch im Patio-Café ganz nett. Ca. Martí 60 c/Colón, Programmaushang am Eingang

Unterkunft

Hotel Vueltabajo: Ein Haus aus Pinar del Ríos besseren Tagen, geräumige Kolonialarchitektur und, typisch für Häuser von Islazul, dem Geschehen nahe und nachts wird's in zur Straße gelegenen Zimmern laut. Ca. Martí 103 c/Rafael Morales, Tel. 48-75-9381, US $ 90/108

Casa Colonial La Nonna: wie's der Name sagt: wie bei Oma mit schrulligem Großmutterambiente und familiärer Fürsorglichkeit (bei „einsamen Wölfen" Klaustrophobiealarm!). Ca. Máximo Gómez 161 e/Ferro y Valdés, Tel. 48-77-4335, US$ 30

Pensión El Moro: Wer in dieser Casa Particular das obere Zimmer hat, kann die Dachterrasse für sich vereinnahmen. Für Durchreisende von Vorteil: beim Víazul-Terminal. Ca. Adela Azcuy 46 e/Colón y Ciprián Valdés, Tel. 48-77-4335, US$ 25

Villa Aguas Claras: 8 km nördlich der Stadt scharen sich in einer reizvollen Landschaft 50 Cabañas mit warmem Wasser um einen Swimmingpool, die beste Bleibe für motorisierte Gäste an der Straße nach Viñales (tägl.

sechs Verbindungen mit dem Bus No 7 in die Stadt). Tel. 48-77-8427, US$ 28/48 inkl. Frühstück

Restaurants & Ausgehen

Paladar El Mesón: Pinars Paladar-Bastion mit Huhn, Schweinefleisch und Fisch, als Bonbon werden Gäste in den Kult um die in der Nachbarschaft wohnende Baseballegende Omar „El Niño" Linares eingeführt. Ca. Martí Este 205 (beim Palacio Guasch), Mo.–Sa. 12–24 Uhr

El Gallardo: Für den Abend mit viel Appetit oder großen Hunger eine reiche Auswahl und Professionalität zum stattlichen Preis. Ca. Martí 207 e/Pinares y Pacheco, tägl. 9–23 Uhr

Café Ortúzar: Kleines Café-Restaurant mit leckeren Kleinigkeiten und von der Terrasse die beste Aussicht auf die Gass! Ca. Martí 127 e/Colón y Nueva, tägl. 7–24 Uhr

Café Pinar: Hier treffen sich Pinars Jugend und Traveller jeder Coleur, tagsüber gibt's Sandwiches,

Spaghetti und Hähnchen, ab 21 Uhr ist's dank Live-Musik im offenen Patio der heißeste Nacht-Spot am Ort. Ca. G. Medina Norte 34 e/ Martí y Isidro de Armas, 9–3 Uhr

Hin-, Weiterkommen

Vom **Víazul-Busterminal**, Ca. Colón 14 e/Azcuy y Gómez, Tel. 48-72-7328, starten tägl. zwei Busse nach Havanna (186 km, 3 Std., der spätere hält auch in Las Terrazas) und einer nach Trinidad (9 Std.) via Cienfuegos (7 ½ Std.). In Richtung Viñales (¾ Std.) sind es tägl. drei Busse. **Conectando**-Busse fahren von/nach Havanna und Viñales, zusätzlich bieten sie Transfers zu Touristendestinationen wie Cayo Levisa, Cayo Jutías oder María La Gorda. Tickets/Infos bekommt man bei Cubanacán, Ca. Martí 109 c/Colón, Tel. 48-77-0104. Die An-/Abreise mit dem Zug ist die schlechteste und langsamste Option. Am Bahnhof (Ca. Ferrocarril c/Comandante Pinares Sur) hängt nicht einmal ein offizieller Fahrplan aus.

Nützliches

Cadeca: Ca. Martí 46, Mo.–Fr. 8–16 Uhr – **Etecsa**: Ca. G. Medina 127 c/Gómez – **Farmacia Internacional**: im Hotel Pinar del Río, Ca. Martí Final (Zufahrt zur Autopista), 8–23 Uhr

Vuelta Abajo – Ruta del Tabaco

Auf der Strecke zur Westspitze Cubas passiert die Straße kurz nach Pinar del Río Königspalmen und durchquert die Vuelta Abajo, Cubas legendärstes Tabakanbaugebiet. Viele Felder (z.B. Hoyo de Monterrey) um sein Zentrum, die Gemarkungen **San Juan y Martínez** und **San Luis**, können wie die Casas de tabaco, die palmwedelgedeckten, fensterlosen Holzschuppen, in denen aufgefädelte Tabakblätter trocknen, besichtigt werden. Immer wieder sieht man ausgemergelte Bauern mit von der Sonne verbrannten Gesichtern und ihren hageren Ochsen entlang der Straße – und natürlich die *Vegueros*, Tabakpflanzer, die, von Saisonarbeitern unterstützt, in die Felder ziehen, das Wachstum der Pflanzen überwachen, die Schösslinge pikieren oder die ersten frühreifen Blätter pflücken und sie auf ihren wuchtigen Holzkarren stapeln.

So malerisch die Landschaft ist, so spärlich waren die Orte zum Übernachten und lohnenden Stippvisiten abseits der Hauptverkehrsstraße. Das Valle de Viñales war Schaukasten für die Welt, doch den sandigsten Untergrund und

Haus für die Tabakpflege in der kubanischen Region Vuelta Abajo

die roteste Erde hat die Vuelta Abajo. Mit der Initiative *Ruta del Tabaco* sollen die Vegueros der Vuelta Abajo ihre Türen Besuchern öffnen, die dort, teils auch essen, trinken und schlafen, mit den Vegueros auf die Felder dürfen. Mehr Espíritu del tabaco gibt's nicht. Pionier der „offenen Fincas" war die:

Finca El Pinar bzw. *Plantación de Tabaco Alejandro Robaina*. Alejandro Robaina, der trotz seinem Leben mit und um den Tabak, als er 2010 starb, das stattliche Alter von 91 erreicht hatte, kreierte mit der *Vegas Robaina* eine Zigarrenmarke internationalen Brandings. Inzwischen hat sein Enkel auf der Finca ein Café eröffnet und leitet halbstündige Führungen (US$ 5). 12 km nach Pinar del Río folgt man der Straße nach San Luis, bis nach weiteren 3 km ein Schild zum holprigen Zufahrtsweg hinweist. Tel. 48-79-7470, 9–17 Uhr

Vega Quemado del Rubi: Hector Luis Prieto, der bereits mit jungen Jahren den „Hombre-Habano"-Award gewinnen konnte, bietet auf seiner Finca Führungen, Ausritte, Meriendas oder Mittagessen a la guajiro, zudem kleine Holzhäuschen zum Übernachten (US$ 50) an. Comunidad de Obeso, Tel. 5-820-3839, 9–17 Uhr

Guanahacabibes & María La Gorda

Ein Großteil der Halbinsel Guanahacabibes, die bis zum Cabo de San Antonio, der Westspitze Cubas reicht, wurde zum Biosphärenreservat erklärt, dessen Mangroven- und Pinienwälder den geschützten

Lebensraum für Vögel, Reptilien und Meeresschildkröten bilden und wo puderfeine Strände mit Korallenfelsen die Klischees eines Tropenparadieses Wirklichkeit werden lassen. Bei La Bajada trifft die von La Fé kommende Straße auf die Küste und den Kontrollpunkt, an dem die Zugangsformalitäten (US$ 10) für die Weiterfahrt in Richtung Cabo de San Antonio, seiner pittoresken Playa Las Tumbas und die Begleitung eines offiziellen Führers (propina) geregelt werden (eigenes Fahrzeug obligatorisch). Die *Estación Ecologíca Guanahacabibe* 300 m vorm Kontrollpunkt (Tel. 48-75-0366) ist Forschungsstation, Zentrum des Ökotourismus auf Guanahacabibes und bietet Wanderungen und motorisierten Gästen Safari-Touren durchs Reservat. Gebührenfrei ist die Straße links ab La Bajada, die nach 14 km zur von der Außenwelt fast abgetrennten Playa de María La Gorda führt, die sich über 8 km in die weitgezogene Bahía de Corrientes zieht und mit puderfeinem Sand, kristallklarem Wasser und hervorragenden Schnorchel- und Scuba-Tauchgründen aufwartet. Der Name geht auf die „Dicke Maria" zurück, eine von Piraten geraubte Venezolanerin, die vorbeifahren-

den Seeleuten Trinkwasser und als Dessert sich selbst verkaufte.

Das **Hotel María La Gorda**, Tel. 48-77-8131, direkt am Strand bietet einfache Apartments (US$ 70/90 inkl. Frühstück), viel Ruhe und das **Centro de Buceo**, Tel. 48-77-1306, das Tauchexkursionen (US$ 35 pro Tauchgang, US$ 10 pro Tauchausrüstung) zum nur 200 m vom Hotel entfernten Riff mit einer senkrecht abfallenden Wand und ca. 50 nahegelegenen Tauchplätzen wie *El Valle de Coral Negro*, eine 100 m lange, schwarze Korallenwand, oder *El Salón de María*, eine 18 m tiefe Unterwasserhöhle voller Federkorallen, und 4-tägige CMAS-Zertifikationen (US$ 365) durchführt.

Die 60 km auf dem Weg zum Cabo de San Antonio sind fern jeglicher Zivilisation Natur- und Landschaftserlebnis pur und bieten jedem Robinson in spe einen Hide away mit Rückkehrgarantie, dazu, am Ziel angekommen, mit der **Playa las Tumbas** einen prämierungswürdigen Strand. Die 16 Häuschen der **Villa Cabo San Antonio**, Tel. 48-75-7655, US$ 120 inkl. Frühstück, sind von außen hübscher anzusehen, als das, was sie drinnen bieten, doch für einen Aufenthalt an diesem außergewöhnlichen Ort passabel.

ZENTRAL CUBA

Varadero — Playa deluxe

Die Abgeschiedenheit der Península de Hicacos, auf der Varadero liegt, die geringe Distanz zu Havanna und noch mehr das Meer in Farbnuancen vom magischen Türkis bis zum kräftigen Smaragdgrün, das am Horizont tiefblau mit dem transparenten Azur des Himmels verschwimmt, und die schier endlosen Ausmaße des großartig weißen Sandstrandes, der auf einer Länge von 20 Kilometern fast die gesamte Nordseite der Halbinsel einnimmt, verliehen Varadero schon immer eine natürliche Exklusivität, die den Ort schon in der Frühzeit des Tourismus auf Cuba neben Havanna zum wichtigsten Ferienziel reicher US-Amerikaner werden ließ. Von den anrüchigen Glory days zeugen noch die Luxusvilla Xanadú, in der heute das Restaurante Las Américas zu unverfrorenen Preisen Hummer und Cocktails serviert, oder die Casa de Al, einst Al Capones Refugium, in der ebenfalls ein Restaurant zahlungskräftige Gäste bedient. In jenen Tagen war der Chemiemagnat Irénée Du Pont die schillernste Figur des lokalen Jetsets. Er kaufte über 500 ha der Halbinsel zum Schleuderpreis, ließ das Xanadu-Anwesen samt Privatflugplatz und Landesteg errichten und verkaufte das erschlossene Land an Geschäftsfreunde zum Vorzugspreis.

Im Zeitalter des Massentourismus ist vieles anders. Von Regierungsseite wird mit Jointventure-Projekten und Ausbau der touristischen Infrastruktur versucht, dringend benötigte Devisen ins Land zu locken. Von spanischen Fachleuten beraten, soll sich der wachsende Besucherstrom auf Varadero konzentrieren und dennoch mittels städtebaulicher Auflagen Auswüchse, wie sie von sonnenverwöhnten Seebädern nur allzu bekannt sind, vermieden werden. Nachdem sich in den 1990er Jahren Varadero zur Booming town des Schwarzmarktes und Prostitution entwickelte und immer mehr zu einem brodelnden Miami Beach mutierte, in dem Kleinstkriminelle ihrer ruhelosen Dollarhetze nachgingen, wurden 1997 mit dem gebührenpflichtigen Kontrollpunkt an der einzigen Zufahrt zur Halbinsel, verschärften Gesetzen und Polizeikontrollen vielen Hehlern und Jineteras ihre Geschäftsbasis entzogen. Heute ist Varadero wieder ein allen zugänglicher Ort. Dennoch bleiben ausländische Gäste unter sich und auf die Hotelzonen konzentriert. Wozu auch – wer hierherkommt, will ungetrübtes Urlaubspläsier und bekommt dafür die allerbesten Bademöglichkeiten mit immer mehr Wassersport- und Kirmesattraktionen geboten.

Sightseeing abseits vom Strand

Varaderos „Sehenswürdigkeiten" erkennt man erst auf den zweiten Blick wie den Fuerte Español, Ca. 43, ab der Av. 1, ein zweistöckiges Kastell (19. Jh.) gegenüber den Eisengestellen, die während des Karnevals zu Tribünen werden. Der Parque Central, Av. 1 e/44 y 46, gleicht einem Plattenbauvorplatz vor der Bushaltestelle und kolonialen Iglesia de Santa Elvira (Ca. 47).

Parque Josone: Der frühere Rückzugsort der Besitzer der Arrechabala-Destillerie wurde in einen nett gestalteten Park umgewandelt. In die Herrenhäuser und Pavillons sind Restaurants eingezogen, über den See kann man mit Tret- und Ruderbooten schippern. Fr./Sa. ist um 21 Uhr eine „Noche de Santería" angesagt. Av. 1 c/58, 9–24 Uhr

Mansión Xanadú: Varaderos Wahrzeichen der Dekadenz der vorrevolutionären Jahre, das sich Ende der 1920er Jahre der US-amerikanische Chemie- und Waffenmogul Irenée Dupont erbauen ließ, ist fast im Originalzustand erhalten, mit Marmor und Mahagoni ausstaffiert und fungiert als Hotel mit Restaurant, „Las Américas", und Bar auf der Dachterrasse. Av. Las Américas km 6,5 c/Autopista Sur

Delfinario: Welch Irrsinn! doch passend zu Varadero, kann man nahe der Chapelín Marina tägl. um 11 und 15.30 Uhr Delfin-Shows (US$ 15) bewundern oder mit den eleganten Säugern im Pool schwimmen (9.30, 11.30, 14.30, 16 Uhr, US$ 93). Ctra. Las Morlas km 12 ½, Tel. 45-66-8031, 9–17 Uhr

Cueva de Ambrosio: Etwa ½ km hinter dem Club Amigo Varadero sind dank ausgehändigter Taschenlampen in dieser Höhle Felsenzeichnungen, konzentrische Sonnenkalender und afrikanische Figuren zu sehen, die darauf schließen lassen, dass Sklaven die Höhle für ihre Kulthandlungen benutzten (nur Gruppenführungen, ca. ½ Std., US$ 5). Autopista Sur km 16, 9–16.30 Uhr

Reserva Ecológica Varahicacos: So wie dieses etwa 2 km² große Areal mit stattlichem Wald soll vor der touristischen Invasion die gesamte Halbinsel ausgesehen haben. Auf drei Spazierwegen passiert man u.a. kleine Grotten und den Riesenkaktus *El Patriarca*, für den man gerne zwei Extra-Dólares berappt. Autopista Sur km 16, 9–17 Uhr, US$ 5

Unterkunft

Hier preiswert unterzukommen, gehört zu den Kunststücken, die jeder Individualreisende für sich allein lösen muss. Hotels en masse gibt's in der gehobenen Preisklasse, die nur über Pauschalarrangements sogar preiswert zu bekommen sind. Günstige Hotelzimmer und Casas Particulares sind am ehesten in Downtown, im Westteil nach der Ortseinfahrt bis zur Ca. 54 zu bekommen. Östlich davon beginnt der endlose retortenartige Tourismuskomplex.

Starfish Cuatro Palmas: in zu Fuß zu bewältigender Distanz zu „Downtown" traditionsreiche Hotelanlage mit hübschem Strand und gegenüber das Centro Comercial Caimán (Ca. 62) mit Textil-, Caracol- und Souvenirgeschäften. Av. 1 e/60 y 64, Tel. 45-66-7040, www.starfishresorts.com, US$ 95/130 inkl. Frühstück

Pullmann & Dos Mares: misslungenes Imitat einer spanischen Festung, aber faires Preis-Leistungs-Verhältnis, 400 m vom Strand entfernt, zur Islazul-Kette gehörend, ein Favorit der Backpacker, die kein Resort, aber ein Zimmer als Basislager suchen. Av. 1 e/49 y 50, Tel. 45-61-2702, recepcion@dmareshor.tur.cu, www.islazulhotels.com, US$ 58 mit Frühstück

Casa Mary y Ángel: Unprätentiöse Privatunterkunft mit Rundumservice von Transfers bis zu Salsalektionen und hilfsbereiten „Herbergseltern". Ca. 43 No 4309 e/Av. 1 y 2, Tel. 45-61-2383, info@casamaryyangel.com, www.casamaryyangel.com, US$ 40

Meliá Marina Varadero: Für den Globetrotter von Welt, der für seine 5-Sterne-Residenz am Meer keinen direkten Strandzugang benötigt, dafür den Zugang zur aufwändig sanierten Marina Gaviota am Ostende der Halbinsel mehr oder weniger im Paket mitgebucht hat, in deren Restaurants und Geschäften er sich pudelwohl fühlen wird. Autopista Sur Final, Tel. 45-66-7330, www.meliacuba.com, ab US$ 280/420 all inclusive

Blau Varadero: War die Welt der Azteken bzw. ihre Pyramiden Inspiration, auf der die Architekten ein Betonmonstrum an Varaderos Strand plazierten? Ein Resort zwischen Schaudern und Staunen, das durch das hilfsbereite, freundliche Personal seinen Liebreiz hat. Ctra. de las Morlas km 15, Tel. 45-66-7545, www.blau-varadero.com, US$ 250/390 all inclusive

Villa Buganvilia: Zwei Gehminuten vom Strand, aber direkt an der Hauptverkehrsstraße, somit inklusive Lärmgarantie, dafür akurat in Schuss gehaltene Privatzimmer mit Gästen auf Tuchfühlung umsorgenden Gastgebern. Av. 1 No 3301 e/Ca. 33 y 34, Tel. 45-61-2095, US$ 50

Restaurants

Varaderos Hotelrestaurants unterscheiden sich kaum preislich und qualitativ. Auf einen Besuch des „Las Américas" kann getrost verzichtet werden. Die Speisen sind zwar superb, doch die versnobte Atmosphäre und arrogantes Personal mildern das Essvergnügen an diesem schön auf einer Klippe über dem Meer gelegenen Ort. Die gepfefferte Rechnung lässt das Verspeiste schwer im Magen liegen. In Varadero völlig überforderte Budget-Traveller werden sich hingegen mit den vielen Strandbars und Pizzabuden zufriedengeben und sich in Downtown-Geschäften eindecken.

El Bodegón del Medio: eifert der Bodeguita del Medio in Havanna nach, inkl. der Graffiti an den Wänden, „Hasta siempre" und „Guantanamera" in gespielter Inbrunst im Patio, überzeugt dennoch durch seine in gemütlicher Atmosphäre servierte Cocina criolla. Av. de la Playa e/ Ca. 40 y 41, tägl. 11–24 Uhr

La Vaca Rosada: Bei nächtlichem Sternenhimmel ein toller Platz auf der offenen Dachterrasse für Bistec, Langusten, Ceviche etc., wenn man nicht unter Zeitdruck ist. Ca. 21 No 102 e/Av. 1 y 2, Tel. 45-61-2307, Di.–So. 18.30–23 Uhr, ab US$ 10

Paladar Nonna Tina: Was haben Cuba-Veteranen nicht schon alles durchgemacht. Gefühlt die tausendste Pizza als fetttriefender Teigklumpen. Umso erstaunter ist man in Tinas hübschem Patio, dass die Pizza mit dünner Kruste aus dem Holzofen kommt, ebenso die Pasta nicht als Brei, sondern al dente. Linguine mit Pesto, Lasagne, Tagliatelle etc. mit einem Hauch von Italien. Ca. 38 No 5 e/ Av. 1 y Playa, Tel. 45-61-2450, Di.–So. 12–23 Uhr, US$ 8–10

El Rancho: gute Küche in rustikal-salopper Atmosphäre an der Nordseite des Parque Josone. Auswahl zwischen Schweinefleisch, Fisch, Langusten und Garnelen. Av. 1 e/16 y 17, Tel. 45-61-2632, tägl. 12–23 Uhr

Restaurante La Barbacoa: vom Staat und mit Ernst geführtes Steak-Haus, das für günstige Preise und reduzierte Geschwindigkeit garantiert und auch nicht privatisierte Langusten serviert. Ca. 64 c/Av. 1, Tel. 45-66-7795, 12–23 Uhr

Restaurante El Criollo: währschafte Adresse im Zentrum Varaderos, wo man draußen schon sieht, was es drinnen gibt und kostet. Cubanischer Mainstream, der Kreolisches korrekt auf die Teller bringt. Av. 1 c/18, tägl. 12–23 Uhr

Entertainment & Nachtleben

Außer der unsäglichen Hotelanimation bieten einen Hauch cubanischer Musikkultur:

Casa de la Música: Live-Performance und Cuba-Feeling. Nach der zweistündigen Show gibt's Disco as disco you can. Av. de la Playa c/42, Mi.–So. 22.30–3 Uhr, US$ 10

Centro Cultural Comparsita: ARTex-Kulturzentrum mit Konzerten, Tanzshows, Salsa und ein Mix aus internationalem und cubanischem Publikum. Ca. 60 e/Av. 2 y 3, 22–3 Uhr, US$ 5

Sala de la Música la Marina: Cool Vibrations, denen sich hauptsächlich touristische Gäste ohne Budgetlimitierung hingeben mit Lounge-Sofas und offener Terrasse. Samstagnachts sind illustre Live-Bands angesagt. Marina Gaviota, Autopista Sur Final, 22–5 Uhr, US$ 10–15

Discoteca Havana Club: größte bilaterale Kontaktbörse vor Ort mit beiderseits eindeutigen Geschäftsinteressen. Beim Centro Comercial Copey, Av. 3 c/62, tägl. 22–4 Uhr, US$ 10

Discoteca La Bamba: Varaderos modernste und lauteste Disco, die die Gäste mit Latino-Musik und Videos auf Großleinwand ins Schwitzen bringt. Im Hotel Tuxpán, Av. Las Américas km 2, 22–4 Uhr, US$ 10

Cueva del Pirata: Wenn's fürs Tropicana nicht reicht, dann können hier zwar ohne Sternenhimmel, dafür mit Klimaanlage ganz gute Sänger und Tänzerinnen bestaunt werden. Danach Disco mit Latin und Hiphop. Ctra. de las Morlas km 11, Mo.–Sa. 22–3 Uhr

Wassersport & Exkursionen

Vor der Küste Varaderos gibt es über 20 ausgewiesene Tauchplätze, die jedoch einen Boottranfer von +/- 1 Std. erfordern. Zu den beliebtesten Tauchzielen gehören der Cayo Piedra del Norte, wo ein Marine Park mit versenktem altem Militärgerät auf dem Meeresgrund wie die Yacht Coral Negro, eine Fregatte 383, ein Kanonenboot und ein Antonow-AN-24-Flugzeug geschaffen wurde, und in der Bucht Bahía Cádiz eine als *The Blue Hole* oder *Ojo del Mégano* bezeichnete riesige Unterwasserhöhle.

Barracuda Scuba Diving Center: Varaderos Topadresse für Taucher mit freundlichem, mehrsprachigem Team für alle Levels, Einführungskurse in den Resorts, Schnorcheltouren, ACUC-Zertifikate, spektakuläre Exkursionen wie Do. zur Playa Girón/Steilwand El Brinco, Höhlen- (US$ 80) und Nachttauchen (US$ 65), einfacher Tauchgang: US$ 50. Av. Kawama e/2 y 3, Tel. 45-61-3481, Filiale in der Marina Chapelín und Stand in der Av. 1 c/59

Kitesurfen: Mehrere Kitestationen verteilen sich direkt am Strand (auch Unterricht für Anfänger). Seit 10 Jahren etabliert: *Caribbean Riders Kite School*, Av. de la Playa c/53, Tel. 52-77-2388, www.varaderokiteschool.com, z.B. 3-stündiger Kurs mit Equipment US$ 150

Marina Gaviota: Im größen Yachthafen der Karibik kann alles, was im, um und über Wasser für Stimmung sorgt, gebucht werden. Autopista Sur Final, Tel. 45-66-7755, 9–16 Uhr

Marlin Marina Chapelín („Aquaworld"): Touristisches Highlight ist die *Seafari Cayo Blanco* (US$ 80) zur vorgelagerten Insel im leuchtenden Karibikidyll. Bei der zünftigen Tour gibt's eine Bar mit Live-Musik, Mittagessen (Langusten) am Strand, die Option zum Baden und Schnorcheln und den Transfer zum Hotel zurück. Autopista Sur km 12, Tel. 45-66-7550, www.nauticamarlin.com, 9–17 Uhr

Centro Internacional de Paracaidismo de Varadero: Die Fallschirmstation am alten Flughafen im Westen Varaderos liefert den größten Thrill: Tandemspringen aus Antonow-AN-2-Doppeldeckern und 3000 m Höhe. Angeschnallt an den Lehrmeister, folgt auf den freien Fall von 40 Sekunden ein sicheres 10-minütiges Gleiten, bis man am eigenen Hotelstrand aufsetzt. US$ 200 inkl. Transfer, T-Shirt und Diplom. Nur bei idealen Wetter- und Windverhältnissen, rechtzeitig reservieren. Ctra. Vía Blanca km 1½, Tel. 52-83-8335, www.skydivingvaradero.com

Hotel-/Reiseagenturen: Die Hotel-Tourveranstalter bieten Exkursionen zu allen touristischen Orten Cubas, lokale Standards sind „Noche Pirata" (nächtliche Show- und Dinierbootsfahrt), „Jolly Roger" (Katamaran-Safari) oder die Fahrt mit dem Glasbodenboot „Varasub".

Einkaufen

Casa del Ron: große Auswahl und Bar zum Probieren. Av. 1 c/63, Mo.–Sa. 9–19, So. bis 13 Uhr

Casa del Habano: Tabak trifft auf Strand, Varaderos beste Adresse für exklusive Marken. Av. de la Playa, e/31 y 32, 9–18 Uhr

Gran Parque de la Artesanía: Ramsch und karibische Trödelatmosphäre, in der Schatzsucher auch mal ein Schnäppchen machen. Av. 1 e/15 y 16, 9–19 Uhr

Galería de Arte Varadero: Manchmal werden hier (allerdings biedere) Einzelstücke aus Cubas anrüchiger Vergangenheit versilbert inkl. Ausfuhrgenehmigungen. Al Capones Originalschlafanzug wird man also nicht bekommen. Av. 1 e/59 y 60, 9–19 Uhr

Taller de Céramica Artística: Verkaufswerkstatt, in der vom rohen Ton bis zur abschließenden Signatur der Werdegang der späteren Ware begutachtet werden kann. Unikate in Handarbeit, d.h. dass die Preise zwischen € 250 und € 300 liegen. Av. 1 e/59 y 60, 9–19 Uhr

Centro Comercial Hicacos: Ansammlung von Geschäften, thematisch nach dem vermeintlichen Touristeninteresse zusammengestellt. Parque de las 8000 Taquillas, Av. 1 e/44 y 46, 10–22 Uhr

Plaza América: Shopping Mall mit Parkhausflair aus Boutiquen und (Sport-)Schuhgeschäften internationaler Labels, Restaurants, Post, Bank etc. Autopista Sur km 7, 10–20.30 Uhr

Hin-, Rum-, Weiterkommen

Der **Aeropuerto Gualberto Gómez** ist ca. 20 km von der Ortsmitte entfernt und über die Straße nach Matanzas, von der eine 6 km lange Stichstraße zum Flughafen abzweigt, in ½ Std. erreichbar. Ein Taxi verlangt für die einfache Strecke US$ 35–40, bei einer Vermittlung über die Casa Particular ist auch ein Preis von 30 US$ realistisch. Preisfüchse können, sofern die Abflugszeit passt, ein Ticket für einen der drei täglichen Víazul-Busse (US$ 10) nach Matanzas kaufen. Diese Busse halten am Flughafen.

Vom **Terminal de Ómnibus** (Ca. 36 c/ Autopista Sur) fahren tägl. **Viazul-Busse** in viele Städte zwischen Havanna im Westen und Santiago im Osten (schnell ausgebucht, deswegen frühzeitig reservieren!). Der Bus nach Havanna hält auch am internationalen Flughafen und in Matanzas. **Conectando-Busse** (Tickets gibt's an der Hotelrezeption) holen Gäste in ihren Hotels in Varadero ab und bringen sie für den Anschlussaufenthalt zu Hotels in Havanna. Vorteil: Man muss nicht zum Busterminal, Nachteil: Viele Stopps bei den Hotels verlängern die Fahrzeit. Nach Cárdenas fährt Bus 236 ab dem mit „Omnibus de

Luxus-Strand in Varadero

Cárdenas" markierten Tunnel vor dem Terminal de Ómnibus ca. alle Stunde ab (US$ 1).

In Varadero kann man sich von 6–24 Uhr mit Bussen der Linien 47 und 48 ab der Ca. 64 westwärts und mit der Linie 220 bis in den Osten der Halbinsel fortbewegen (1 Peso, Bushaltestellen ca. jeden ½ km). **Varadero BeachTour**: Dachlose Doppeldecker-Busse pendeln halbstündlich zwischen Varaderos „Westend" und der Ostspitze mit 45 Zu-/Ausstiegsstellen auf der Strecke von 9–21 Uhr und 23–4 Uhr. Tickets kauft man beim Busfahrer, kosten US$ 5 (Tagesticket), US$ 3 (Nachtticket) und sind für die gesamte Zeitspanne gültig.

Mautgebühr: Für die Fahrt auf der Vía Blanca Richtung Matanzas wird 7 km nach der Brücke über den Kanal Kawama eine Maut von US$ 2 erhoben. Die Strecke nach Cárdenas ist frei.

Info & Nützliches

Cadeca, Parque de los 8000 Taquillas, Mo.–Sa. 8.30–18 Uhr, So. bis 12 Uhr – **Etecsa**, Av. 1 c/30, tägl. 9–19 Uhr – **Clínica Internacional Servimed**, Av. 1 c/61, Tel. 45-66-7711

Cárdenas

Cárdenas ist wahrlich kein Highlight unter Cubas Städten, für Touristen nur deswegen interessant, weil die Hafenstadt an der Südseite der Bahía de Cárdenas nur 18 km von Varadero entfernt der nächste Ort ist, um für eine Stippvisite das Touristengetto Varadero zu verlassen und Einblicke ins cubanische Alltagsleben zu bekommen. Selbstversorger können sich in der zweistöckigen Markthalle mit der kuriosen gusseisernen, 16 m hohen Kuppel (1859) an der Plaza Molocoff, Av. 3 Oeste c/12, mit frischem Obst, Gemüse und Fisch eindecken, Mo.–Sa. 8–17, So. bis 14 Uhr. Am Nordende der Av. Céspedes erinnert ein Monument samt Fahnenmasten, dass in Cárdenas am 19. Mai 1850 erstmals die cubanische Flagge gehisst wurde. Im Nordwesten werden beim Hafen in der *Arrechabala Rum Factory* die Marken „Ron Varadero" und „Bucanero" destilliert (keine Führungen). In der Innenstadt wird man vis-a-

Straßen von Cárdenas

vis der ältesten Kolumbusstatue der westlichen Hemisphäre allenfalls einige Momente auf dem Parque Colón verweilen, bemerken, dass die Immaculada-Kirche hübsche bunte Glasfenster besitzt, aber gewöhnlich verschlossen ist wie auch das *Museo Oscar María Rojas*, Av. 4 Este c/12 (beim Parque Echeverría, Naturkundliches, indianische Artefakte), und die *Casa Natal de José Antonio Echeverría*, Av. 4 Este 560 (gegenüberliegende Straßenseite, Dokumente zu den Unabhängigkeitskriegen, eine Original-Guillotine, Persönliches aus dem Leben des Studentenführers) nicht viel hergeben. Bus No 236 fährt stündlich von der Kreuzung Av. 13 Oeste c/13 (500 m nordwestlich des Stadtzentrums) nach Varadero zurück.

Matanzas – vom Aufstieg und Fall .

Als das nahegelegene Havanna im 18. Jh. von englischen Truppen besetzt war, hatte die Stadt mit dem Namen „Matanzas", was Schlachterei bedeutet, ihr historisches Momentum, wurde zur Bastion der spanischen Kolonialmacht. Mit Weideland und Hafen ausgestattet, fungierte sie davor nur als Fleischausstatter der spanischen Flotte. Matanzas wurde *der* Sklavenumschagplatz Cubas und Reservoir für ein Heer von Arbeitskräften, die bei Ankunft haitianischer Zuckerbarone zur folgenden Jahrhundertwende auf den Haciendas eingesetzt wurden. Bald glich die gesamte Provinz einem Meer aus Zuckerrohr, Matanzas wurde Cubas größter Exporthafen. Die Zuckerhausse machte Matanzas Reiche reicher und reicher. Paris zur Zeit des Absolutismus und dem antiken Griechenland nacheifernd, investierten die Vornehmen in Prunk, herrschaftliche Architektur und schönen Künste. Begriffe wie „Athen Cubas" und, als während des I. Weltkriegs die in die Höhe schießenden Zuckerpreise kein Halten mehr kannten, „Tanz der Millionen" kursierten. Mit der folgenden Depression, erst recht ab der cubanischen Revolution hatte die Party ein jähres Ende. Fast ein Jahrhundert lang wurde Matanzas zum vernachlässigten Hinterhof. Glanz und Gloria verfielen, die Stadt wurde Terrain für bröckelnden Putz und gefräßigen Rost.

Erst im letzten Jahrzehnt haben Restaurierung und Facelifting des Stadtbilds begonnen, allerdings nicht ausreichend, um einen Run auf Matanzas zu bewirken. Zur Linken der Vía Blanca erstrecken sich flache Sisal- und Zuckerrohrfelder. Ab und an passiert man antiquierte Ölpumpen der Canadian Northwest Energy, die nur wenig Öl von schlechter Qualität zu Tage fördern. Nähert man sich der Stadt, öffnet sich der Blick auf die tief eingeschnittene Bucht und den Industriehafen. Noch heute ist die Stadt von Fabriken geprägt. Hübscher sind die schmiedeeisernen Tore und dorischen Säulen, fast malerisch das Viertel um die alte Stahlbrücke, *Puente Calixto García,* die durchs Stadtzentrum auf die andere Seite der Bucht führt, und um den zentralen Parque Libertad. In der Calle Narváez (auch Ca. 97 benannt) hat sich eine avantgardistische Kunstszene mit Café-Bars und kleinen Galerien eingenistet. Im Galerie-Atelier „El Garabato" ist der Local hero unter den Malern, Adrián Socorro, zu Hause.

Teatro Sauto: Das neoklassizistische Teatro Sauto ist der herausragende Kulturtempel, in dem schon die russische Ballerina Anna Pavlova tanzte und sich Musiker von Renommee, u.a. Enrico Caruso, ihr Stelldichein gaben. In der Eingangshalle stehen griechische Götter in Marmor, an der Decke schweben gemalte Musen. Durch das höhenverstellbare Parkett kann das Theater in einen Ballsaal verwandelt werden. 775 Sitze verteilen sich über drei Ränge, von denen man, sollte eine Aufführung anstehen, unbedingt einen ergattern sollte, auch wegen der phänomenalen Akustik. Plaza de la Vigía, Tel. 45-24-2721 (Programm), Aufführungen Fr./ Sa. abends, So. nachmittags

Ermita de Monserrate: Die frühere Einsiedelei wurde von katalanischen Einwandereren erbaut (19. Jh.). Von der Aussichtsplattform gibt's ein herrliches Panorama über die Stadt, Bucht und das Valle de Yumurí. Mehrere Ranchones, Imbissbuden der cubanischen Art, mitsamt ihrem Lärm empfehlen den Besuch am frühen Morgen. Vom Parque Libertad biegt man nach rechts in die Ca. 306 ein (ca. 20 Min. zu Fuß).

Museo Farmaceútico: Die Apotheke aus dem 19. Jh. an der Südseite des Parque Libertad, die 1964 zum Schaukasten gestaltet wurde, hat eine skurrile Sammlung alter Destillierapparate, medizinischer Instrumente, Porzellanflaschen, verstaubter Pharmaziebücher und Kupfergeräte. Ca. 83 No 4951, Mo.–Sa. 10–17, So. bis 14 Uhr, US$ 3 mit Führung

Ediciones Vigía: Handwerk wie aus einer vergangenen Zeit: Papier von Hand geschöpft, die Lettern gesetzt, Fadenbindung. Streng limitierte Erstausgaben (maximale Auflage: 200) werden numeriert und signiert verkauft (ca. € 25). Pl. de la Vigía c/91, Mo.–Sa. 9–17 Uhr

Cuartel de los Bomberos: An der Südseite der Plaza de la Vigía zeigt die Feuerwehr Löschfahrzeuge und Spritzwerk von anno dazumal. Mo.–Sa 9–16 Uhr

Taller-Galería Lolo: Bildhauerei vom Feinsten zelebriert Osmany Betancourt Falcon, genannt Lolo, in seiner Werkstatt am Ufer des Río San Juan, in der sechs weitere Künstler tätig sind. Mystik und Surreales im Industriezeitalter, aber mit viel Poesie und sicherem Gefühl für Material und Form. Ca. Narváez 27 e/Jovellanos y Matanzas, Tel. 45-26-1209, lolo@atenas.cult.cu, www.osmanybetancourt.com

Cuevas de Bellamar: 5 km südöstlich vom Stadtzentrum befindet sich ein riesiges Höhlensystem mit Gewölben und Gängen von 23 km Länge. Führungen machen 3 km davon öffentlich zugänglich und zeigen Kalkkristalle, bizarre Stalagmiten und Stalaktiten, die zu Namensgebungen wie „Gotische Kammer" oder „Kapelle der Zwölf Apostel" inspirierten (an Tagen mit schmerzendem Sonnenbrand ein guter Ort. Die Nähe zu Varadero kann zu Besucherandrang führen). Tel. 45-25-3538, tägl. 9–17 Uhr, US$ 10, Bus 12 ab Plaza Libertad

Unterkunft

Hotel Velasco: Das Flaggschiff vor Ort präsentiert sich im herausgeputzten Fin-de-siècle-Stil, mit einer Eleganz aus Matanzas' Glory days. Pferdekutschen davor komplettieren die Szenerie. Manko: Unbedingt, auch gegen Aufpreis, eines der fensterlosen Zimmer vermeiden (horrible!). Ca. 79 e/288 y 290, Tel. 45-25-3880, US$ 60/80 inkl. Frühstück

Hotel Louvre: Gegenüber vom Velasco eine zentrale Adresse einer noblen Bleibe. Noch älter als das andere ist der Renovierungsakt jüngeren Datums. Ca. 83 e/288 y 290, Tel. 45-24-4074

Blick auf den Fluss San Juan in Matanzas

Hostal Río: Zwei Privatzimmer mit Kolonialatmosphäre in der Nähe der „Kunstmeile". Zum Dinieren geht's zum Juniorpartner Hostal Azul beim Parque Libertad. Ca. 91 No 29018 e/290 y 292, Tel. 45-24-3041, hostalrio. cu@gmail.com, US$ 30

Restaurants

Restaurant-Galería Esa Talla: Wer gern mitten in Matanzas Kulturszenerie speisen möchte, bei Cubas Tapas-Mode dabei sein will oder auch mal Lust auf Quesadillas hat, hereinspaziert! Ca. Narváez e/282 y 272, Tel. 5-357-6931, 12–1 Uhr

La Fettuccine: Italienisches mit Pasta, die großteils hausgemacht ist, und einem Gespür für Gewürze. Nur drei Tische, deswegen reservieren oder sich mit Pasta to go abfinden. Ca. 83 No 29018 e/290 y 292, Tel. 5-412-2553, 13–21 Uhr

Romántico San Severino: Zum Dinieren geht's die Treppe hoch mit Blick zum Park, sofern ein Tisch auf dem Balkon frei ist. Gute, preiswerte Wahl: Fischfilet. Ca. 290 e/279 y 283, 9–23 Uhr

Nützliches

Cadeca, Ca. 85 e/280 y 282, Mo.– Sa. 9–20, So. bis 18 Uhr – **Etecsa**, Ca. 83 c/282, 8.30–19.30 Uhr – **Servimed**, Ctra. Central km 101, Tel. 45-23-3170

Península de Zapata

Die Península de Zapata im Süden der Provinz Matanzas ist Cubas dünnbesiedelstes Gebiet und keine für Touristen prädestinierte Destination, schon gar nicht, wenn diese von soziokulturellem Interesse geleitet sind. Allerdings bietet Cubas größtes Sumpfgebiet, das fast die gesamte Halb-

insel einnimmt, diversen Spezies das reinste Paradies. Dazu zählen Ornithologen, Menschen, die sich in einsamer Natur am stundenlangen Vogelbeobachten ergötzen, die über Mangroven und durchs Gebüsch klettern, Fliegenfischer und Taucher, denen am und im Wasser größtes Pläsier erwartet. Eine Voraussetzung sollten jedoch alle mitbringen: die Resistenz gegen Moskitos und Toleranz für ein friedliches Miteinander mit Sandflöhen. Ebenfalls erforderlich: ein eigenes Gefährt. Nur die Orte Boca de Guamá, Playa Larga, Playa Girón und Caleta Buena sind durch GuamáBusTour in einem Rundkurs zweimal täglich (Tagesticket US$ 3) mit optionalem Zu- und Ausstieg verbunden.

Auf der Fahrt von Varadero zur Ciénaga de Zapata und Bahía de Cochinos an der Südseite der Insel fährt man zwischen Torriente und Jagüey Grande durch die sich über 300 km² ausdehnende, weltweit größte Zitrusplantage. Soweit das Auge blickt, reihen sich Limonen-, Orangen- und Grapefruitbäume bis zum Horizont. Bei der Abfahrt zur Straße nach Jagüey Grande und Playa Larga ist **La Finquita**, Autopista Nacional km 142, Tel. 45-91-3224, Mo.–Sa. 9–17, So. bis 12 Uhr, offizielles Informationszentrum für alle Orte und Aktivitäten auf der Península de Zapata.

Central Australia

ist der Name der ehemaligen Zuckermühle kurz hinter Jagüey Grande, in deren Verwaltungsgebäude während der Invasion in der Schweinebucht Fidel Castro sein Hauptquartier bezog. Das **Museo de la Comandancia** dokumentiert die ereignisreichen Tage im Jahr 1961 mit Schriftstücken, Fotos und Memorabilien, draußen liegen das Wrack eines von Fidels Truppen abgeschossenen US-Flugzeuges und Gedenksteine. Di.–Sa. 8–17, So. bis 12 Uhr. Die **Finca Fiesta Campesi-**

na ist ein Schaubauernhof, dessen Erträge aus der Verköstigung der Besucher resultieren und Landleben à la carte präsentiert mit viel Federvieh, Stalltieren, Bullenreiten und kleiner Rumbrennerei. Ctra. de Playa Larga km 1, 9–18 Uhr. Noch touristischer ist **Pío Cuá**, eine Bastion rustikaler kreolischer Küche, der die regelmäßig hier haltenden Tourbusse schubweise Hungrige anliefern (deswegen nicht billig). Ctra. de Playa Larga km 8, 11–17 Uhr

Boca de Guamá

In Richtung Playa Larga, gelangt man 14 km hinter Central Australia nach Boca de Guamá, eine vom Ministerio de la Industria Pesquera, als angewandter Artenschutz motiviert, kreierte Touristikoase mit Krokodilfarmen und Indianerdorf.

Criadero de Cocodrilos: Es sind zwei Aufzuchtstationen von Krokodilen, rechts der Straße die zoologisch ambitionierte, wo man über die Reptilien etwas lernen kann, von ihrem Ursprung bzw. Ahnenreihe aus den mäandernden Gewässern der Halbinsel, vom Ei bis zum Sechs-Zentner-Beißer. Links der Straße ist's eher ein Show-Platz für Lassohelden etc. Der Bestand in Boca de Guamá wird auf einige tausend Exemplare geschätzt.

Um die vermeintlichen Hauptdarsteller wird's ruhiger, wenn sie als weißes Bratenfleisch auf dem Teller der Restaurants des Complejo Turístico oder als Handtasche im Souvenirshop noch post mortem die Besucher beglücken. Auch den kleinsten droht Unbill: sei's als Fotomodell auf der Schulter eines Gastes oder – weit schlimmer – ausgestopft als präpariertes Babykroko feilgeboten zu werden. Potentielle Käufer sollten nicht nur über ihre Erziehung nachdenken, sondern auch an den Zoll bei der Heimreise. Tel. 45-91-5666, tägl. 9.30–17 Uhr, US$ 5

Laguna del Tesoro: Fremdenverkehrswirksam bekam dieser See 5 km östlich von Boca de Guamá den Namen *Schatzsee*, weil, so sagt man, die Taíno lieber ihr Hab und Gut und all ihre Schätze im See versenkten, als dass sie die spanischen Eroberer an sich raffen konnten. An der Ostseite des Sees ist **Villa Guamá** die aus Palmwedeln und Holz angeblich im Stil eines indianischen Pfahlbaudorfes auf Holzstelzen nachgebaute Ferienanlage, zu der man über den mangrovengesäumten Canal de la Laguna nur per Boot kommt. Auf den durch Brücken verbundenen, künstlichen Inseln (mit eigener Bootsanlegestelle) zeigen 32 lebensgroße, kitschige Stein- und Pappmachéfiguren Taíno-Indianer in verwegenen Posen und Alltagsszenen. Fähren fahren viermal täglich von Boca de Guamá zur Ferienanlage, kleine Schnellboote dann, wenn sie „komplett" sind, zum gleichen Preis (US$ 12 hin und zurück).

Cabañas Villa Guamá: Seit über 60 Jahren können die knapp 50 Hüttchen mit Bad, WC und TV-Gerät bezogen werden, wobei die Kombination zwischen urigem Pfahlbaulook, Pool und Fernsehanschluss sonderbar ist. Tel. 45-91-5551, US$ 70 Hallbpension

Restaurante El Colibri: An der Ablegestelle der Fähren ist die Rustikalkantine Anlaufstelle der Reisebusse aus Varadero. Spezialität des Hauses: Krokodilsteak (US$ 15), tägl. 9.30–17 Uhr

Playa Larga – Wildlife-Refugien

Playa Larga, 13 Kilometer südlich von Boca de Guamá, liegt am tiefsten Einschnitt der Bahía de Cochinos (Schweinebucht) und war einer der beiden Orte, an denen am 1961 von den USA unterstützte Exilanten an Land stürmten. Wie weit sie kamen, dokumentieren Plakataufschriften: „Hasta aquí llegaron los mercenarios". Playa Larga ist kein einladendes Dorf, hat aber den Ortsteil Caletón und einen Strand, der so lang wie schmal ist und nicht mit feinpudrigem, hellem Sand und Palmen geizt. So schön und friedlich die karibische Szenerie ist, so sehr ist's auch der Ort von Bite and crime, an dem „Jejenes", hundsgemeine Stech- oder Sandmücken, ihre Opfer drangsalieren.

Playa Larga ist die beste Basis für die Erkundung des Gran **Parque Natural Montemar**, ein Unesco-Bioshärenreservat, das nicht nur für passionierte Vogelkundler interessant ist. Eco-Touristen wenden sich an die **Oficina Parque Nacional** an der nördlichen Ortseinfahrt von Playa Larga. Diese vermittelt einen offiziellen Führer, den man im Mietwagen für 7 auswählbare Routen mitnimmt (die Strecken sind ab dem Checkpoint abgesperrt). Tel. 45-98-7249, Mo.–Sa. 8–16.30 Uhr, US$ 15 pro Person

Die **Reserva de Bejermas** ist für ornithologische Enthusiasten, mit dem Klassifizieren und wissenschaftlicher Artenbestimmung vertraut, aber nur für ebensolche, die Route Nummer eins. Reizvoller ist mitten im Sumpfgebiet der **Corral de Santo Tomás**, wo zwischen Mangrovenwäldern, Kanälen, Grasbüscheln und Wasserlöchern prächtige Flamingos, Reiher und Watvögel zu sehen sind oder sogar der Zunzún mit seinem herrlich grünglitzernden Gefieder. Gleiches gilt für die südlich gelegene **Laguna de Salinas**, ebenfalls ein Wildlife-Refugium mit einer fantastischen Fauna an Wasservögeln und in den Wintermonaten von Tausenden von Flamingos, was Laien in Begeisterung versetzt. Einfach zu erreichen ist auf halbem Weg zwischen Playa Larga und Playa Girón die **Cueva de los Peces**, ein 70 m tiefer Cenote an der landwärts gerichteten Straßenseite, in dessen fischreichen Gewässer getaucht und geschnorchelt werden kann.

Club Octopus International Dive bietet Riff- und Höhlentauchen, Tauchen an der Punta Perdíz und Schnorchelexkursionen zur Cueva de los Peces. 200 m westlich der Villa Playa Larga, Tel. 45-98-7225

Villa Playa Larga: Hotelunterkunft in Cabañas, die zwar ordentlich ausgestattet sind, jedoch vernachlässigt wirken. Pool und Tennisplatz. Tel. 45-98-7294, US$ 75/110 inkl. Frühstück

Casa Zuleida y Viñola: Eine der fast hundert Casas Particulares, die inzwischen in Caletón eröffnet

haben. Direkt am Strand lässt man sich's in einem der fünf Zimmer (nicht alle haben Meerblick) oder in der Hängematte auf der Terrasse gut gehen. Gehobener Standard, deswegen kein Schnäppchen. Tel. 45-98-7599, US$ 50

Playa Girón: „First defeat of US imperialism in the Americas"

Bereits 10 km vor Playa Girón weisen Gedenktafeln und Mahnmale darauf hin, dass man durch historisches Gelände fährt. An der Ostmündung der Bahía de Cochinos begann am 17. April 1961 kurz nach Mitternacht die Invasion der exilcubanischen Söldnerbrigade. Dort, wo die vom CIA trainierte 2506. Angriffsbrigade an Land stürmte, erinnert heute das

Museo de la Intervención an die Ereignisse jener Tage. Auf dem Vorplatz befinden sich die Trümmer eines abgeschossenen B-26-Bombers der US Air Force, ein cubanischer Jagdbomber sowie einige erbeutete US-Panzer. Im Museum sind Dokumente und Fotos ausgestellt, die die Gesichter gefallener Landsleute zeigen. Der 15-minütige Dokumentarfilm „First defeat of US imperialism in the Americas" hielt die Invasion und den heroischen Sieg der cubanischen Landesverteidiger („patria o muerte") fest. Tägl. 8–17 Uhr, US$ 3

Caleta Buena: 8 km südöstlich von Playa Girón ist die geschützte Bucht der schönste lokale Badeplatz und ein perfektes Schnorchelrevier. Bereits in Strandnähe gibt es Riffe und Höhlen am Meeresgrund. Das ansässige Tauchzentrum fährt Gerätetaucher aufs Meer hinaus. Der Eintritt von US$ 15 schließt das All-you-can-eat-Buffet zur Mittagszeit ein, was auch cubanische Gäste zuhauf in die Caleta zieht.

International Scuba Center: Die Strandnähe der meisten Tauchplätze, die kaum Transferboote erfordern, eine schier endlose, steile Unterwasserwand, die keine 50 m vom Strand entfernt ist und fast bis nach Playa Larga reicht, Korallenriffe, Höhlen und die günstigsten Tauchpreise in Cuba machten Playa Girón zur Top-Destination für Gerätetaucher. Ab US$ 35 pro Tauchgang ist man dabei, die „Fünferkarte" kostet US$ 120. Im „Villa Playa Girón", Tel. 45-98-4110

Unterkunft

Villa Playa Girón: Weil die Klientel dieses Hotels vorwiegend Taucher, die anderes im Sinn, oder Cubaner sind, deren Wohlbefinden sich über den Messpegel der Verdauungsorgane definiert, wurde weder in Wohlfühlarchitektur noch Sanierung viel investiert. Also passt man seine Interessen den Gegebenheiten an, wippt im Rhythmus des Lärmpegels mit und sieht über die Monstösität des Wellenbrechers aus Beton vor dem Hotelstrand hinweg. Tel. 45-98-4110, US$ 65/98 all inclusive

Casa Ivette y Ronel: Fährt man in Richtung Caleta Buena/Playa los Cocos, ist's das letzte Haus (mit 5 zu vermietenden Zimmern) rechts im Ort. Der Besitzer ist Tauchlehrer und spendiert statt Preisnachlass Fahrrad und Schnorchelbrille während des Aufenthalts. Tel. 45-98-4129, ivette.marquez@nauta.cu, US$ 35

Casa Julio y Lidia: Gleich das nächste Haus hinter der Casa Ivette y Ronel und die beste private Bastion für Tauchfreaks in Playa Girón. Drei ganz hübsche Zimmer und eine gute Küche. Tel. 45-98-4135. lidia.aguero@nauta.cu, US$ 35

Flamingos in der Nähe von Playa Girón

Cienfuegos – Stadt der hundert Feuer

In der „Stadt der hundert Feuer" weisen die Schornsteine der Zuckerraffinerien himmelwärts und qualmenden Schlote der chemischen Fabriken verdunkeln den Himmel. Cienfuegos ist die wichtigste Industriestadt der Südküste Cubas, ihr Hafen die weltweit größte Zuckerverladestation. Doch trotz der Industriezonen wird der Charme des alten Stadtkerns nicht beeinträchtigt, in dem palastartige Villen und Herrenhäuser Zeugnis von Cienfuegos' Blütezeit während der Zuckerhausse des 19. Jh. ablegen, als feudale Zuckerbarone wie prunksüchtige Kunst- und Theatermäzene auftraten. Cienfuegos besitzt viele pittoreske Winkel und liegt malerisch an der Nordseite einer langen, fast vollständig von Land umschlossenen Bucht. Dank Aufnahme in das Unesco-Welterbe 2005 und bereitgestellter Finanzhilfen konnte das koloniale Zentrum großteils restauriert und verschönert werden.

Parque José Martí: Das von einer Martí-Statue und dem Musikpavillon beherrschte Zentrum der Altstadt ziert seit 1902 ein Triumphbogen im Gedenken an Cubas Unabhängigkeit.

Teatro Tomás Terry: Markantestes Gebäude an der Nordseite des Parque Martí ist das neoklassizistische, in alter Pracht renovierte Musiktheater, dessen Portal von drei Musen darstellende Mosaiken gekrönt ist. Im Inneren (950 Sitzplätze) brillieren eine prunkvolle Ausstattung mit Carrara-Marmor, Logen aus Edelhölzern, Deckenfresken und am Wochenende exquisite Ballett- und Folkloredarbietungen. Av. 56 No 2701 e/27 y 29 (Eingang an der Ecke beim ARTex-Shop), Tel. 43-51-3361, Programmtafel am Eingang und unter: www.azurina.cult.cu, 9–18 Uhr, US$ 2 inkl. Führung

Palacio Ferrer: An der Westseite des Parks thront das architektonisch verspielte und doch stilistisch ausgewogene Belle-Epoque-Palais eines Zuckermagnaten. Die säulengetragene Fassade mit zierlichen Holzbalken wird vom hübschen Rundturm überragt, der bestiegen werden kann (weiter Blick über die Dächer der Stadt). Im Westflügel finden in der *Casa de la Cultura Benjamin Duarte* abends Konzerte statt. Ca. 25 No 5401, Di.–Sa. 10–17 Uhr, US$ 3

Palacio de Gobierno: Im grauen Gebäude an der Südseite des Parque Martí mit den dicken Säulen und roter Kuppel tagt die Provinzregierung, deswegen nicht öffentlich zugänglich.

Blick auf den Park Jose Marti mit Rathaus und Kathedrale in Cienfuegos

Über den lebhaften *Boulevard San Fernando* (Av. 54, Fußgängerzone) gelangt man zum nach Madrider Vorbild angelegten **Paseo del Prado,** der ewig langen Verkehrsarterie, Einkaufs- und Flaniermeile der Stadt (die längste in Cuba), die in den **Malecón** übergeht und bis zum auf der Halbinsel **Punta Gorda** gelegenen, abgehalfterten Nobelviertel mit alten Villen, bunten Holzhäusern und dem Yachthafen reicht.

Palacio del Valle: Am Ende des Malecón ist der neomaurische Palast mit den markanten Erkertürmchen, der mit allerlei Stilelementen durchsetzt ist und schöne Stuck- und Steinmetzarbeiten hat, das fotogenste, ja märchenhafte Bauwerk der Stadt. Im Restaurant (10–22 Uhr) kann bei Garnelen, Paella und Flan das Interieur besichtigt werden. Gelungener Speiseabschluss ist ein Blick von der Dachterrasse auf die in der Sonne glitzernde Bucht. Wer nur besichtigen will, kann dies von 10–17 Uhr für US$ 3 inkl. eines Cocktails. Ca. 37 c/ Av. 6

Castillo de Jagua: An der westlichen Landzunge schützte das gedrungene Kastell die Zufahrt zur Bahía de Cienfuegos vor Piraten, die jene als Schmugglerhort und Freibeuterstützpunkt erkoren hatten, später die 1819 gegründete Stadt und wurde während der Batista-Diktatur zum Gefängnis. Drinnen können Kanonen, Kapelle, Zisterne, Waffen und Söldnerquartiere besichtigt werden. Von oben gibt's einen tollen Blick über die Bucht, weiter unten im Restaurant *El Pescador* erstaunlich korrekte Fischgerichte. 9–17 Uhr, US$ 5. Kleinere Passagierfähren setzen ab der Av. 46 c/23 zur Festung über (US$ 1). Unterhalb des Hotels Pasacaballo in Rancho Luna besteht eine weitere Transferoption zum gleichen Preis.

Cementerio la Reina: Im Westen der Stadt hat Cubas ältester Friedhof als einziger für das Land atypische Nischengräber, zum Schutz vor hohem Grundwasser, und das Grab der *Bella Durmiente*, erkennbar an der Statue einer jungen Frau mit Mohn und Schlange in den Händen. Die *Schöne Schläferin* soll 1907 24-jährig durch eigene Hand aus dem Leben geschieden oder, wie man sagt, gebrochenen Herzens gestorben sein. Av. 50 c/7, 8–17 Uhr

Jardín Botánico Soledad: Den komplettesten Überblick über Cubas subtropische Flora bietet nahe der Pepito-Tey-Zuckermühle 16 km östlich von Cienfuegos der 94 ha große botanische Garten. Über 2000 verschiedene Spezies, darunter 23 Bambus- und 280 Palmenarten sowie seltene Exoten wie Kaugummi- oder Strichninbäume wachsen hier. Weil nur drei Busse pro Tag Pepito Tey passieren, ist die Anfahrt nur mit dem Mietwagen oder organisierten Tour problemlos. In Richtung Trinidad fahrend, biegt man nach der Karl-Marx-Zementfabrik nach rechts ab. Circuito Sur km 15, tägl. 8–17 Uhr, US$ 3

Playa Rancho Luna: 18 km südlich vom Stadtzentrum ist dieser Strand zur Landseite verbaut, der Sandstreifen zwischen den Hotels Faro Luna und Rancho Luna höchstens einer der dritten Kategorie. Dennoch ist's der beste lokale Badeplatz und wegen des vorgelagerten Korallenriffs ein superbes Schnorchelrevier. Bei beiden Hotels gibt es Tauchzentren, die die 32 Tauchplätze in Küstennähe in ¼ Std. per Boot erreichen. Außer Unterwassergrotten, Korallengärten und Schiffwracks lockt die *Notre-Dame*-Korallensäulenformation.

Benny Moré Festival: Jedes Jahr im Dezember wird in Cienfuegos und im Dorf Santa Isabel de las Lajas, dem Geburtsort des „Barbars des Rhythmus", das *Benny Moré International Festival of Popular Music* zum Gedenken an den legendären Sonero veranstaltet, das die lokalen Clubs und Bars zum Brodeln bringt. Gemäßigter geht's das ganze Jahr über im **Café Cantante Benny Moré**, Av. 54 c/37, ab 21 Uhr mit Livemusik zu, wo die Jugend und cubanische Patrone shmashed down vom für einige Pesos ausgeschenkten Rum zu Son und Música Tradicional durch den Abend dümpeln.

Centro Cultural de las Artes Benny Moré: Bar mit Tanzfläche, wo auch der Literatur gehuldigt wird. Abends werden Son, Trova und Bolero geboten. Av. 56 e/25 y 27, 10–23 Uhr

Patio de ARTex „El Cubanismo": Wie in vielen Städten bilaterale Kontaktbörse mit soziokulturellem Touch ab 22 Uhr. Ca. 35 e/Av. 18 y 20

Unterkunft

Hotel Unión: Das beste Hotel in unmittelbarer Umgebung des Parque José Martí, das unter der Regie von Meliá das Ambiente eines feudalen Stadtpalais bietet. Ca. 31 e/Av. 54 y 56, Tel. 43-55-1020, www.melia.com, US$ 148/198

Hotel Jagua: Obwohl die Fassade die Monotonie eines Hotelhochhauses der 1950er Jahre ausstrahlt, befindet sich im Inneren ein komfortables HoTel. Bei Punta Gorda in exponierter Lage mit Blick auf Bucht und Hafeneinfahrt, guter Service, Pool, Disco mit Cabaret. Ca. 37 No 1, Tel. 45-55-1003, US$ 160/258

Palacio Barón Balbín: Unter den Hotels, die mit historischer Architektur protzen, hier sogar mit italienischem Barock, das preisgünstigste. Aussicht, Restaurant, Service: Alles passt. Av. 52 No 2706 e/27 y 29, Tel. 43-59-6076, US$ 70/90

Bella Perla Marina: Casa Particular mit kolonialem, antiquitätenbestücktem Ambiente und einer tollen Dachterrasse, die von einem Mirador gekrönt wird. Ca. 39 No 5818 c/ Av. 60, Tel. 43-51-8991, bel-laperlamarina@yahoo.es, US$ 35, fürs riesige Apartment „deluxe" US$ 70

Casa de las Golondrinas: Das „Schwalbennest" ist eine heimelige Privatunterkunft in einem restaurierten Kolonialhaus mit hübscher Dachterrasse und Fahrradverleih (US$ 15/Tag). Ca. 39 e/Av. 58 y 60, Tel. 43-51-5788, drvictor61@yahoo. es, US$ 30

Villa Lagarto: Wer statt auf Ruhe und Privatsphäre auf einen quirligen kommunikativen Ort steht, ist bei Maylin und Tony gut aufgehoben. Begonnen als Restaurant mit kulinarischem Anspruch, der zusammen mit der Loggie am Meer seinen Preis hat, gibt's nun auch ordentliche Privatzimmer. Ca. 35 e/Av. 0 y Litoral, Tel. 43-51-9966, villalagartocuba@gmail.com, US$ 65 inkl. Frühstück

Restaurants, Essen

Casa Prado Restaurante: Ein kräftiges Klingeln öffnet die Türen zu dem sehr preiswerten Restaurant, das u.a. satte Portionen an Paella mit Meeresfrüchten aufträgt. Außer schmucklosen Essplätzen drinnen gibt's eine hübsche Dachterrasse, die auch Troubadoure en passant erfreut. Ca. 37 No 4626 e/Av. 46 y 48, Tel. 5-262-3858, 12–23 Uhr

Paladar Aché: Seit vielen Jahren wird hier Spanferkel am Spieß gegrillt, das man nebst Langusten oder Hähnchen im schattigen Patio mit Vogelgezwitscher genießen kann. Wem eine Stadtbesichtigung zuviel Zeit raubt, schaut sich das Wandgemälde genauer an. Av. 38 e/41 y 43, Tel. 43-52-6173, Mo.–Sa. 12–23 Uhr

Palacio de Valle: Eine der eindrucksvollsten, gar märchenhaften Restaurantkulissen Cubas. Meeresfrüchte und Fischgerichte sind nicht schlecht, doch in sicherer Gewissheit der nächsten Reisegruppe ... Budget-Traveller geben sich mit einem Trago auf der Dachterrasse zufrieden. Ca. 37 c/Av. 2, 10–22 Uhr

El Louvre Studio Café: Für eine mit leckeren Baguettes und dem besten Kaffee der Stadt versüßte Pause an der Westseite des Parque Martí. Ca. 25 e/Av. 54 y 56, 9–22 Uhr

Las Mamparas: kreolische Küche aufs Herzhafte, mit Congrí satt auf dem Teller und altbekannte Standards zu gastfreundlichen Preisen. Ca. 37 No 4004 e/Av. 40 y 42, 12–23 Uhr

Te Quedarás: Mehr eine Cocktailstation mit Reminiszenz an den Local hero Benny Moré, Live-Musik und vom schnuggeligen Balkon Aussicht auf den Boulevard San Fernando, so dass dem (teuren) Essen nur die Nebenrolle zukommt. Und so heißt's spätestens nach dem dritten Daiquirí: „Me quedo!" Av. 54 e/35 y 37, 12–24 Uhr

Hin-, Weiterkommen

Sowohl das Busterminal, Ca. 49 e/Av. 56 y 58, Tel. 43-51-5720, als auch der Bahnhof, Av. 58 c/49, schräg gegenüber sind zentrumsnah, machen die An- und Weiterreise einfach, aber der Fahrplan der Züge ist unzuverlässig. Ob der Zug nach Santa Clara oder Sancti Spíritus letztendlich fährt, sollte akut nachgefragt werden: Tel. 43-52-5495. Für Víazul-Busse nach Havanna, Trinidad, Santa Clara, Varadero oder Playa Girón wendet man sich an das „Jefe-de-turno"-Büro im Tiefgeschoss. Zur Playa Girón fahren Lkws mit offener Ladefläche (Sitzbänke). Taxis (US$ 8) verbinden das Stadtzentrum mit dem Flughafen *Jaime Gonzales,* 5 km nordöstlich von Cienfuegos, wo sich die Cubana-Niederlassung (Tel. 43-52-5868) befindet.

Info & Nützliches

Cadeca, Av. 56 No 3316 e/33 y 35, Mo.–Sa. 8.30–16, So. bis 12 Uhr – **Etecsa**, Ca. 31 No 5402 e/54 y 56 – **Infotur**, Av. 56 No 3117 e/31 y 33, Tel. 43-51-4653, Mo–Sa. 9–18, So. bis 13 Uhr

Santa Clara –
„Hasta siempre, Che!"

Die Stadt hat ihr Ereignis, das zur Legende wurde, den Sturm auf den Tren Blindado, und ihren Helden, Ernesto Che Guevaras, Ikone und Inbegriff des für immer jung gebliebenen Revolutionärs. Santa Clara ist keine Stadt, in der täglich die Revolte und Revolutionäre durch die Straße ziehen. Doch sie hat eine Aura, die jung und rebellisch ist. Es mag an ihrer Universität und den vielen Studenten liegen, an verschworenen Jugendcliquen, die aufmüpfig ihre Grenzen gegenüber einer notorisch drangsalierenden Polizeigewalt austesten, an einer Kulturszene mit selbstbewussten Künstlern, die nicht der Staatsräson folgen. Durchaus mit Humor, so wird man um den Parque Vidal auf Comics stoßen, die ganze Wände überziehen und für die das Grafikerkollektiv *Melaíto* verantwortlich zeichnet. Allenorts wippt Cubas Jugend zu harten Rhythmen internationaler Rockmusik, was jedoch schnell zur Nebensache wird, wenn The real thing, also Salsa, die Szenerie in einen Hexenkessel verwandelt. In Santa Clara hat sich hingegen Cubas wichtigstes Rockfestival etabliert, das *Ciudad Metal*. So wird das urbane Zentrum einer Agrarregion Besucher kaum mit Kolonialarchitektur, dafür mit einem vibrierenden Streetlife in Bann ziehen, sie müssen nur Offenheit und Zeit mitbringen.

Monumento Comandante Ernesto Che Guevara: Wie die Virgen de Cobre Cubas religiösen Kosmos überstrahlt, ist das Monumento Ernesto Che Guevara der säkulare Heiligenschrein der Nation. Bereits 1987 wurde 2 km westlich des Parque Vidal an der Av. de los Desfiles (erreichbar über die Ca. Rafael Tristá) auf dem riesigen Platz hoch oben auf einem wuchtigen Steinquader die Bronze-Statue von „El Che" mit Kampfuniform und Gewehr über dem Relief seiner legendären Worte: „Hasta la victoria siempre", zu seinem 20. Todestag errichtet. Der Museumseingang unterhalb des Denkmals befindet sich an der Rückseite (Di.–Sa. 9–16, So. bis 12 Uhr, frei). In den Räumen sind außer dem ergreifenden Abschiedsbrief, den Che vor seinem Aufbruch nach Bolivien an Fidel schrieb, Dokumentarisches zur Lebensgeschichte Ernesto Guevaras und den Gefechten um Santa Clara zu sehen. Im gegenüberliegenden Mausoleum sind die Konterfeis von 38 Revolutionären, die 1967 zusam-

men mit Che in Bolivien hinge-
metzelt wurden, in Stein gehauen.
17 der Gefallenen, darunter Che,
wurden 1997 in einem geheimen
Massengrab unter dem Rollfeld eines Flugplatzes entdeckt und ihre
sterblichen Überreste zurück nach
Cuba zur feierlichen Bestattung
gebracht, während der Fidel Castro am 17. Oktober 1997 das ewige
Licht entzündete.

Parque Vidal: Die prägnantesten
Gebäude der Stadt, die vom späten 19. und frühen 20. Jh. datieren,
gruppieren sich um Santa Claras
schattigen Hauptplatz. Wo früher
eine mit Zäunen an den Parkpro-
menaden strikte Rassentrennung
herrschte, ist nun die Stimmung
heiter: sittin' on the shady benches
of the park wachin' the world go by
… Aus dem Musikpavillon schallen
Son- und Salsa-, aus der Casa de la
Trova afrocubanische Klänge.

Schönstes Gebäude an der Nordseite des Parks ist das **Teatro La
Caridad**, eine Stiftung eines Zuckermagnaten aus dem 19. Jh., in
dem schon Enrico Caruso sein wei-
ches Timbre erklingen ließ. Das folgende Haus, **Museo de Artes Decorativas**, Parque Vidal 27, ist über
und über mit Mobiliar des 18. Jh.
vollgestellt (Mo., Mi.–Fr. 9–17, Sa./So.
15–18 Uhr, US$ 2). Gut erhaltene Ko-
lonialarchitektur flankiert die Calle
Independencia, eine Fußgängerzone oder, wie man hier sagt, *Bulevar*
mit schmuckem Kopfsteinpflaster nördlich des Vidal-Parks. Die
nahe **Iglesia de Nuestra Señora
del Buen Viaje**, Ca. Pedro Estévez
c/Pardo, verkörperte Rassentrennung und -diskriminierung, die
schwarze Sklaven im Hof zur Lob-
preisung des Herrn einpferchte.

**Fábrica de Tabacos Constantino
Pérez Carrodegua**: Die Provinz
Villa Clara ist zwar kein „Gelobtes
Land" wie die Vuelta Abajo, hat
aber Felder mit superben Tabakpflanzungen. Montecristo, Romeo
y Julieta und Partagás werden in
dieser Tabakmanufaktur hergestellt. Weil sie nicht im Programm
der Tourveranstalter ist, kann eine
halbstündige Führung exklusiven Charakter fernab jeder Hek-
tik bekommen. Nachteil: Die laxe

Handhabe der Öffnungszeiten. Ca. Maceo. 181, e/Jover y Berenguer, Mo.–Fr. 9–13 Uhr, US$ 4, Eintrittskarten gibt's bei *Cubatur*, Ca. Marta Abreu 10 e/Gómez y Villuendas, 9–12, 13–18 Uhr, beste Zigarren mit ausgezeichneter Beratung gegenüber der Fabrik: *La Veguita*, Ca. Maceo 176, Mo.–Sa. 9–19, So 11–16 Uhr

Monumento a la Toma del Tren Blindado: Die Gedenkstätten, die an die Schlacht um Santa Clara 1958 erinnern, befinden sich außerhalb des Stadtzentrums wie das über die Ca. Independencia erreichbare *Monumento a la Toma del Tren Blindado* am Ostufer des Río Cubanicay. Hier brachten an jenem 29. Dezember Che Guevaras Truppen einen gepanzerten Zug zum Entgleisen, der Soldaten und Kriegsmaterial der Batista-Armee transportierte. Der dafür verwendete Bulldozer und vier originalgetreu ausstaffierte Waggons können nen besichtigt werden. Di.–Sa. 9–17, So. bis 13 Uhr, US$ 1

Vier Häuserblöcke ostwärts steht am Eingang zum PCC die Statue **Che y Niño**, eine der gelungensten Skulpturen des Comandante mit Allegorien und Szenen aus Ches Leben im Detail. Auf einem Hügel am nördlichen Ende der Ca. Esquerra (nach Überqueren des Río Bélico) zeigt das nicht ausgeschilderte *Museo Provincial Abel Santamaria* in einer früheren Militärgarnison Naturgeschichtliches und historische Dokumente. Mo.–Fr. 9–17, Sa. bis 12 Uhr, US$ 1. Erquickender ist kurz hinterm Che mit Kind der Aufstieg zur **Loma del Capiro**, von der man über die gesamte Stadt blickt.

Luftbild des Hauptplatzes in Santa Clara

Abends & Unterhaltung

Club Menuje: Draußen verschmierte Wände, drinnen eine Häuserruine ohne Dach, und dennoch ist's an regenfreien Abenden der Santaclareños liebster Platz. Vibrierende Rhythmen, intime wie dichte Atmosphäre, ein wildes Publikum und thematisch jeden Tag ein anderes Programm. Ca. Marta Abreu 107, Di.–So. ab 16 Uhr

La Marquesina: Im Gebäudekomplex des Teatro La Caridad ist Abend für Abend cubanisch-internationaler Mainstream live mit obligatorischem „Hasta Siempre" angesagt. Parque Vidal e/Máximo Gómez y Lorda, 10–24 Uhr

El Club Boulevard: Szenetreff junger Santaclareños. Shows, Musik und Tanz wechseln sich, bei guten Cocktails, ab. Ca. Independencia 2 e/Maceo y Estévez, Mo.–Sa. 22–2 Uhr, US$ 2

Casa de la Cultura: An der Westseite des Parque Vidal ist auch für die gesetztere Generation mit gelegentlichem Danzón und Boleros etwas dabei.

Unterkunft

Hotel Santa Clara Libre: Im elfstöckigen Hotelturm direkt am Parque Vidal erwartet den Gast wahrlich keine Luxusbleibe, sondern eine bescheidene Ausstattung mit bescheidenem Service. Interessant sind die mehrfach restaurierten! Einschusslöcher in der Fassade, die aus der Schlacht um Santa Clara im Dezember 1958 stammen, toll die Aussicht von der Terrassenbar ganz oben (auch Nicht-Hotelgästen offen). Parque Vidal 6 e/Marta Abreu y Tristá, Tel. 2 75 48, US$ 48/68

Hotel Central: Direkt am Parque Vidal die beste Wahl unter den Hotels in staatlicher Regie, allerdings sind fast alle fensterlosen Zimmer zum Patio ausgerichtet. Ca. Cuba e/ Padre Chao y Marta Abreu, Tel. 42-20-1585, US$ 65/105 inkl. Frühstück

Motel Los Caneyes: Wenn man eine Ruheoase außerhalb der Stadt braucht: teuere Cabañas im Indianerstil, Pool, dürftiges Restaurant, Übernachtungsspot für Touristenbusse. Av. de los Eucaliptos c/ Circunvalación (2 km westlich des Che-Monuments), Tel. 42-20-4513, US$ 68/98

Hostal Marilin & Familia: Die Heimstätte für einen Aficionado! Mit Extraraum für den Zigarrengenuss und eine Zigarrenexpertin als Hausherrin, die Laien die Nuancen beibringt. Viva la Cohiba! Ca. Maestra Nicolasa 116 e/Alemán y Zayas, Tel. 42-20-7655, US$ 30–35

Hostal Alba: Die Liebe zum Essen und überladener Dekor im uralten, doch gut erhaltenen Haus sind Basis der Wohlfühloase. Ca. Machado 7 e/Cuba y Colón, Tel. 42-29-4108, US$ 35

Auténtica Pergola: Als hätte man die koloniale Szenerie eines historischen Nobelhotels in ein Privatquartier verfrachtet, in dem sich nur Eremitenfreunde unter den Gästen nicht zurechtfinden. Ca. L. Estévez 61 e/Independencia y Martí, Tel. 42-20-8686, US$ 40

Restaurants

Paladar Bodeguita del Centro: Eines der besseren Privatrestaurants von Santa Clara, Hauptgerichte ca. US$ 10, Zutaten werden extra berechnet. Ca. Villuendas Sur 264 e/9 de Abril y Serafín García, tägl. ab 20 Uhr

Restaurante Colonial 1878: Der schöne Patio und die gute Getränkeauswahl trösten über den langsamen, gar lustlosen Service hinweg. Die für die Cocina criolla verlangten Preise übertreffen deren Qualität. Ca. M. Gómez e/ Abreu y Independencia, tägl. 12–14, 19–22 Uhr

Bodeguita del Medio: Kopie der berühmten Trinkbastion in Havanna mit kreolischer Küche. Ohne Hemingway-Zuschlag ist's günstiger und man muss keine Touristeninvasion fürchten, doch der „Papa" fehlt einfach. Parque Vidal 1 e/Colón y Maceo, Tel. 42-21-5434, 11–23 Uhr

El Gobernador: Altehrwürdige, hübsch dekorierte Speiseszenerie, in der auf den Tellern eine der Kulisse angemessene Qualität auf den Tisch kommt. Noch immer preiswert. Ca. Independencia c/ Zayas, 11–17, 19–23 Uhr

Florida Center: Über Jahre als Santa Claras bestes Restaurant gerühmt. Wen Zweifel beim Bestellen quälen, bekommt's vom Maestro erklärt. Ca. Maestra Nicolasa 56 e/Colón y Maceo, Tel. 42-20-8161 (unbedingt reservieren!), 19–22 Uhr

Coppelia, Ca. Colón c/Mujica (gegenüber der Post). Der Open-air-Eissalon von Santa Clara bietet köstliches Schokoladen- und Fruchteis für eine Handvoll Pesos. Di.–So. 10–23 Uhr

Hin-, Weiterkommen

Pferdekutschen fahren ab dem Parque Vidal auf der Ca. Marta Abreu und Ctra. Central zum **Inter-municipal-Busterminal** (1,5 km entfernt), wo u.a. tägl. 4 Busse nach Remedios (45 km) abfahren, und zum großen **Terminal de Ómnibus**

Nacionales (Tel. 42-20-3470, 2,5 km entfernt, ebenfalls an der Ctra. Central), wo Víazul-Busse in alle wichtigen Städte starten, z.B. 3-mal tägl. nach Cienfuegos, 74 km, oder 2-mal tägl. nach Trinidad, 90 km. Touristentickets gibt's am Schalter direkt neben dem Eingangsportal. Santa Clara ist neben Havanna, Camagüey und Santiago der wichtigste Eisenbahnknoten auf der Ost-West-Achse. Zum **Bahnhof** am Parque de los Martires sind es ca. 800 m auf der Ca. Luís Estévez vom Parque Vidal. Der Reservierungs- und Fahrkartenschalter ist in der Ca. Estévez Norte 323 gegenüber dem Park vom Bahnhofsgebäude.

Embalse Hanabanilla

Der riesige Hanabanilla-Stausee 48 km südlich von Santa Clara ist eingebettet in Kaffeeplantagen und Eukalyptuswälder am Fuß der Sierra del Escambray, Cubas größtes Wasserkraftwerk und Naherholungsgebiet der Cubaner. Außer einem verborgenen Revier für Vogelkundler und Angler finden Wanderer auf schmalen Wegen durchs wuchernde Dickicht inmitten wilder Orchideen, Baumfarnen undausladenden Regenbäumen Ruhe und Einsamkeit, u.a. sind Tocororos und die Nationalblume Mariposa anzutreffen, einige Wasserfälle wie den *Salto Arroyo Trinitario,* ein erfrischendes Ziel (Badestelle) vieler organisierter Touren, die auch Routen hoch zu Ross und per Boot auf dem Río Negro anbieten. Buchen kann man in Santa Clara oder am Nordwestufer des Sees im **Hotel Hanabanilla**, Tel. 42-20-8461. Es bietet einen Pool, Bar und 125 Zimmer mit Blick auf den See, die allerdings an Wochenenden von temperamentvollen Cubanern mit wenig Sinn für ländliche Ruhe belegt sind.

Remedios – Dem Teufel zum Trotz

sind sie geblieben, die tapferen Bürger von Remedios – und dies, obwohl ihnen ihr Priester Ende des 17. Jh. erklärte, dass der Ort von zigtausend Teufeln besessen sei und sie deswegen ins heutige Santa Clara übersiedeln sollten, wo eben jener sich rechtzeitig brachliegendes Land gesichert hatte, um es an Neuankömmlinge zu verkaufen. Doch die aufrechten Bürger trotzten den Worten des Predigers wie allen teuflischen Kräften und hielten an ihrer Heimat fest. Die hübsche Kleinstadt ist eine der ältesten Siedlungen Cubas, wurde mehrfach von Piraten zerstört und genauso oft wieder aufgebaut. Remedios besitzt ein pittoreskes koloniales Stadtbild, wird oft mit Trinidad verglichen, nur dass es, abseits der Touristenroute unentdeckt, eine viel authentischere Begegnung ermöglicht. 2015, zu ihrem 500. Jahrestag, bekam die Kleinstadt eine Auffrischung ihres baulichen Ensembles um die Plaza Martí verpasst, Boutique-Hotels eröffneten in Erwartung, dass Remedios nicht mehr nur Zwischenhalt auf dem Touristentrail ist.

Ende des Jahres strömt schon seit eh und je alles, was Beine hat, hierher. Dann werden die **Parrandas** zelebriert, Umzüge mit einem ohrenbetäubenden Tohuwabohu, die ihresgleichen suchen. Sie bestanden ursprünglich aus Trommlergruppen zweier wetteifernder Clans bzw. Stadtviertel – El Carmen und San Salvador –, die die Menschen mit einem dröhnenden Getöse zur Christmette riefen. Längst hat das farbenprächtige Spektakel karnevalistische Züge angenommen, das mit Kostümparaden, Laternen und Carrozas (Festwagen) am 24. Dezember gegen 21 Uhr beginnt, mit Rum und Musikgeschepper zum Bersten kommt und spät in der Nacht mit einem fulminanten Feuerwerk endet ... oder doch nicht?

Parroquia San Juan Bautista: Am Parque Martí, ist sie im Innern eine der schönsten Pfarrkirchen Cubas. Sie besitzt einen vergoldeten Zedernholzaltar, der von einem grandiosen, im ausufernden spätbarocken Stil verzierten Retablo überragt wird, eine *Immaculada concepción* (schwangere Maria) und eine *mudéjare* Deckenverkleidung mit Blumenmustern aus Mahagoni und kann durch die Hintertür betreten werden. Ca. Camilo Cienfuegos 20, Mo.–Sa. 9–12, 14–17 Uhr, So. nur Messe, Spende

Museo de las Parrandas: Hier gibt's kein Spektakel, doch alles, was für eine zünftige Parranda vonnöten ist, „lärmende" Musikinstrumente, grelle Kostüme, Feuerwerksutensilien ... bei deren Erläuterung das Personal ins Schwelgen kommt. Dazu lautlose Dokumente, Fotos, Schautafeln. Ca. Alejandro del Río 74 e/Gómez y Malaré, Di.–Sa. 9–18 Uhr, US$ 2

Museo de Música Alejandro García Caturla: Insidern als einer der ersten Kompositeure bekannt, der afrocubanische Rhythmen mit klassischer Musik vermischte und in seinem Wirken von einem Attentäter gestoppt wurde. Parque Martí 5, Di.–Sa. 9–17 Uhr, US$ 1

Unterkunft

Wenige Fremde in der Stadt machen es leicht, immer ein freies Zimmer zu bekommen, mit Ausnahme der Parrandas-Zeit. Dann kann die Reservierung nicht früh genug erfolgen.

Camino del Principe: Mit dem Facelifting von Remedios eröffnetes Boutique-Hotel, das Kolonialarchitektur mit zeitgemäßem Komfort (noch preiswert) verbindet. Ca. Cienfuegos 9 c/Montalván, Tel. 42-39-5144, US$ 78/118

Hotel Mascotte: In diesem Haus an der Südseite der Pl. Martí wurden 1899 die Bedingungen für die Demobilisierung der Mambises-Armee von Máximo Gómez ausgehandelt. Heute kann man um 14 Zimmer (No 1–5 sind die schönsten) im Kolonialstil als Unterkunft verhandeln. Ca. M. Gómez 114, Tel. 42-39-5144, US$ 80/120

Hotel Barcelona: Eine stilvolle Residenz südlich der Pl. Martí, die zum hübschen Innenhof ausgerichtet ist und deswegen auch fensterlose Zimmer hat. Elegantes Restaurant. Ca. José Perla 67, Tel. 42-39-5144, US$ 85/124

Hostal Casa Richard: eine der etabliertesten Casas Particulares vor Ort mit einem Besitzer, der immer offene Ohren für die Anliegen der Gäste hat. Ca. Maceo 52 e/General Carillo y Fé de Valle, Tel. 42-39-66-49, US$ 30

Restaurant & Bars

Fonda El Ave María: Die Fonda macht satt, ist günstig und bietet eine Reprise exklusiverer Gerichte wie Garnelen in Tomatensoße, aber hauptächlich cubanische Basics, ohne groß auf Romantik zu achten. Ca. Gómez 116, 10–22 Uhr

La Fé: Die cubanische Version des Pausemachens mit Hot dogs, Sandwiches und eiskaltem Hatuey. Ca. Gómez 130 e/Independencia y Margali, 8–23 Uhr

Taberna de los 7 Juanas: Kleine Leckereien für zwischendurch, eine bestens sortierte Bar und günstige Preise direkt an der Plaza machen die Tapas-Bar zur optimalen Raststätte. Ca. Balmaceda c/Gómez, 10–24 Uhr

El Louvre: Barbetrieb seit 1886, auch Federico García Lorca war mal Gast, so dass man sich inzwischen bis auf die Plaza hinaus ausgebreitet hat. Schneller Service und einfache Speisen, die jüngeren Datums sind. Ca. Gómez 122, 8–24 Uhr

Hin-, Weiterkommen

Von der Busstation in der Av. Céspedes e/Margali y La Fragua am südöstlichen Ortsausgang an der Straße nach Santa Clara fahren Víazul-Busse täglich via Caibarién zum Cayo Santa María (1 ½ Std.) sowie via Santa Clara (45 km, 1 ¼ Std.) nach Trinidad (4 ½ Std.). Regionalbusse in größerer Frequenz nach Caibarién/Cayo Santa María sind unregelmäßig.

Caibarién

Lange schien es, als würden sie gebannt das Geschehen auf dem Archipíelago de Sabana-Camagüey verfolgen, dümpelten die Boote der kleinen Fischereiflotte vor den Kaimauern von Caibarién. Nur die monströse Krebs-Skulptur am Ortseingang wirkte besorgt. Dort stand sie schon gut 30 Jahre und bisher schien alles gut zu gehen. Die beschauliche, kleine Hafenstadt an der Atlantikküste ist 9 km von Remedios entfernt und erlebte die Ruhe vor dem Sturm. 2017 kam der Hurrikan Irma und zerzauste die Küste. Irma ging wieder, die Schäden wurden aufgeräumt. Doch nichts ist mehr hier, wie es früher war. Denn Caibarién ist Brückenkopf einer drastischen Veränderung, die sich auf dem vorgelagerten Archipel seit Jahren vollzieht. Begonnen hat es mit dem 48 km langen Damm **El Pedraplén**, der seit seiner

Vollendung 1999 den Hafen von Caibarién mit den Cayos Las Brujas, Ensenachos und Santa María an der Westspitze der Inselgruppe verbindet. 45 Brücken ermöglichen den Gezeitenfluss und Meeresströmungen in und zur Bahía de Buenavista. **Museo de Agroindustria Azucarero Marcelo Salado**: Für Hartgesottene sicher Caibariéns Top-Act. Eine stillgelegte Zuckermühle wurde zum Museum aufgerüstet. Mit allem drum und dran, was zur Historie einer Zuckerfabrik gehört, beinhaltet es auch das *Museo de Vapor* mit einer geballten Ladung an alten Dampflokomotiven und -maschinen. Für einen Aufpreis kann man sich von einer Lok von 1904 durchs Terrain ziehen lassen. Ctra. Caibarién–Remedios km 3,5, Tel. 42-36-3286, Mo.–Sa. 9–16 Uhr, US$ 3 inkl. Führung mit Guarapo-Probe

Cangrejos: Cubas beste Krabben – und die meisten – gibt's in Caibarién. Also bieten die Cangrejeros sie an jeder Ecke feil, dazu Langusten, Muscheln …

Unterkunft, wenn's nicht in der Retortenwelt auf den Cayerias del Norte, doch in Strandnähe sein soll: *Villa Virginia*: im Fischerviertel beim Malecón ordentliche Zimmer und gute (Fisch-)Küche, Ciudad Pesquera 73, Tel. 42-36-3303, US$ 30

Cayerías del Norte: Cayo Santa María, Cayo Las Brujas, Cayo Ensenachos

Längst konnten die Damen und Herren dieses selig-unseligen Konglomerats aus cubanischer Gaviota, dem Touristikgiganten Meliá und der US-amerikanischen Warwick-Kette Vollzug anmelden. Dem Buenavista-Bioshärenreservat wird kräftig auf den Pelz gerückt – und dank der unternehmerischen Entschlossenheit in kürzester Zeit. Auf den bis dato unbewohnten oder gar unberührten Cayo Santa María, Cayo Las Brujas und Cayo Ensenachos wurde mit nun etwa 40 Hotels eine neue heile Ferienwelt, ein kleines Varadero, geschaffen, in der ein Ort dem anderen gleicht, wie es von Reisekatalogen allzu bekannt ist. Dort, wo der Name *Pueblo* lockt, trifft man nicht auf Land und Leute, sondern betritt Shopping Malls nordamerikanischer Prägung, denn besonders kanadische Urlauber sind anvisierte KlienTel. Für diese gibt es auf Cayo Las Brujas einen Flughafen, der die Anfahrt über den endlosen **Pedraplén** erspart.

Für den einzelnen ist die 48 km lange Überfahrt wie Jetskifahren im Trockenen, in Summe jedoch ein Bulldozer hinein in unbeschadete Natur, schließlich ist eine Bettenzahl von über 10.000 für jährlich 100.000 Touristen für die Cayerias del Norte anvisiert, dazu eine Verlängerung des Damms bis hinüber nach Cayo Coco. Natürlich sind die Strände von unbestechlicher Brillanz mit türkis- oder azurfarbenem Meer und hellsten Sandstreifen, von denen zwei Zonen, z.B. die Playa Las Gaviotas, gegen Gebühr für Tagesgäste auf den Cayerías vorbehalten sind, die auch in vielen Resorts mit einem Tagespass am Wassersport- und Funprogramm partizipieren können.

Marina Gaviota: Auf dem Cayo Las Brujas ist der Yachthafen die Station für Katamaran-Kreuzfahrten, Segeln, Hochseefischen, Tauchen mit 24 Tauchplätzen vor der Küste und Schnorcheln. Vieles wird auch direkt in den Hotels vermittelt, die auf All-inclusive-Basis operieren. Tel. 42-35-0013

Pueblo La Estrella & Pueblo Las Dunas: Zwischen den Cayos Ensenachos und Santa María sind die Plazas oder Pueblos „La Estrella" und „Las Dunas" Shopping Malls, wo nicht mit Dekoration gespart wurde. Doch Torre de Iznaga, Galeonenbug, Kanonen und Leuchtturm sind blasser Fake – und hübscher wird's auch nicht.

Baños de Elegua

Die Baños de Elegua im Nordwesten Santa Claras sind eines der ätesten Heilbäder Cubas. 1860 erkrankte ein Sklave des Zuckerfabrikanten Don Francisco Elegua an bedrohlichen Hautausschlägen. Von seinem Herrn vertrieben, der seine Sklaven vor Ansteckungen bewahren wollte, kehrte er später als gesunder Mann zurück. Seine Heilung wollte er durch die Mineralquellen erlangt haben, die es in jener Region gibt. Nach dem Bau eines Badehauses eröffnete

Stadt Trinidad, Sancti Spíritus

man 1917 das erste Hotel. Heute werden die Schwefelquellen und Schlammbäder zur Behandlung von Hautirritationen, -krankheiten und Arthrose eingesetzt. Das Quellwasser hat eine Temperatur von fast 50 °C und ist reich an Schwefel, Natrium, Brom, Chlor und Radium. **Hotel Elegua**: vernachlässigte Anlage mit Sanatoriumsflair, Pool, Tennisplätze, Gymnastikräume und Sportoptionen. Für Hotelgäste Gesundheitstherapien bei den naheliegenden Thermalbecken. Corralillo, Tel. 42-68-6292, US$ 58

Sancti Spíritus – Out of the beaten track

Sancti Spíritus ist eine der ältesten Städte Cubas, der der Zuckerboom zu Wachstum und Reichtum verhalf. Noch immer prägen endlose Zuckerrohrfelder, Papierfabriken und Rinderfarmen die Region. Abseits der Autopista Nacional und Eisenbahnlinie Havanna–Santiago de Cuba gelegen, verirren sich kaum Fremde in die Provinzhauptstadt. Und wenn, zieht die Touristenkarawane unvermittelt weiter, um ja keine Zeit auf dem Weg ins eine zähe Fahrtstunde entfernte Trinidad zu verlieren. Trinidad, immer wieder Trinidad! Dabei kann Sancti Spíritus mit reicher Kolonialarchitektur und kulturellem Vermächtnis aufwarten, so dass es sich keineswegs hinter der vermaledeiten Primadonna verstecken muss – nur dass Strand und Meer in Stadtnähe fehlen. Noch muss man auf dem Weg durch Sancti Spíritus die Stadt nicht mit Busladungen anderer Touristen teilen und lernt cubanisches Leben ohne kommerzielle Verfremdung kennen, ohne museale Absperrung, nur mit dem Manko, dass Straßenlärm die Ruhe eintrübt. Zur 500-Jahr-Feier bekam Sancti Spiritus seine historische Bausubstanz aufgefrischt, könnte zum Evergreen werden wie die eleganten Guayaberas, die klassischen cubanischen Herrenhemden, die hier erfunden wurden.

Puente Yayabo: Ein Trago auf der Terrasse der Taberna Yayabo mit Blick auf den Puente Yayabo ist der gelungene Einstieg für einen Rundgang. Cubas älteste (1815) erhaltene Brücke ist die einzige steinerne Bogenbrücke der Insel, ein Wahrzeichen der Stadt, könnte genau so in Toledo oder Old England stehen und mit ihren drei Pfeilern ein Motiv van Goghs sein, wohlwollend das schmutzig-trübe Wasser des Río Yayabo kaschierend.

Parroquía Mayor del Espíritu Santo: Nicht weit vom Puente Yayabo, an der Plaza Honorato, steht Cubas „älteste Kirche". Korrekt ist, dass die Pfarrkirche auf Cubas ältestem Kirchenfundament (1522) ruht, denn sie wurde von Piraten mehrmals zerstört, mit dem gleichen Baumaterial wieder aufgebaut und Turm und Kuppel später hinzugefügt. Ihre blaue Strahlkraft verdankt sie der jüngsten Restauration. 86 Stufen führen hinauf zum Glockenturm mit superber Aussicht. Immer offen ist das Hauptportal *Puerta del Perdon* während der Sonntagsmesse um zehn.

Callejón El Llano ist eine stimmungsvolle, kopfsteingepflasterte Gasse zwischen Puente Yayabo und Plaza Honorato. Museal Interessierte wählen den parallelen Weg (Menéndez), passieren **Teatro Principal** und **Museo de Arte Colonia**, dessen Mobiliar, Bilder und Porzellan aus dem 17. Jh. die Aristokratenresidenz derer zu Iznaga dokumentieren, deren Besitz sich bis ins Valle de los Ingenios erstreckte. Plácido Sur 74, Di.–Sa. 9–17, So. bis 12 Uhr, US$ 3

Plaza Honorato: Der frühere Exekutionsplatz der Kolonialmacht hat sich zum lauschigen Tête-à-Tête gemausert und die **Casa de la Trova** an der Nordwestecke, Eingang in der Ca. Máximo Gómez Sur 26, ist Anlaufstelle lokaler Musikgrößen, die im Patio live aufspielen. Tägl. 9–24 Uhr, Do.–Sa. bis 1 Uhr, US$ 1

Parque Serafín Sánchez: Gut bestückt mit Bänken und Metallstühlen, ist es Sancti Spíritus' zentralster Platz, nur dass er, was ihm an Schatten fehlt, an Straßenlärm zuviel hat. An der Südwestecke wogen am Wochenende die Wellen der Casa de la Cultura (Ca. Solano 11, Programm: Tel. 41-32-3772) bis auf den Platz hinaus.

Fundación de la Naturaleza y El Hombre: Das cubanische Kon-Tiki! 1987 führte eine Expedition vom Quellgebiet des Amazonas in Ecuador in Riesen-Einbaumkanus über mehr als 17.000 Kilometer bis zu den Bahamas, um nachzustellen, wie die indianische Besiedlung der Karibik vonstatten gegangen sein könnte. Außer einem Originalkanu ist eine detaillierte Dokumentation (in Spanisch) zu sehen. Ca. Cruz Pérez 1, Tel. 41-32-8342, Mo.–Fr. 10–17, Sa. bis 12 Uhr, US$ 2

Casa de la Guayabera: In Sancti Spíritus sollen die ersten Guayabera-Hemden genäht worden sein, nicht von einem Designer kreiert, sondern von treusorgenden Ehefrauen, die wollten, dass ihre Männer in Gesellschaft und bei der Arbeit etwas her machen. Dann begann es seinen Siegeszug, wurde von Präsidenten und Literaten getragen und gehört in jeden Kleiderschrank eines gestandenen Cubaners. Von berühmten Männern getragene Guayaberas gibt's zu sehen, maßgeschneiderte können nach zwei Arbeitstagen Wartezeit erworben werden. Ca. San Miguel 60, (nahe Puente Yayabo), Di.–Sa. 10–17 Uhr

Unterkunft

Hotel del Rijo: Kolonialflair, der dank Restaurierung zum Schmuckstück wurde, dazu ein schnuggeliges Restaurant. Von den 16 Zimmern sollte unbedingt eines mit Balkon gewählt werden, denn dann hat man den Logenplatz zur Plaza Honorato. Ca. Honorato del Castillo 12, Tel. 41-32-8588, rperurena@islazulspp.tur.cu, US$ 112/136

Hostal Paraiso: Mitten im Stadtzentrum und *privat* doch im Grünen, dank üppigster Pflanzenpracht im Patio und luftiger Terrasse. Geräumige, gut betreute Zimmer. Ca. Máximo Gómez Sur 11 e/Honorato y Cervantes, Tel. 41-33-4658, US$ 30

Hostal Yayabo: eher bodenständig cubanisch als kolonial. Casa Particular mit Motorrad im Salon und Zimmer in Pink. Für diejenigen, die sich von zum Konsumieren drängenden Wirtsleuten zu arg unter Druck gesetzt fühlen: Hier kann man auch selbst kochen. Ca. Menéndez 109, Tel. 5-353-0070, US$ 30

Hotel Plaza: In der Rubrik klein, aber fein mit Liebe zum Detail eingerichtet, besonders die Bar, in der sich auch Nicht-Trinker wohlfühlen, und Blickhoheit über den Parque Serafín Sánchez. Ca. Independencia Norte 1, Tel. 41-32-7102, US$ 120/135 inkl. Frühstück

Hotel Don Florencio: Ruhig in der Fußgängerzone, mit allem Erforderlichem ausgestattet, sogar Jacuzzis im Patio, bei einem Stadthotel gar nicht so schlecht, unterkühlter Service. Ca. Independencia Sur 63 e/Honorato y Agramonte, Tel. 41-32-8306, US$ 78/98

Restaurants

Mesón de la Plaza: Hauptsächlich Fleischgerichte und cubanische Basics wie *Potaje de garbanzos* (mit Bohnen satt) zu moderaten Preisen an der Nordwestecke des Honorato-Platzes neben der Casa de la Trova. Ca. Máximo Gómez Sur 34. tägl. 12–15, 18–22 Uhr

Taberna Yayabo: Wissend, dass die Terrasse mit Blick zum Puente Yayabo Touristenzustrom garantiert, gibt's Tapas, u.a. Serrano-Schinken und Käse, wie sie in Cuba selten zu bekommen sind, Wein und einen Top-Service. Ca. Jesús Menéndez 106, tägl. 9–23 Uhr

Paladar 19: Ein Name, eine (Rücken-)Nummer, also hierzulande ein Jugador de pelota, und in Ehrerbietung ein privates Restaurant, in dessen unterkühlter und im Patio abgedeckter Atmosphäre eine ordentliche kreolische Küche serviert wird. Ca. Máximo Gómez 9 e/Solano y Honrato de Castillo, tägl. 11–22 Uhr

Restaurante Shanghai: Unregelmäßige Öffnungs-, launige Wartezeiten. Gerichte mit Rind- und Schweinefleisch sind unter chinesischen Namen gelistet. Standardvorspeise: Tunfischhappen in Mayonnaise. Ca. Independencia Sur 2 e/ García y Agramonte, 12–15, 19–22 Uhr

Taberna Don Pepe: Im hübschen Patio werden kühle Getränke und für zwischendurch kleinere Happen serviert. Ca. Plácido 72 (zwischen Honorato-Platz und Yayabo-Brücke), tägl. 9–24 Uhr

Restaurante La Fuente: Das elegante Restaurant im Hotel del Rijo hat eine gute Küche und korrekten Service. Bei kreolischem Überdruss nach dem x-ten Congrí gibt's die Ausflucht in von zu Hause Bekanntes auf der Speisekarte. Ca. Honorato del Castillo 12, 7–23 Uhr

Hin-, Weiterkommen

Das **Busterminal „Provincial"**, Tel. 41-33-4983, befindet sich 2 km östlich vom Stadtzentrum an der Carretera Central. Mit „parque" markierte Pferdekutschen pendeln ab der Kreuzung Av. de los Mártires/ de Castillo zwischen Busterminal und Parque Serafín Sánchez. Víazul-Busse fahren tägl. nach Santa Clara (3mal), Havanna (2mal) und Santiago (4mal). Der Bus nach Trinidad fährt um – „Carpe diem!" – 6 Uhr ab. Der **Bahnhof**, Tel. 41-32-9228, -7914 (Fahrkartenverkauf Mo.–Sa. 7–14 Uhr), liegt im Westen am Ende der Av. Jesús Menéndez mit Zügen nach Santa Clara, Havanna (jeden 2. Morgen) und Ciego de Ávila in den frühen Morgenstunden. Weil Sancti Spíritus 15 km von der Ost-West-Eisenbahnlinie entfernt liegt, muss für Fahrten nach Osten in **Guayos** aus- oder zugestiegen werden. Zum Aussteigen befindet man sich im ersten Eisenbahnwaggon und teilt sich mit Gleichgesinnten bis zur Stadt ein Sammeltaxi. Durch eine Reservierung bekräftigt, kann in Guayos tägl. ca. um 10 Uhr in den Zug nach Santiago de Cuba zugestiegen werden.

Info & Nützliches

Cadeca, Ca. Independencia Sur 31, Mo.–Sa. 9–17 Uhr – **Etecsa**, Ca. Independencia Sur 14, 8–19 Uhr – **Farmacia Especial**, Ca. Independencia Norte 123, Tel. 41-32-4130, 24 Std.

Trinidad – „Once upon a time."

Wie in keiner anderen cubanischen Stadt scheint in der *Ciudad dormida* die Zeit stehen geblieben zu sein. Dennoch ist das Leben nicht mehr das, was es einmal, vor 200 Jahren, war. Es gibt sie nicht mehr, die Equipagen reicher Plantagenbesitzer, die donnernd übers Kopfsteinpflaster rüttelten. Auch nicht ihre beleibten Herren, die schwer atmend in den Polstern der Kutschen hingen, das Gesicht blasiert, die dicke Zigarre zwischen den Fingern. Und schon gar nicht die eleganten, blassen Doñas in Kleidern aus feinster Spitze, mit bodenlangen Roben und raschelndem Taft, die sich von distinguierten Herren beim Aussteigen helfen ließen und mit schnippischem Lächeln ihre Sonnenschirme aufspannten oder, sich Kühlung zufächelnd, im Schatten der Bougainvilleen verschwanden. Stattdessen schaukeln primitive Eselsgespanne langsam durch die Gassen, sitzen ältere, nein, steinalte Damen stundenlang hinter geöffneten Fensterläden im schummrigen Licht und beobachten die langsam verrinnende Zeit. Es ist windstill, und eine bleierne Hitze erfüllt die Luft. Schweißperlen kleben in den Gesichtern der wenigen Trinitarios, die in der Mittagsstunde gemächlich ihren Geschäften nachgehen. Aus der Ferne quietschen die Reifen verrosteter Ladas, Motorräder knattern. Aus einem heruntergekommenen ehemaligen Palast hallt kindliches Gelächter. Drinnen sitzen junge Mädchen in weißroten Uniformen. Das einst vornehme Haus ist jetzt die Primarschule der Stadt.

Lange Zeit lebte die drittälteste Stadtgründung Cubas (1514) mehr schlecht als recht von Schmuggel und spärlichen Goldfunden. Doch im 18. Jh. stiegen Trinidad und das Valle de los Ingenios unaufhaltsam zum boomenden Zuckerlieferanten auf. Die Stadt wurde Zentrum des Sklavenhandels. Anfang des 19. Jh. produzierten die 83 Mühlen des Tals jährlich über 90.000 t Zucker. Aus jener Zeit stammt der koloniale Stadtkern mit seinen noblen Herrenhäusern. Der Niedergang erfolgte in Etappen. Zuerst waren es Zuckerabsatz- und -Preiskrisen, es folgten Zerstörungen der Unabhängigkeitskriege, dann die Aufhebung der Sklaverei, während die globale Nachfrage für Zucker versiegte, und schließlich gaben das Aufblühen von Cienfuegos Hafen und neue Verkehrswege, die am unwegsam am Fuße der Sierra del Escambray gelegenen Städtchen vorbeiführten, Trinidad den Rest. Es versank in der Bedeutungslosigkeit, hinzu kam das Vergessen. 1988 wurde Trinidad von der Unesco dem Weltkulturerbe zugeordnet und im Zeitalter des Tourismus wiederentdeckt – als Schmuckstück Cubas gefeiert, weil „keine andere Stadt so eindringlich die spanische Kolonialzeit widerspiegelt". Tag für Tag stolzieren zig Busladungen fotografierhungriger Touristen in Rudeln durch die mit Kopfsteinpflaster bedeckten Gassen und nur die unabschüttelbar dem Tross folgenden, ebenfalls zahlreich vertretenen bettelnden Tinitarios scheinen den musealen Frieden zu stören.

Trotz intensiver Restaurierung, die um die Plaza Mayor entlang der Ca. Bolívar ihren Anfang nahm, gibt's auch in Trinidad mehr verfallende Häuser als intakte. Architektonisch Versierte, die in Havanna bereits die *Vitrales*, bunte, holz- oder metallgefasste rundbogige Glasfenster bestaunten, werden in Trinidad eine weitere cubanische Besonderheit entdecken: die *Rejas*. Das sind prächtige Gitter vor hohen Fenstern und Türen, die zuerst aus gedrechseltem Holz, später aus Eisen waren und sich in verschnörkelten Verzierungen gegenseitig übertreffen.

Plaza Mayor: Der schönste Teil Trinidads ist das Quartier um die Plaza Mayor, den einst die „ersten" Familien der Stadt bewohnten. Der umzäunte Platz mit pittoresken Statu-

Stein Straße in Trinidad

en, Laternen, Bronzewindhunden, Königspalmen und seiner relaxten Stimmung ist ideal, um den *Casco Histórico* (Altstadt) zu überblicken.

Iglesia Parroquial de la Santísima Trinidad: Trotz unscheinbarer Fassade und fehlendem Turm dominiert die Pfarrkirche die erhöhte Nordseite der Pl. Mayor. Interessanter als das Bauwerk sind Geschichten, die sich um einige Devotionalien ranken – so der *Jesús de Veravcruz*, der, für Mexiko bestimmt, auf rauer See immer wieder kehrt machte, bis er schließlich auf dem linken Altar der Santísima Trinidad blieb, oder die leeren Nischen am Altar der Jungfrau der Barmherzigkeit, die seit Jahrhunderten auf die für sie bestimmten italienischen Figuren warten, die bis heute eingetroffen sind. Mo.–Sa. 11–12.30 Uhr, abends und Sonntagmorgen Messe

Museo de Arquitectura Colonial: Seit die Erben der Sánchez-Iznaga-Dynastie das Anwesen rechts der Pl. Mayor versilbert haben, informiert ein Museum über die aristokratische Bauweise und ist mit seinem Säulengang und trotz gekapptem Mangoriesen hübschem Patio selbst ein Musterbeispiel für Trinidads Architektur des 18. Jh. Sa.–Do. 9–17 Uhr, US$ 2

Museo Romántico: Als Glanzstück unter den in Herrenhäusern untergebrachten Museen gilt die ehemalige Residenz des Zuckerbarons Brunet an der Westseite der Kirche. Zur luxuriösen Wohnkultur gehörten kostbares Mobiliar, Meißner Porzellan, Fayencen, Kristallüster und -gläser aus Böhmen. Beachtenswert sind ein Wiener Sekretär, Emaileinlagen mit mythologischen Szenen, Marmorbadewanne, Wasserfilter aus Kalkstein und Spucknäpfe, wie sie von den Herrschaften bei Tisch verwendet wurden. Di.–So. 9–17 Uhr, US$ 3

Museo de Arquelogía: An der Westseite der Pl. Mayor beherbergt das Gebäude mit dem umlaufenden Balkon, in dem Alexander von Humboldt 1801 logierte, ein Sammelsurium aus Scherben, Naturgeschichtlichem sowie indianischen Artefakten. Sa.–Do. 9–17 Uhr, US$ 1

Convento de San Francisco de Asis: Von der Nordwestecke der Pl. Mayor sind es nur wenige Schritte bis zum ehemaligen Franziskanerkonvent von Trinidad. Der malerische ockergelbe, vierstöckige Glockenturm des Klosters, das 1892 aufgelöst wurde, ist das meistfotografierte Bauwerk Trinidads. In die Gebäude zog das **Museo Nacional de la Lucha Contra Bandidos** ein, das den Kampf gegen konterrevolutionäre Banden in der Sierra del Escambray in den 1960er Jahren dokumentiert und auch ein abgeschossenes U2-Spionageflugzeug zeigt. Den Aufstieg zur Spitze des Glockenturms belohnt ein fantastischer Rundblick über die Dächer von Trinidad, die Ausläufer der Sierra del Escambray und aufs Meer am südlichen Horizont. Ca. Echerri 59 c/Piro Guinart, Di.–So. 9–17 Uhr, US$ 3

Museo Histórico Municipal: 100 m südwestlich der Pl. Mayor hat das Stadtmuseum die Räume des Anwesens der Borrell-Familie bezogen und illustriert deren standesgemäßen Luxus und die Geschichte der Stadt und feudalen Oberschicht (auch unter *Casa Cantero* geläufig, weil im 19. Jh. hier ein Pflanzer namens Dr. Justo Cantero mit Gift und Talent für Geschäft und Profit sein Unwesen trieb). Viele Exponate bedürfen einer Auffrischung, doch der Aufstieg über die Wendeltreppe zum Panorama über Trinidad entschädigt einiges. Ca. Bolívar c/Peña, 423, So.–Fr. 9–17 Uhr, US$ 2

Maqueta de la Ciudad de Trinidad: Trinidad als Miniaturstadt, wie sie jeden Modellbauer begeistert! Auf einer Fläche von 6 x 4 Metern wurde detailgetreu zur 500-Jahr-Feier der Stadt im Maßstab von 1:200 ein Mini-Trinidad kreiert mit Straßenlaternen, Bäumen und Kutschen. Ca. Colón c/Maceo, Mo.–Sa. 9–17, So. bis 13 Uhr, US$ 1

Ermita de Nuestra Señora de la Candelaria de la Popa: Geht man von der Pl. Mayor auf der Ca. Bolívar hügelaufwärts bis zu deren Ende, gelangt man zur zerstörten Einsiedelei, deren historisches Ambiente sich das Boutique-Hotel Pansea Trinidad integrierte, und populärsten Platz vor Ort, um einen fulminanten Sonnenuntergang zu beobachten, wenn sie über Trinidads Dächern, den Escambray-Hügeln und Meer im kräftigen Orange verglüht. Ein 30-minütiger Spaziergang weiter den Berg hinauf führt zum **Cerro de la Vigía** mit Blick über die gesamte Region.

Casa Templo de Santería Yemayá: Der bewohnte Santería-Tempel ist Yemayá, der Göttin des Meeres, gewidmet, die als weißgekleidete, schwarze Puppe präsent und mit Fischen und Opfergaben dekoriert ist. Babalaos führen Besucher gern in die Regla de Ocha ein und offerieren eine *Consulta*, die man, wissend, dass sie weder Zukunft noch Dasein ändert, eingehen kann. Der 19. März ist Yemayás (Geburtstag?) Ehrentag, der mit ekstatischen Zeremonien begangen wird. Ca. Rubén Martínez Villena 59 e/Simón Bolívar y Piro Guinart (wie fast alle Cubaner haben auch Santeros ihre Necesidades)

Galería de Arte Benito Ortíz: In den früheren Herrensitz derer zu Ortíz an der Südostecke der Pl. Mayor ist eine Galerie mit erstaunlichen Werken regionaler Kunst(handwerks) eingezogen, die auch verkauft werden (Mo.–Sa. 9–17 Uhr). Wem die angebotene Stickerei, Keramik und Schmuck zu teuer sind, besucht die *Casa del Alfarero* in der Ca. Andrés Berro 51, e/ Pepito Tey y Santamaría, wo Mo.–Fr. 8–12, 14–17 Uhr bei der Arbeit an traditionellen Töpferscheiben zugeschaut und gekauft werden kann.

Unterkunft

Trinidad bietet eine überbordende Auswahl an Casas Particulares. Die Optionen in der Umgebung des Busterminals sind für Neuankömmlinge gut für eine Nacht, doch für den längeren Aufenthalt ungeeignet, denn hier befindet man sich im „Ugly part of town". Wer immer bei der Ankunft wegen einer Unterkunft angesprochen wird, und das wird man unweigerlich, sollte sich vergewissern! ob es sich beim Gegenüber um den Be-

sitzer oder nur um einen Schlepper handelt, um eine lästige Comisión zu vermeiden:

Casa José & Fátima: Vier Gästezimmer, die schlicht sind, aber sehr gut betreut werden. Dazu gibt's eine relaxte Aatmosphäre und einen kleinen Hund als Hausmeister. Ca. Zerquera 159 e/Frank País y Pettersen, Tel. 41-99-6682, hostaljosey-fatima@gmail.com, US$ 40

Casa El Suizo: Das Schweizerhaus bietet 10 Gehminuten südwestlich vom Casco Histórico und Touristenstrom fünf riesige, top-ausgestattete, allerdings teure Zimmer mit eigener Terrasse und bei Heimweh: Man spricht Deutsch. Ca. P. Pichs Girón 22, Tel. 5-377-2812, US$ 50

Casa Laura & Ruben: Alte Bausubstanz wurde von den Besitzern aus der Architektenzunft modernisiert. Die Farbe blau zieht sich durchs ganze Gebäude und schafft von Himmel über Meer bis zum Fensterrahmen eine visuelle Einheit. Das etwas besondere Koloniale! Ca. C. Redondo 279 e/Márquez y Rivas, Tel. 41-99-65337, US$ 40

Hostal Colina: Alt und geräumig, verbreitet das Haus Gutsherrenatmosphäre, hat drei große Zimmer in Gelb und einen üppig bepflanzten Patio, in dem es zwischen Mangos und Avocados heftig zwitschert. Ca. A. Maceo 374 e/General Lino Pèrez y Colón, Tel. 41-99-2319, US$ 35

Hostal Lili: Die Gästezimmer sind als privater Rückzugsort eher bescheiden, doch das Haus mit seinen Salons, ja Sälen und Terrassen ist in seiner historischen Authentizität grandios. Ca. Márquez 108 e/Redondo y Sánchez, Tel. 41-99-4444, US$ 40

Hotel La Ronda: Standesgemäße Absteige, ohne die exorbitanten Kosten und Spleen des Luxusliners Iberostar Grand Hotel am Ort auf sich nehmen zu müssen. Dazu mit gerade mal 17 Zimmern eine vertraute Atmosphäre, nur sollte eine fensterlose „Innenkabine" zum Patio ausgeschlagen werden. Ca. Martí 242 e/Pérez y Colón, Tel. 41-99-8538, US$ 120/145

Restaurants, Essen

Paladar Sol y Son: populärer, uriger Paladar mit schönem Patio zum Dinieren und korrektem Service. Ca. Bolívar 283 e/Frank País y Martí, Tel. 41-99-2926, tägl. 12–15, 18–23 Uhr

Paladar Estela: Vor dem meistempfohlenen Paladar im Ort kommt's schon mal zu Warteschlangen. Man speist im Salón oder Garten. Ca. Bolívar 557 e/Márquez y Mendo-

za (oberhalb der Pl. Mayor), Tel. 41-99-4329, tägl. 16–23 Uhr, etwas günstiger als das Sol y Son

Trinidad Colonial: Gut zubereitete Cocina criolla in der eleganten 19.-Jh.-Villa „Bidegaray", trotz des noblen Ambientes sind die Preise moderat, wobei man für die Meeresfrüchteplatte *Mixto Tesoro al Mar* über US$ 25 berappen muss. Ca. Maceo 402 c/Colón, tägl. 12–22 Uhr

Restaurante El Jigüe: Vorrangig vom Huhn und Schwein, die Hausspezialität ist *Pollo al Jigüe*, bei dem das in einer Kasserolle gebackene entbeinte Huhn nicht an, sondern unter Spaghetti und gegrilltem Käse serviert wird. Ca. Martínez Villena 69 c/Piro Guinart, tägl. 12–22 Uhr

Plaza Mayor: Zwischen Überfluss und „Se acabó!" zur Mittagszeit, wenn das große Buffet und der Run auf eben dieses zum rechtzeitigen Erscheinen ermahnen, abends gesitteter bei à la carte, wenn in Trinidads bestem staatlichen Restaurant ordentlich zubereitete Speisen aufgetischt werden. Ca. Martínez Villena 15 c/Zerquera, tägl. 12–22 Uhr

Sol Ananda: Vielgelobt ein Ort, der mehr Museum denn Restaurant zu sein scheint, an dem Gäste ob ihrer kreisenden Blicke das Essen vergessen können. Die Küche ist nicht altbacken, sondern ein Crossover aus cubanischer, spanischer und asiatischer Kost, vegetarisch gibt's auch, alles zu seinem Preis! Ca. Martínez Villena 45 c/Bolívar, tägl. 11–23 Uhr

Musik & Shows

Casa de la Trova: Los ritmos cubanos lassen die Casa de la Trova vibrieren. Am Wochenende, wenn exzellente Musiker mittags und abends aufspielen, wird die Casa zum lebhaften Treffpunkt Trinidads – just to have a good time, tanzend zu den schweißtreibenden Rhythmen oder nur zuhörend mit einem Mojito oder Cuba Libre. Ca. Echerri 29 c/Menéndez (2 Häuserblöcke südwestlich der Pl. Mayor), 10–2 Uhr, Abendprogramm ab 21 Uhr US$ 1

Palenque de los Congos Reales: Wann immer die durchs Quartier hallenden, rasanten Trommelschläge zu hören sind, sollte man den *Conjunto Folclórico de Trinidad* (nur wenige Schritte von der Trova entfernt hinter einer unscheinbaren Mauer) aufsuchen. Hier probt eine hervorragende schwarze Santeros-Gruppe Tänze der Yoruba und Congo. Tagsüber Son und Salsa, abends Rumba-Show (US$ 1). Ca. Echerri c/Menéndez, 10–24 Uhr

Casa de la Música: Mit der Freitreppe vor der Parroquia ist ein touristisch dominiertes Auditorium garantiert. Ca. Echerri, 10–24 Uhr, Salsa-Show um 22 Uhr US$ 2

Taberna La Canchácharra: Allnächtlicher Touristenspot mit lokalen Musikern, spontanen Jam-Sessions und Canchácharra-Cocktail (Rum, Honig, Limonensaft, Wasser). Ca. Martínez Villena c/Ciro Redondo (beim Convento de San Francisco de Asis), 10–24 Uhr (informell)

Hin-, Rum-, Weiterkommen

Vom **Busterminal** in der Ca. Piro Guinart 224 c/Gustavo Izquierdo, fahren Provinzbusse nach Cienfuegos (jeden 2. Tag), Sancti Spíritus (6mal tägl.) und Topes de Collantes (2mal tägl.). Tickets werden am „Taquilla-Campo"-Schalter neben dem Eingang verkauft. Das Büro von **Víazul** für Fernstrecken befindet sich im hinteren Teil des Terminals (Tel. 41-99-4448, tägl. 8.30–16 Uhr) und bietet Verbindungen nach Havanna, Varadero (Umsteigen in Jagüey Grande), Cienfuegos, Sancti Spíritus, Camagüey und Santiago. Busse nach Santa Clara sind oft überbucht, unbedingt für diese Strecke frühzeitig reservieren! Der *Aeropuerto Alberto Delgado*, 1 km südlich von Trinidad (Abzweigung von der Straße nach Casilda), ist für Touristen nur bei organisierten Charterflügen wie Aerotaxi (Havanna, Varadero, Cayo Coco) und Aerocaribbean interessant.

Von der *Estación de Toro*, Tel. 41-99-3348, am Südende der Ca. Lino Pérez fährt der Touristenzug **Tren de Vapor** mit der historischen Dampflokomotive No 52204 der Baldwin Locomotive Company um 9.30 Uhr ins **Valle de los Ingenios** (Stop u.a.: Manaca Iznaga, Guachinango, zurück um 14.30 Uhr, Tickets bei Cubanacán, Cubatur).

Vor dem Büro von Cubanacán, Ca. Maceo 447 c/Zerquera, fährt auf einem Rundkurs (u.v.a. Haltestelle an der Plaza Santa Ana) bei beliebigem Zu-/Ausstieg 4mal täglich ein Minibus resp. „Trinibus" der *TrinidadBusTour* über La Boca zur **Playa Ancón** (Tagesticket US$ 5).

Info & Nützliches

Cadeca, Ca. Maceo e/Cienfuegos y Pérez, Mo.–Sa. 8.30–17, So. bis 12 Uhr – **Etecsa**, Ca. Feneral Lino Pérez 274 c/ Pettersen, 8.30–19 Uhr – **Farmacia Internacional**, Ca. Lino Pérez 103 e/ Zerquera y Cárdenas, 8–20 Uhr

Playa Ancón

7 km südlich Trinidads beginnt die Landzunge der Península de Ancón mit der malerischen Bucht von Casilda und an ihrer Südseite der Playa Ancón, einem über 4 km langen, puderfeinen karibischen Traumstrand, der mit Ausnahme einiger Hotels und Cabañas noch nicht zubetoniert wurde und oft als bester Sandstrand der Südküste Cubas gepriesen wird. Am schönsten ist er, wenn sich frühmorgens am Horizont die Sonne über dem Karibischen Meer erhebt. Ohne die Brillanz von Varadero, bezieht die Playa Ancón ihre Strahlkraft durch die Nähe zum kolonialen Kleinod Trinidad, das gerade mal 12 Kilometer nördlich liegt und dessen Stadtstrand sie ist – so wie Trinidad profitiert, indem es Urlaub in der Stadt mit dem Sprung ins Meer offerieren kann.

Weiter reicht die Strahlkraft jedoch nicht. Das kleine Fischerdorf La Boca an der Mündung des Río Guaurabo blieb, wenn nicht vergessen, so doch verschmäht, hat einen bescheidenen Kieselstrand, einige Casas Particulares, die auch nicht günstiger als in Trinidad sind,

und ist die Domäne der ansässigen oder urlaubenden Cubaner. Und noch weniger reicht der Glanz ins in die Jahre gekommene Fischerdorf Casilda. Wem ist's schon, noch in Träumen von der Zuckerbonanza Trinidads schwelgend, nach Scherzen mit einheimischen Fischern im ländlichen Dialekt zumute? **Marina Trinidad**: Spezialisiert auf Segeltörns und Hochseefischen, werden die Katamaranfahrt in den Sonnenuntergang und Ganztagstouren zum Schnorcheln am Cayo Iguana von Gästen gelobt. Alle Resorts der Halbinsel und Cubatur in Trinidad bieten Schnorchelsafaris (US$ 35 inkl. Mittagessen) und Ausfahrten an. Der Yachthafen befindet sich einige Schritte nördlich des Hotels Club Amigo Ancón, Tel. 41-99-6205, 8–17 Uhr

Cayo Blanco Dive Center: Nur wenige hundert Meter vor der Küste ist ein Korallenriff der nächste Schnorchel- und Tauchplatz. Das Tauchzentrum bietet das übliche Komplett- und Kursprogramm, Versierte zieht es zum Cayo Blanco, eine 20 km von Playa Ancón entfernte Koralleninsel, um die sich 22 deklarierte Tauchplätze mit schroffen Wänden aus schwarzen Korallen, Tunneln und Höhlen scharen. Im Hotel Club Amigo Ancón, Tel. 41-99-6129

Valle de los Ingenios – „Im tiefen Tal der Zuckermühlen"

Dutzende Zuckermühlen, intakt oder – weil in den Unabhängigkeitskriegen zerstört oder zu Beginn des 20. Jh. stillgelegt, als die Zuckerproduktion sich in die Provinzen Matanzas und Cienfuegos verlagerte – als Ruinen, ehemalige Herren- und Lagerhäuser sind übers reizvolle Valle de los Ingenios verteilt, das 8 km östlich von Trinidad beginnt. Das imposanteste Panorama des *Tals der Zuckermühlen* bietet sich vom **Mirador de La Loma del Puerto**, einem Aussichtspunkt (192 m) nach 6 km an der Straße nach Sancti Spíritus. **San Isidro de los Destiladores**: San Isidro ist eine der ältesten Zuckermühlen im Tal und war nach 1890 mit Einstellung der Produktion dem Verfall preisgegeben. Was man heute sieht, ist das Werk der Restauratoren, die fast aus dem Nichts das Hauptgebäude, einen dreistöckigen Glockenturm, Sklavendomizile und Zisternen recycelten oder erschufen und die Hacienda öffentlich zugänglich machten. San Isidro erreicht man, indem man an der Straße Trinidad–Sancti Spíritus 6 km nach der Loma del Puerto rechts abbiegt und weitere

2 km auf einer Holperpiste zurücklegt. 9–17 Uhr, US$ 1 inkl. Führung

Manaca Iznaga: Die Hauptattraktion des Tals! Die früher riesige Zuckerrohrplantage und ihr besteigbarer, 7-stöckiger **Torre de Iznaga** – heute ein Mahnmal der jahrhundertelangen Sklavenhaltergesellschaft Cubas. Von der Spitze des 44 m hohen Turms bietet sich ein fantastischer Ausblick. Er wurde 1820 errichtet und diente wie viele andere zur Überwachung der Plantagen und Sklaven, da man nicht nur Arbeitsverweigerung, sondern ständig Sklavenaufstände wie in Haiti befürchtete. Die einst an der Spitze hängenden Glocken riefen die Sklaven zur Arbeit. Das sehenswerte Herrenhaus im Hacienda-Stil bietet eine Ausstellung zur Zuckerproduktion, Relikte wie Folterinstrumente und Fußeisen sowie ein Rumbos-Restaurant (Mittagessen 12–14 Uhr). Aus Miguel Barnets ethnologischer Studie „Biografía de un Cimarrón" über entflohene Sklaven in Cuba: „Die Glocke der Plantage war am Ausgang und wurde vom Aufseher geläutet. Um vier Uhr dreißig morgens läutete er das *Ave-María*. *Dann* mussten wir sofort aufstehen. Um sechs läuteten sie erneut, diesmal eine andere Glocke. Diese sagte uns, dass wir augenblicklich auf dem Platz vor der Baracke anzutreten und uns schweigend in Reih' und Glied aufzustellen hätten, die Männer auf der einen und die Frauen auf der anderen Seite. Danach arbeiteten wir auf dem Feld. Um elf erlaubten sie uns, eine Pause zu machen, und gaben uns etwas Dörrfleisch, gekochtes Gemüse und Brot zu essen. Wir arbeiteten weiter und redeten nichts, als wären wir stumm. Wir arbeiteten während der größten Hitze, mit schweißverklebten Hemden ohne Pause bis Sonnenuntergang. Während der Dämmerung hatten wir das Abendgebet zu sprechen. Um acht Uhr dreißig läuteten sie schließlich für diesen Tag zum letzten Mal zum Schlafengehen. Das hieß das große Schweigen ..."

Crta. Trinidad–Sancti Spíritus km 16, 9–17 Uhr, US$ 3

Casa Guachinango: Biegt man nach der zweiten Brücke hinter Manaca Iznaga rechts auf die geteerte, landeinwärts gerichtete Straße ein, kommt man nach 3 km zur direkt oberhalb des Río Ay gelegenen, früheren Hacienda von Don Mariano Borrell (Ende des 18. Jh.). Ihr Salon wird als Speisesaal für Reisegruppen verwendet, draußen Ausritte angeboten. 10–17 Uhr

Sitio Guáimara: Protzige Arkaden, Feudalambiente und Italo-Fresken gibt's im früheren Landsitz Don Borrells, eine antiquierte Traipiche dient(e) als Zuckerpresse, das Restaurant gehört zur *primera categoría*. 7 km östlich von der Iznaga-Abzweigung sind es 2 km Richtung Süden, 9–19 Uhr, US$ 1

Topes de Collantes

Von der Straße Trinidad–Cienfuegos zweigt nach 5 km eine steile Serpentinenstraße ab hinauf in die Berge der Sierra del Escambray. Nach weiteren 15 km erreicht man inmitten von Eukalyptus- und Pinienwäldern zwischen 750 und 870 m ü.M. den Höhen- und Luftkurort Topes de Collantes, Zentrum des gleichnamigen Naturparks, dessen dichter Wald von Lianen, Farnen, Schlingpflanzen und Flechten durchdrungen ist. Ein stattliches Wegenetz, so gut wie in keiner anderen Region Cubas, bietet ein herrliches Naturerlebnis, jedoch keine gepflegten, gut beschilderten Wanderwege. Es gibt Einschränkungen für Pioniere und Abenteurer, die ohne Begleitung herumstreifen wollen, was ohne Ortskenntnis auch wenig Sinn macht. Einige Routen können solo angetreten werden. Festes Schuhwerk ist notwendig, in der Regenzeit sind die Wege glitschig, selbst wenn die Sonne längst den Schauer abgelöst hat. Bus- und kollektive Anreiseoptionen sind dürftig, viele Zugänge zu den einzelnen Wanderrouten voneinander entfernt, was einen Mietwagen erfordert.

Valle de los Ingenios

Topes de Collantes

Die populärste Wanderung führt in 3 km zum **Salto del Caburní**, ein idyllisch gelegener, 62 Meter hoher, felsiger Wasserfall mit erfrischender, für cubanische Verhältnisse kühler Badestelle. Deshalb bringt man Badekleidung mit. Die mittelschwere, teils steile Wanderung (knapp 500 Höhenmeter und einige Kraxelstiegen sind zu bewältigfen) ist in knapp drei Stunden zu absolvieren. Weitere Wanderwege führen durch üppige Vegetation nach *La Batata*, einer Höhle mit unterirdischem Fluss (Bademöglichkeit), zum *Salto de Vegas Grandes* (Fortsetzung der Wanderung zum Salto del Caburní möglich) und zur *Hacienda Codina*, wo wilde Orchideen, riesige Farne und Bambusgärten wuchern.

Das Informationsbüro **Carpeta Central** bzw. **Centro de Visitantes** befindet sich unterhalb der Hotelanlage in der Nähe der Sonnenuhr und ist der Ort, um Infos, Karten und Führer für die Routen zu bekommen. Tel. 42-54-0117, tägl. 8–17 Uhr. Der Gran Parque Natural Topes de Collantes gliedert sich in verschiedene Zonen, bei deren Zutritt jeweils an der Mautstelle die Eintrittsgebühr zu entrichten ist. Den abschreckensten Eindruck erzeugt ein Monstrum aus grauem Beton, dessen Errichtung auf Diktator Batista zurückgeht und als Tuberkulose-Sanatorium geplant war. Nach vielen Unterbrüchen und Brache wurde es 1989 als Wellness- und **Kurhotel Escambray** eröffnet, dessen Sauna, Massagen, Thalasso, Thermal- und Dampfbäder eine von Gaviota verwaltete, cubanische Angelegenheit sind. Gaviota Hoteles (Tel. 42-54-0330, www.gaviotahotels.com) bietet zudem auf ausländische Gäste ausgerichtete Unterkünfte an:

Hotel Los Helechos: mit der Ausstrahlung einer Krankenkassenverwaltung und Kantinen-Feeling, aber mit Sauna und Thermalbad, für US$ 55 inkl. Frühstück die günstigere Bleibe

Villa Caburní: 29 kleine Häuschen im Park nahe dem Centro de Visitantes und Kühlschrank im Zimmer, US$ 60 inkl. Frühstück

Ciego de Ávila

Die Ebenen der Provinz Ciego de Ávila sind Cubas Obstgarten. Hier wachsen Zitrusfrüchte, Bananen, am prachtvollsten gedeihen die Ananashaine der Empresa Piña mit der zuckersüßen Sorte *Española Roja*. Die gleichnamige industriegeprägte Provinzhauptstadt bietet kaum touristischen Sehenswürdigkeiten, doch seitdem die Cayos Coco und Guillermo vor der Nordküste der Provinz Ziel von sonnenhungrigen Pauschaltouristen sind, hat der *Aeropuerto Máximo Gómez* von Ciego de Ávila an Bedeutung gewonnen. Die Stadt ist hübscher geworden, mit einem neuen Parque de la Ciudad mit künstlichem See, einem Fußgängerboulevard und frisch gestrichenen Arkaden, die ganze Straßenfluchten säumen. Wer spätabends noch keine Transfermöglichkeit zu den Inseln hat, kann im passablen Hotel Sevilla, Ca. Independencia Oeste 57 c/Maceo, Tel. 33-22-5606, an der Südwestecke des Parque Martí im Stadtzentrum unterkommen (einige Zimmer haben einen Balkon zum Park, mit Restaurant-Bar auf der Dachterrasse, US$ 48) und die verbleibende Zeit zum Bummel über den vom Rathaus und Teatro Principal eingerahmten Parque Martí nutzen, um en passant die provinziell gelassene Stimmung der Stadt einzufangen.

Morón – Wo der Hahn kräht

Das verträumte Campesino-Städtchen Morón, 39 km nördlich von Ciego de Ávila, ist für viele Zwischenstation auf dem Weg zum Cayo Coco. Andererseits ist sie als nächstgelegene Stadt der Touristendestinationen Cayo Coco und Cayo Guillermo Ziel für Badegäste, die der Resortwelt für einen Tag entfliehen wollen, um etwas vom ursprünglichen Cuba zu sehen. Auf der Einfallstraße von Ciego de Ávila kommend, stößt man unweigerlich am ertsten Kreisverkehr auf den **Gallo de Morón**, ein Hahn, 3 m hoch und in Bronze, der jeden Tag um 6 Uhr kräht, morgens und abends, per Lautsprecher und in Richtung Ciego de Ávila, mahnend, dass endlich die Gelder für die Renovierung des Bahnhofs in der Provinzhauptstadt bewilligt werden. Bis dahin nagt an der Estación Central aus dem Jahr 1923 und ihren Buntglasfenstern in der Decke weiter der Zahn der Zeit.

Laguna La Redonda: 12 km nördlich von Morón ist die Süßwasserlagune für ihre Schwärme von Forellen und Barschen bekannt. Das *Centro Internacional de Caza y Pesca* (kurz: *La Casona*) organisiert Bootsexkursionen für Sportfischer und Wassersportler, was in den

Hotels auf Cayo Coco (teurer) auch gebucht werden kann.

El Pueblo Holandés, 5 km nödlich von La Redonda, ist ein kleines Dorf mit 49 ziegelgedeckten Häusern mit Giebeln aus Fachwerk im holländischen Baustil und der Finca El Viejón de las Canteras, wo Pferde gemietet werden können.

Central Azucarero Patria o Muerte: Etwa 3 km südöstlich von Morón wurde in der früheren Zuckermühle Patria ein Museum eingerichtet, in dem die Zuckerproduktion von der Hacienden-Bewirtschaftung mit Sklaven bis zur Stilllegung der Fabrik im Industriezeitalter von Führern erklärt wird. Auf dem Gelände stehen zwei gut erhaltene Baldwin-Dampfloks von 1920, eine Rundfahrt im offenen Eisenbahnwaggons fährt 5 km durch Zuckerrohrfelder bis Rancho Palma, in dessen Restaurant-Bar es frisch gepressten Guarapo gibt. Ctra. del Poblado del Patria, tägl. 8–17 Uhr, US$ 3, Museumsbahn extra US$ 5

Gebäude in Morón

Cayo Coco & Cayo Guillermo – Gefährdete Königsgärten

Vom Pueblo Holandés führt ein 27 km langer Damm zum Cayo Coco, von dort zwei weitere zu den kleineren *Cayos Guillermo* im Westen und *Romano* im Osten. Gäste, die in einer Touristikenklave Urlaub all inclusive mit lässigen Badefreuden genießen wollen, finden eine tropisch-exotische Postkartenidylle vor, in der zwischen lichter werdenden Kokoswäldern grandiose Strände warten, die mit puderfeinem, weißem Sand und einem tiefblauen Meer locken. Allenfalls der Lärm der Bulldozer und Baukrane mag stören, denn die touristische Erschließung hat auf Cayo Coco und Cayo Guillermo noch kein Ende gefunden. Flamingos und Pelikane ziehen sich weiter in die südlichen Mangrovenwälder zurück, während deren Artgenossen der Spezies plástica sich als Dekoration von Hotelanlagen verbreiten. Die natürliche Zirkulation des Meerwassers ist durch den Damm gestoppt, das seichte Wasser der Ostseite von der Nährstoffzufuhr abgeschnitten. Immer wieder versuchen Delfine vergeblich von einer Seite auf die andere zu kommen. Cayo Coco, die *Ibisinsel* (*coco* ist eine endemische Ibisart), ist die größte Insel des Archipels *Los Jardines del Rey*, Gärten des Königs, vor der Atlantikküste Mittel-Cubas. Ob spleenige Residenz der Bonanza oder Luftwaffenstützpunkt, die Jardines del Rey haben seit eh und je einen Sonderstatus, das hat die *Conquista turística* nicht geändert. Die Zufahrt zu Cayo Coco ist an der Landseite des Pedraplén (Damm) durch eine Mautstation mit Pass- und Visakontrolle geregelt. Authentische cubanisches Kultur gibt's auf den Inseln nicht. Alles, was nicht direkt mit Strand und Meer zu tun hat, ist touristischer Firlefanz, soll die Monotonie des Strandlebens zerstreuen und ein finanzielles Surplus generieren wie der **Sitio La Güira** mitten auf Cayo Coco, ein museales Köhlerdorf, das cubanisches Landleben von anno dazumal zum Besten gibt und dessen Bohíos, auf alt getrimmte, strohgedeckte Hütten als Quartier bezogen werden können. Mit eigenem Bad und Klimaanlage sind sie die Unterkunft (US$ 30) für motorisierte Backpacker.

Zeitloser und „natürlicher" ist der **Parque Natural El Bagá** ganz in der Nähe, der, thematisch konzipiert, die komplexe Flora und Fauna Cubas vereint und auf Wanderwegen und hoch zu Ross besucht werden kann. Wen die Vorträge zum namensgebenden Bagá-Baum und der heilenden Wirkungskraft seiner Frucht langweilen, erfreut sich an der kitschigen Indianershow im nachgebastelten Taíno-Dorf. Den größten Showeffekt erzielt das **Delfinaro** auf Cayo Guillermo, dessen abgerichtete Delfine außer für den Wasserzirkus zum Schmuseplantschen zur Verfügung zu schwimmen haben.

Playa Pilar: Der Name verrät's. Die Playa Pilar am Westzipfel von Cayo Guillermo war Ernest Hemingways Lieblingsstrand und Ankerplatz fürs Hochseefischen. Trotz *Islands in the Stream* im Gepäck ist's dank der Iberostar-Klötze mit der Nostalgie vorbei. Ähnliches wird beim alten **Faro Diego Velázquez** (1859) im Osten auf Cayo Paredón Grande passieren. Auf den Spuren von „Papa" dem Schwertfisch hinterher ermöglicht: *Marina Marlin Cayo Guillermo*, nach der Ankunft auf Cayo Guillermo rechts, Tel. 33-30-1515, www.nauticamarlin.com

Centro de Buceo Blue Diving: Ein endloses, mächtig in die Tiefe reichendes Korallenriff hat die Tauchgründe vor Cayo Coco mit knapp 60 Tauchplätzen berühmt gemacht. Zugang zum Aquarium inlimited bietet das Tauchzentrum des Pullman Cayo Coco: Tel. 33-30-8179

Unterkunft

wählt man in Reisebüros oder Online-Portalen nach Zeitraum, Verfügbarkeit und Sonderangeboten

Hin-, Rumkommen

Bei der Zufahrt über den Pedraplén sind an der Mautstelle US$ 2 für die einfache Strecke fällig. Auf den Cayos Coco und Guillermo gibt es Transtur-Busse, die die Route in Ost-West-Richtung und zurück mehrmals täglich abfahren. Zu- und Ausstieg beliebig, Tageskarte US$ 5

Die „Gärten der Königin "

Der im Karibischen Meer gelegene **Archipiélago de los Jardines de la Reina**, *Gärten der Königin,* benannt nach der heimischen Königinnenkoralle, besteht aus ca. 250 kleinen Inseln mit einem langgestreckten Saumriff im Südwesten. Nur wenige Fischer lassen sich überreden, vom Festland zur 80 km von der Südküste Cubas entfernten Inselkette mehrtägige Bootsausflüge zu unternehmen. Sollte es doch gelingen, trifft man auf einen einmaligen Archipel in absoluter Abgeschiedenheit. Orte, in denen man solche Fischer finden kann, sind Manzanillo (am besten im Fischereihafen fragen) und Trinidad.

Weitere Zugangsmöglichkeiten bestehen via dem *Embarcadero de Júcaro,* Tel. 33-29-8126, 24 km südlich von Ciego de Ávila, und durch die *Marina Puertosol Trinidad,* Tel. 41-99-6205, die das schwimmende Hotel *Flotante Tortuga*, ein 2-stöckiges Hausboot, als Basis für Tauchgänge nutzt. Marsub SA, Ca. B 310 e/Ca. 13 y 15, Tel. 72-03-3055, marsub@ceniai.inf.cu, in Vedado, Havanna, organisiert 5-tägige Kreuzfahrten ab der Marina Puertosol Trinidad zu den Jardines de la Reina: US$ 1800/Tag für eine komplette Yacht mit einer Kapazität für 10 Passagiere inkl. Verpflegung und tägl. 2 Tauchgängen pro Teilnehmer. Um sich einer solchen Fahrt anzuschließen, sollte man Marsub frühzeitig kontaktieren.

Camagüey – Stadt der Tinajones

Die Umgebung der Provinzhauptstadt Camagüey besteht aus Weideland und sanft gewellten Savannen, auf denen lassoschwingende Vaqueros und Viehtreiber im Schatten mächtiger Königspalmen hoch zu Ross die Kuhherden hüten. Die drittgrößte Stadt Cubas hat Besuchern wenig Aufregendes zu bieten, doch die elegante koloniale Altstadt mit ihrem untypischen verwinkelten

Gassengewirr und abrupt endenden Sackgassen – nach Piratenüberfällen im 17. Jh. sollten diese Angreifer in Hinterhalte locken – ist allemal einen Streifzug wert. Dass die Stadt nicht rudelweise von Touristen heimgesucht wird, die sich kaum hierher verirren, was sie in den engen Gassen wie der Funda del Carte, der schmalsten Cubas, tatsächlich könnten, ist für diejenigen reizvoll, die das „echte"? Cuba kennenlernen wollen. Fernab oder genau in der Mitte der ewigen Rivalität zwischen Occidente und Oriente, Havanna und Santiago, ist Camagüey eigensinnig und unabhängig, sichtbar an einer lebendigen, experimentierfreudigen Kunst- und Kulturszene. Und Camagüey ist konservativ und bigott, hat über ein Dutzend katholischer Kirchen und Kapellen.

Camagüey besitzt nach La Habana Vieja den größten erhaltenen kolonialen Stadtkern Cubas. Das Repertoire historischer Architektur reicht von Häusern mit Holzbalkonen, Erkern und Ziersäulen über gedrechselte Fenstergitter und Rejas bis zu klassizistischen *Portales,* von Säulen getragene, gewölbeüberspannte Hauseingänge. Eine Besonderheit Camagüeys sind **Tinajones**, bauchige, weit geöffnete Krüge aus Ton, die in der stets unter Wasserknappheit leidenden Stadt zum Auffangen von Regenwasser aufgestellt wurden.

Parque Ignacio Agramonte: Camagüeys zentraler Platz ist ein Ort der Patrioten. Nachmittags um sechs wird zur Bayamesa von als Mambises gekleideten Helden die cubanische Flagge neben dem martialischen Reiterstandbild von Agramonte eingeholt. In jeder Ecke des Platzes symbolisiert eine Palme einen exekutierten Kämpfer der Unabhängigkeitskriege. Und es ist ein Platz der Jugend, denn hier ist der WiFi-Empfang besser als sonstwo in der Stadt.

Catedral de Nuestra Señora de la Candelaria: Mehrfach umgebaut und zur Kathedrale erhoben, ist die schlichte Kirche an der Südseite des Parks, die zum Besuch Johannes Pauls II. generalsaniert wurde, auch Kultstätte der Santeros, die mit der Virgen de la Candelaria ihre afrocubanische Göttin Oyá verehren.

Casa de Arte Jover: Einige der besten Maler Cubas wohnen und arbeiten in Camagüey. Im Haus von Joel Jover am Parque Agramonte können Bilder von ihm und seiner Frau Ileana gesichtet und gekauft werden. Ca. Martí 154 e/

Idependencia y Cisneros, Mo.–Sa. 9–12, 15–18 Uhr

Galería Julián Morales: Qualitativ ambitionierte Wechselausstellungen vom Künstlerverband mit Lesungen und Konzerten am Wochenende. Ca. Cisneros 159 e/Cristo y La Bayamesa

Museo Casa Natal de Ignacio Agramonte: Das koloniale Herrenhaus ist das Geburtshaus von Camagüeys berühmtestem Freiheitskämpfer Ignacio Agramonte, der in 45 Schlachten focht, bis er 1873 den Heldentod fand, es illustriert dessen Leben und den I. Unabhängigkeitskrieg. Ca. Agramonte 59 c/ Independencia. Di.–So. 10–17, Sa. bis 16, So. bis 13 Uhr, US$ 2

Casa Natal de Nicolás Guillén: In diesem im kräftigen Blau bemalten Haus wurde Cubas berühmtester Poet und Virtuose der Poesia Negra am 10. Juli 1902 geboren. Hier verbrachte er Kindheit und Jugend. Originalmanuskripte, Erstausgaben und Dokumente teilen sich den Ort mit Schülern des Instituto Superior de Arte. Ca. Hermanos Agüero 58, Di.–So. 9–17 Uhr

Plaza del Carmen: Fünf Gehminuten westlich vom Agramonte-Park dominiert die hübsche Iglesia Nuestra Señora del Carmen den Platz, doch die Bonmots sind lebensgroße Bronzeskulpturen von Klatschbasen, einem betagten Liebespaar, Zeitungsleser, Straßenverkäufer und stattlichen Tinajones.

Plaza San Juan de Dios: Eines der malerischsten Quartiere Camagüeys befindet sich um die Plaza San Juan de Dios mit dem authentischsten Kolonialambiente der Stadt, auch wenn es durch kräftige Farben eher mexikanisch wirkt, seinen niedrigen, mit Fenstergittern verzierten, ziegelgedeckten Häusern, die vom Hospital de San Juan de Dios, jetzt Stadtmuseum und dessen imposanten Säulengang an der Ostseite überragt werden.

Musik & Kultur

Die **Casa de la Trova Patricio Ballagas** an der Westseite des Parque Agramonte ist eine der schönsten Trovas Cubas mit hervorragender, allabendlicher Livemusik im pittoresken Patio unter freiem Sternenhimmel (die Bar ist ganztägig geöffnet). Ca. Cisneros 171, Mo.–Do. 12–4, Fr./Sa. bis 2, So. ab 21 Uhr, US$ 3 inkl. 1 Getränk

Das **Teatro Principal**, zwei Häuserblöcke nordwestlich der Plaza de los Trabajadores, ist die Bühne des **Ballet de Camagüey,** das ausgezeichnetes klassisches und modernes Ballett aufführt.

Wenn die von Fernando Alonso, dem Ex-Ehemann der cubanischen Primaballerina *Alicia Alonso,* gegründete Truppe, auf Tournee ist, muss man sich mit einer Besichtigung der monumentalen Marmortreppe, schmiedeeisernen Gitter, Buntglasfenster und Kristallüster, eventuell bei einer Vorstellung des lokalen Symphonieorchesters, begnugen. Ca. Padre Valencia 64, Tel. 32-29-3048, Aufführungen Fr., Sa. 20.30, So. 17 Uhr

Centro Cultural Caribe: Eine der besten Cabaret- und Federboa-Shows neben dem Tropicana in Havanna – und zu einem sensationellen Preis. Ca. Narciso Montreal (Calle 1) c/Freyre, 22–2 Uhr, F./Sa. bis 4 Uhr, US$ 5–10

Unterkunft

Camagüey besitzt eine große Auswahl akzeptabler Hotelzimmer mit moderaten Preisen und ordentlicher Casas Particulares. Weil Camagüeys Jineteros viel zahlreicher als Touristen sind, kämpfen sie umso verbissener um ihre Klientel.

Gran Hotel: Ein Hotel, das Historie ausstrahlt und von vergangener Noblesse zehrt. Joviales Personal und elegantes Restaurant im obersten Stock, das mit Dekor und Aussicht, weniger durch Service besticht.

Ca. Maceo 67 e/Agramonte y G. Gómez, Tel. 32-29-2093, US$ 120/165

La Avellaneda: An der Pl. del Gallo eines der neueren Hotels der Stadt, das Alt und Neu gelungen vereinigt und sehr korrekt geführt wird. Zimmer, Bäder und Patio mit Kolonnaden sind großzügig dimensioniert. Ca. República 226, Tel. 32-24-4958, US$ 120/170

Santa María: Ein Flaggschiff der Cubanacán *Estancia Hoteles*, d.h. ein Boutique-Hotel, das Komfort mit stilvollem Design verbindet. Dachgartenrestaurant mit Aussicht und freistehende Badewanne im Zimmer. Av. Agramonte c/República, Tel. 32-24-3990, US$ 140 inkl. Frühstück

Los Vitrales: In dieses Gebäude, einem früheren Kloster, ist eine erstklassig renovierte Casa Particular mit drei Zimmern zum Patio eingezogen. Für Gäste mit Sinn für Atmosphäre. Ca. Avellaneda 3 e/G. Gómez y Martí, Tel. 32-29-5866, US$ 30

Hostal Angelito: Gleich gegenüber dem Gran Hotel, weiß der Vermieter sein Domizil als die schnuggeligere und dazu viel billigere Residenz für Gäste anzupreisen. Doch schon beim Aufstieg ins Obergeschoss, wo's hier keinen Lift gibt … Dennoch ist's eine gut ausgestattete Casa Particular. Ca. Maceo 62, Tel. 32-29-8271, US$ 30

Casa Caridad: Schlicht, aber zentral. Drei Zimmer von privat und Hollywoodschaukel im netten Patio. Ca. Oscar Primelles 310A e/Bartolome Masó y Padre Olallo, Tel. 32-29-1554, US$ 30

Hotel Plaza: Die guten Zeiten des abgewirtschafteten Etablissements sind vorbei. Doch direkt an der Südseite des Bahnhofs ist es die optimale Bleibe für Zugreisende der Strecke Havanna–Santiago, die für einen Kurzaufenthalt nur ein Zimmer und die einfache Weiterfahrt brauchen. „Hinten raus" ist's ruhiger. Ca. Van Horne 1 e/ República y Avellaneda, Tel. 32-28-2457, US$ 48

Restaurants

Restaurante Carmen: Dank Turbo-Klimaanlage eisiges Esslokal, was in der Mittagshitze durchaus angenehm ist, und gerade zu dieser Zeit, bei günstigem Mittagstisch, ist's eine pulsierende Anlaufstelle der Agramontinos in der Fußgängermeile mit einfachen Snacks und kreolischer Küche. Ca. Maceo 6 e/Pl. Maceo y Gómez, tägl. 11–23 Uhr

La Isabella: Im alten Kino von Gamagüey hat sich das originell mit Filmrollen, alten Plakaten und Regiestühlen dekorierte Restaurant eingenistet und serviert italienisch angehauchte oder angebratene Speisen. Av. Agramonte 447 e/Maceo y Independencia, tägl. 11–23 Uhr

Casa Austria: Was der Name verspricht, ist es auch: eine österreichische Dependance mitten in Cuba. Eigentlich nicht das, weswegen man hierherkommt, doch für Langzeitreisende die willkommene kulinarische Abwechslung: Strudel, Schnitzel und danach *Bosque Negro*, eine Schwarzwälder Kirsch- bzw. Rumtorte, und andere alpenländische Desserts in einer Kulisse mit viel Schmäh. Ca. Lugareño 121 e/San Rafael y San Clemente, tägl. 12–23 Uhr

El Paso: etwas teueres Privatrestaurant an der Plaza del Carmen mit ausgezeichneter Comida criolla und der Hausspezialität *Ropa vieja* mit leckeren Boniatos. Ca. Hermanos Agüero 261 e/Carmen y Honda, tägl. 9–23 Uhr

La Campana de Toledo: Im baumbestandenen Patio eines restaurierten Kolonialhauses wird in Camagüeys Einkehrklassiker gediegene kreolischen Kost preisgünstig aufgetragen und zum Klang säuselnder Barden verspeist. Pl. San Juan de Dios 18, tägl. 10–22 Uhr

Restaurante Parador de los Tres Reyes: Wenn in der Campana alles besetzt ist, sind die Drei Könige die naheliegendste Alternative, besonders für Hungrige, die Appetit auf Hähnchen haben. Pl. San Juan de Dios 16, tägl. 10–22 Uhr

1800: Der expandierte Edelpaladar an der Pl. San Juan de Dios mit Ambition, zur Speise- und Ausführinstitution Camagüeys zu werden, der Ausgezeichnetes in großen Portionen zu Potte bringt, wie auch die betagten Haus-Soneros nicht stationär ihren Melodien frönen, sondern die Tische mit geübtem Blick für sentimental-spendable Gäste abwandern. Profaner ist das All-you-can-eat-Buffet, das weniger sentimental mengenbewusste Touristen bevorzugen. Ca. Ramón Pinto 113 e/San Juan y Rafael, tägl. 10–1 Uhr

Hin-, Weiterkommen

Der internationale **Aeropuerto Ignacio Agramonte** liegt 9 km nordöstlich der Stadt an der Straße zur Playa Lucía, das Büro der *Cubana* in der Av. República 400 c/Correa, Tel. 32-29-1338, Mo.–Fr. 9–16 Uhr. Die Buslinie 22 „Albaisa" fährt alle 30 Min. ab dem regionalen Busterminal *Ferro Omnibus* in der Ca. Carlos Finlay nordöstlich des Bahnhofs zum Flughafen (Abfahrt vorm großen Gebäude mit den markanten Säulen). Die Busse nach **Santa Lucía** (112 km) starten hier 3mal tägl. von der Straßenseite des Gleises 1.

Die **Estación Central Ferrocarril**, Ca. Avellaneda c/Carlos J Finlay, Tel. 32-28-4766, liegt zwar zentral, viele Züge sind jedoch unzuverlässig. Zugverbindungen in Ost-West-Richtung gibt es genügend, doch spätestens am Tag vor der Abfahrt sollte die Bestätigung eingeholt werden.

Das **Busterminal Interprovincial** für Überlandbusse, *Terminal Álvaro Barba,* Tel. 32-27-0396, an der Ctra. Central Oeste c/Perú, ist in südöstlicher Richtung 3 km vom Stadtzentrum entfernt und bietet tägliche **Víazul**-Verbindungen in alle größeren Städte Cubas, u.a. Havanna (5x), Holguín (5x) und Trinidad (1x). Pferdedroschken pendeln auf einer festen Route zwischen dem Terminal Álvaro Barba und dem Bahnhof („ferro"), von dessen Südseite (östlich des Hotels Plaza) sie zuerst zum Casino-Campestre-Park beim Hatibonico-Fluss (dort eventuell umsteigen) im Südosten des Stadtzentrums fahren.

Info & Nützliches

Cadeca, Ca. República 384 e/Primelles y Solitario, tägl. 9–20, So. bis 18 Uhr – **Etecsa**, Ca. República 453 e/San Martín y Silva, 9–19 Uhr – **Farmacia**, Ca. Ignacio Agramonte 447 e/Recio y República, 9–17 Uhr

Playa Santa Lucía

Santa Lucía ist eine Touristenenklave an der Ostseite der Bahía de Nuevitas mit der Stadt Nuevitas, in deren Hafen Boote zu den Cayos Sabinal und Saetía ablegen. Sabinal ist Lebensraum, Niststätte für Flamingos und Pelikane, die sich ebenfalls in der *Laguna El Real* hinter der **Playa Los Cocos** tummeln, einem grandiosen, weißenStrand mit kristallklarem Wasser und besten Voraussetzungen zum Schwimmen und Schnorcheln. Nur die Strandhütten *Bucanero* und *Bocana* stören oder passen ins Idyll, schenken eiskaltes Bier aus, Kokosnuss mit Rum und brutzeln Langusten.

Obwohl die touristische Invasion von Santa Lucías über 20 km langem, puderfeinem Sandstrand erst in den 1990er Jahren mit einer Handvoll Hotels von Cubanacán begann und noch unberührte Strandabschnitte zu finden sind, erweckt Santa Lucía den Eindruck, dass es seinen Zenit überschritten hat, den eines billigen Ferienlagers *in the sun*, obwohl man Varadero, Guardalavaca und Cayo Coco Konkurrenz machen will. Das Leben in Santa Lucía spielt sich ausschließlich im Wasser, am Strand sowie in den Hotels (Animationsteams, hoteleigene Discos) ab.

Trotz des vielfältigen Ausflugsangebots ist Santa Lucía ein denkbar schlechter Ort, um Land und Leute kennen zu lernen. Immerhin gibt's günstigere Pauschalangebote als auf Cayo Coco.

Hauptattraktion ist das größte Korallenriff der Antillen, das nur vom Great Barrier Riff in Australien und den Unterwassergebirgen Neukaledoniens im Südpazifik übertroffen wird. In Küstennähe kann es mit Korallengärten, einer Rochenkolonie, in größeren Tiefen mit mysteriösen Schiffswracks, Durchbrüchen und Unterwassergrotten aufwarten.

Centro de Buceo Shark's Friends: Zertifikationen, Kurse, Tauchgänge und Exkursionen zu 35 ausgewiesenen Tauchplätzen vor Santa Lucía, u.a. die 32 m tiefe Höhle Cueva Honda und das spanische Schiffswrack *Altagracia*, Schnorchelausflüge zum Riff und – Name verpflichtet (oder ist das Ganze, weil nicht artgerecht, unfreundlich?) – die Handfütterung von 3–4 m langen Bullenhaien von Juni bis Januar ab US$ 70. Av. Taragona (zwischen den Hotels Brisas und Gran Club Santa Lucía), Tel. 32-

365182, www.nauticamarlin.com

Centro Náutico Santa Lucía: Hochseefischen, Katamaranfahrten oder Segeltörns zur Playa Bonita auf Cayo Sabinal. Vieles wird auch in den Hotels von „Marlin"-Vertretern vermittelt. Neben dem Hotel Tararaco, Tel. 32-33-6404

Unterkunft

Die Hotelzone beginnt 6 km westlich vom Kreisverkehr an der Zufahrt zu Santa Lucía.

Villa Tararaco: Islazul bietet am Nordwestende der Hotelzone die älteste, preisgünstigste, aber auch monotonste Unterkunft Santa Lucías mit Kantinenfeeling im Speisesaal. Freundliches Personal und kein aufgezwungener Rummel. Tel. 32-33-6136, US$ 40/48

Brisas: Hat all das, was das Tararaco nicht hat und von dem All-inclusive-Freunde schwärmen: Komfort im Zimmer, All-you-can-eat-Buffets, unermüdliche Animation im Trockenen und am Pool. Tel. 32-33-6317, US$ 150/200

Club Amigo Caracol: Das kinderfreundlichste unter Santa Lucías Hotels. Ohne Nachwuchs tut man gut, darauf zu achten, dass das Zimmer nicht zu nah an den *Areas infantiles* und abendlichen Spaßbühnen ist. Tel. 32-33-6302, US$ 70/110

Hin-, Rumkommen

Von den Hotels fahren Pferdekutschen bis zur Playa Los Cocos und zurück (US$ 20), günstigster ist's mit dem umgebastelten Minizug (US$ 2) auf der gleichen Strecke. Fast alle Hotelgäste haben all inclusive gebucht, d.h. ihr Transfer vom Flughafen zum Hotel ist inbegriffen. Öffentlichen Verkehr auf dieser Strecke gibt's nicht.

La Fábrica de Violines e Instrumentos Musicales

Aus der Manufaktur des Autodidakten und Schreinermeisters Álvaro Suarez Rabinal entstand mithilfe eines Violinevirtuosen die Geigen- und Musikinstrumentenfabrik in **Minas de la Frontera**, die sich in 50 Jahren zum Ausstatter von Cubas Musikschulen, Casas de Cultura und Orchestern mauserte und auch „Volksgitarren" produziert. Da Cuba wie kein anderes Land *Hecho de mano* verkörpert, wurde die Fabrik dem Tourismus geöffnet (Santa Lucías Hotels bieten Minas im Ausflugsprogramm an), den Instrumentenbauern kann man bei der Arbeit zuschauen, über ARTex werden Violinen und Gitarren verkauft. Wer eine cubanische, komplett handgearbeitete Gitarre – wo bekommt man sonst eine Tres Cubano? – zum für beide Seiten fairen Preis erwerben will … sollte sich im Vorfeld informieren. Materialknappheit und Lieferengpässe können die Produktion stilllegen. Ctra. Camagüey–Nuevitas km 37, Tel. 32-33-6404, Mo.–Fr. 8–11, 13–17 Uhr

Las Tunas

Bis in die zweite Hälfte des 20. Jh. war Las Tunas eine biedere Kleinstadt am Río Hormiguero und zentrale Marktstätte fürs umliegende Weideland, ihre Fincas, Vaqueros und Viehherden. Die Neugliederung der östlichen Provinzen machte sie zur Provinzhauptstadt, ein rapides Wachstum zur Großstadt – eine unscheinbare. Nach wie vor ist das Leben ländlich geprägt, die Industriezonen beschränken sich auf Randbezirke. Fremde können in Las Tunas wie in keiner anderen Großstadt der Insel den cubanischen Alltag, seine lähmende Monotonie und ausgelassenen Fiestas in althergebrachter Art kennenlernen und treffen auf eine Bevölkerung, die noch auf traditionelle, fast unschuldige Weise Gastfreundschaft pflegt.

Jornada Cucalambeana: Kultureller Jahreshöhepunkt ist hier das Jornada Cucalambeana Ende Juni, Anfang Juli, Cubas größte

Manifestation ländlicher Kultur, wenn aus den Dörfern der Provinz alles hierher strömt, um bei Musik, mit Guajiras und Son, Tänzen, Theater, Literaturwettbewerben und Kunsthandwerksmärkten das Landleben zu feiern. Zentrum der Jornada ist das Motel **El Cornito**, 7 km westlich der Stadt an der Carretera Central nach Camagüey mitten im großen Vergnügungspark (ganzjährig geöffnet, 9–17 Uhr). Im 19. Jh. wohnte auf dem El-Cornito-Anwesen der Poet *Juan Cristóbal Nápoles Fajardo* (1829–62). Er war ein Meister der „Décimas"-Verse, im Singsang deklamierte, zehnzeilige Strophen, die zum Grundmuster der Lyrik und Texte des Son wurden, und unter dem Spitznamen „El Cucalambé" weitbekannt. In seinem Werk, das bereits im I. Unabhängigkeitskrieg eine landesweite Renaissance erlebte, thematisierte er die Natur, Erdverbundenheit und Familie. Täglich pendeln fünf lokale Züge zwischen Vergnügungspark und Stadtzentrum.

Festival Internacional de Magia Ánfora: Die namhafte *Escuela de Magia de Las Tunas* hält jedes Jahr im November das 5-tägige Magierfestival ab mit Zauberern aus allen Landesteilen und anderen Ländern.

Weiterfahrt, Umsteigen

Für die Weiterfahrt nach Camagüey oder Holguín ist zu beachten, dass der **Bahnhof**, Ca. Tony Alamó e/Martí y Ortiz (im Nordosten beim Estadio J.A. Mella, Pelota, Fahrkarten gibt's beim „jefe de turno"), Tel. 31-34-8146, und das überregionale *Víazul*-**Busterminal**, Av. Francisco Varona 240 (südöstlich des Stadtzentrums), Tel. 31-37-4295, 2,5 km voneinander entfernt sind. Pferdedroschken sollten den Weg für 30 Pesos zurücklegen.

Puerto Padre

Nichts deutet darauf hin, dass Puerto Padre mal weltweit wichtigster Zuckerhafen war, vielleicht der ausgemergelte **Don-Quijote**, Ritter der arg traurigen Gestalt, samt Windmühle, der der vergangenen Glorie nachtrauert. Dabei ist Puerto Padre eine hübsche Stadt, hat mit der Avenida Libertad einen Boulevard, der mit Grünstreifen auf Las Ramblas macht und zum Meer hin so endet wie die Startrampe eines Flugzeugträgers. Oder man geht auf dem kleinen, aber feinen Malecón weiter, der zur Hurrikanzeit oft in Existenznöte gerät. Reisende verschwenden kaum Zeit um die **Fuerte de la Loma** oder das windgeplagte Stadtmuseum zu besichtigen, gibt's in den Restaurants am Meer doch fangfrische Langusten zu verspeisen und über alledem: Puerto Padre, weniger als eine Fahrstunde von Las Tunas entfernt, ist das Quartier auf dem Weg zu den Atlantikstränden der Provinz Las Tunas.

Nur die **Punta Covarrubias** ist touristisch erschlossen, hat mit dem All-inclusive-Hotel *Brisas* und der *Marina Covarrubias* ein gehobenes Feriendomizil und Tauchzentrum, das Zugang zum vor der Bucht liegenden Korallenriff bietet. Danach ist man, Mietwagen vorausgesetzt, denn Camiones auf dieser Strecke sind rar, auf sich allein eingestellt und hat mit den Stränden **Playa Herradura**, **Playa Corella**, **Playa Llanita** und **Playa Las Bocas** die Qual der Wahl, wo man seine Robinsonade antritt, sich selbst, dem in allen Blautönen schimmernden Meer und dem goldgelben Strand genügend.

El Bodegón de Polo: Cubanische Küche rund ums Huhn und – direkt am Meer – mit frischen Langusten, Tintenfisch und leckere Tostones zu Preisen, die uns einen Paladar vergessen lassen. Ca. Lenin 54 e/24 de Febrero y Ameijeira 10–22 Uhr

CUBAS OSTEN

Holguín

Holguín ist eine in der Peripherie industriegeprägte Stadt in einer Provinz, die als Bohnen- und Kornkammer Cubas gilt. Im Osten fördern Bergwerke Nickel, Kobalt und Eisen zutage, die wie andere Metalle in Altiplanicie de Nipe, Mayarí und Moa verarbeitet werden. Touristen lernen auf ihrer Cubareise ganz andere Namen kennen: *Bucanero*, *Cristal*, *Mayabe*, um sie in der Reihenfolge ihrer Beliebtheit aufzulisten, samt und sonders Biermarken und alle werden sie in Holguín gebraut. Während Touristen Holguín einst nur als Landebahn für Interkontinentalflüge mit dem Reiseziel „Oriente", auf dem Weg zu den Traumstränden von Guardalavaca oder als Haltestation für Víazul-Busse nach Santiago marginal kennenlernten, wird die Stadt jetzt von Kulturinteressierten entdeckt, die ihre relaxte Atmosphä-re mit beschaulichen, hergerichteten Plätzen, der Fußgängermeile Ca. Libertad und das quirlige Streetlife zu schätzen wissen.

Parque Calixto García: Früher Exerzierplatz, Marktplatz und jetzt Mittel- und Treffpunkt der Stadt, in dessen Zentrum ein Standbild von General Calixto García, dem lokalen Helden der Unabhängigkeitskriege, steht.

Museo de Historia Provincial: Das Kolonialgebäude an der Nordseite des Platzes heißt auch „Papageienkäfig", weil sich hier während eines Mambí-Aufstands spanische Soldaten in grün-gelb-roten Uniformen hinter vergitterten Fenstern verschanzten. Kleinod des Museums für Stadtgeschichte und indianische Artefakte ist die *Hacha de Holguín*, eine Axt mit einer in Form eines Mannes geschmiedeten Klinge. Ca. Frexes 198, Di.–Sa. 8–16.30, So. bis 12 Uhr

Strand bei Guardalavaca, Holguin

Centro Provincial de Artes Plásticas Moncada: Die führende Galerie Holguíns präsentiert zeitgenössische Kunst an der Südwestecke des García-Platzes. Ca. Maceo 180 c/Martí, Mo.–Sa. 9–16 Uhr. Nebenan komplettieren das **Teatro Comandante Eddy Suñol**, Programm: Tel. 24-42-7994, in dem das Ballet Nacional und das Orquesta Sinfónica agieren, und die **Casa de la Trova** (Di.–So. 10–19, 21–2 Uhr, Aushang am Eingang) und **Casa de la Cultura** den kulturellen Brennpunkt um den Calixto-García-Park.

Casa Natal de Calixto García: Zwei Häuserblöcke östlich vom García-Platz wurde 1839 in diesem Haus der Freiheitskämpfer *Calixto García* geboren, dessen Werdegang und „Befreiung Holguíns" dokumentiert sind. Ca. Miró 147, Di.–Sa. 9–17 Uhr, US$ 1

Museo de Ciencias Naturales: Einige Meter südlich des García-Platzes zeigt das Naturkundemuseum neben Mineralien, zig Vogelarten, präparierten Fischen ca. 4000 Schneckenhäuser, darunter die bunten Exemplare der *Polymita picta* (Cubanische Buntschnecke), die nur auf Cuba heimisch sind und von Babalawos gern für Weissagungen herangezogen werden Ca. Maceo 129 e/Martí y Luz Caballero. Di.–Sa. 9–17, So. bis 12 Uhr, US$ 1

Catedral de San Isidoro: Was als Holzhüttchen begann, wurde im 18. Jh. zum steinernen Gotteshaus, erhielt im 20. Jh. seine Türme und schließlich den Rang einer Kathedrale. Am glorreichsten ist die Herkunft des Seitenaltars. Dieser soll, bevor er zu Fuß und von Hand hierher transportiert wurde, bereits die gläubigen Bürger Bayamos entzückt haben. Parque Peralta c/Manduley. Ähnlich heldenhaft war die Restaurierung der **Iglesia de San José** aus dem 18. Jh. am Parque Céspedes, dem nördlichsten der drei zentralen Plätze. Denn dazu wurde im Schnellverfahren rustikaler Stahlbeton verwendet.

Fábrica de Órganos: Mechanische Drehorgeln haben in Holguín Tradition und werden an der Straße in Richtung Gibara in der nach außen tristen, aber innen Nostalgie generierenden Manufaktur in hoher Klangbrillanz zusammengebaut. Von den acht professionellen Orgelgruppen ist auf dem Parque Céspedes Donnerstagnachmittag oder Sonntagmorgen oft ein Leierkastenmann vertreten. Ctra. a Gibara 301, Mo.–Fr. 8–16 Uhr, Spende

Loma de la Cruz: Am nördlichen Ende der Ca. Maceo führt eine Treppe 460 Stufen hinauf zur

Loma de la Cruz (20-minütiger Spaziergang ab Parque Céspedes). Das bereits 1790 auf dem Hügel errichtete Kreuz mit dem kleinen Lázaro-Altar sollte Abhilfe gegen eine große Dürre bringen und ist bis heute jeden 3. Mai während der *Romería de Mayo* Ziel einer wallfahrtsähnlichen Prozession. Die Aussicht über die Stadt ist im ganzen Jahr eindrucksvoll.

Mirador de Mayabe: Noch weiter reicht der Blick von der *Loma de Mayabe* im Südosten von Holguín, einer Anhöhe oberhalb ausgedehnter Mango-Plantagen, deren Aussichtspunkt ein populäres Ausflugsziel der Städter ist. Beim *Motel Mirador de Mayabe* ist der Bier trinkende Esel *Pancho* (der wievielte es inzwischen auch immer ist!) die kurioseste Attraktion.

Unterkunft

Hotel Caballeriza: Was Hufeisen und Wagenräder als Deko andeuten und das Ross im Patio(-Parcour?) unterstreicht: Hier haben schon Pferde gedient bzw. es war Holguíns Reitkaserne. Jetzt zum kleinen Boutique-Hotel hinter der Kathedrale hergerichtet. Ca. Miró 203 e/Luz Caballero y Aricochea, Tel. 24-42-9191, US$ 105/140 inkl. Frühstück

Hotel Esmeralda: Mit kolonialem Charme und durch die geringe Anzahl der Gästezimmer privater Atmosphäre direkt am Parque San José eine Top-Wahl, wenn man gern „auswärts" speist und trinkt. Ca. Maceo e/Agramonte y Arias, Tel. 24-47-4301, US$ 68

Hotel Pernik: Holguíns etabliertes Backpacker-Hotel. Wer auf Kontakt mit anderen Reisenden, Cadeca, Internet-Desks, Infoschalter und ein bescheidenes, aber füllendes Frühstück Wert legt, ist hier richtig und sieht über Einrichtungsmängel und stramme Soundkulisse hinweg. Av. Jorge Dimitrov c/XX Aniversario (3 km östlich vom Zentrum), Tel. 24-48-1011, US$ 48 inkl. Frühstück

Villa Liba: Eine zurückhaltende, kultivierte Atmosphäre, dazu gesundheitsbewusste Kost und von der Dame des Hauses die Option für Reiki und Massagen. Die Zimmer passen auch, sind aber etwas vom Stadtzentrum entfernt. Ca. Maceo 46 c/18, Tel. 24-42-3823, US$ 30

Villa Janeth: Hier gibt es zwei sehr verschieden eingerichtete Zimmer, aber beide sauber und mit ausreichendem Platz, ein Balkon wie auch die Küche können mitbenutzt werden. Ca. Cables 105, Tel. 24-42-9331, US$ 25–30

Casa Rosa: Wer gern mitten im Geschehen residiert und trotzdem seine Ruhe und einen Rückzugsort wie diesen hübschen Patio braucht, hat bei Señora Rosa eine der besten Casas Holguíns ergattert. Ca. Libertad 35 c/24, Tel. 24-42-4630, US$ 30

Restaurants

Restaurante Maragato: Etwas abseits vom Touristentrail, doch jeden Schritt wert. Comida criolla, wie sie besser nicht sein könnte. Ohne Chichi, was zählt, ist auf dem Teller. Auch die Mojitos sind lecker und die Rechnung wird nicht zur Dolorosa, also auf zur fröhlichen Wiederkehr! Ca. Carbo e/Garayalde y Agramonte, tägl. 12–23 Uhr

1910 Restaurante & Bar: Hochglanzpoliertes Holz und Kronleuchter schaffen die edle Kulisse für ein opulentes Mahl mit Grillspezialitäten, vom saftigen Steak bis Tintenfisch in Knoblauchsoße etc. und, in Cuba außergewöhnlich, einem Faibel fürs Anrichten, bei Holguineros und Estranjeros ein Favorit, deswegen reservieren! Ca. Mártires 143 e/ Aricochea y Cables, Tel. 24-42-3994, tägl. 12–24 Uhr

Ranchón Los Almendros: Bei der Loma de la Cruz bietet dieser draußen eher abweisende Ranchón drinnen einen lukullischen Dauerbrenner. Im Rauch und über Feuer gebrutzelte kreolische Klassiker werden zwar nicht zu Discountpreisen serviert, dafür ist's deliziös, reichhaltig und kommunikativ. Ca. José A. Cardet 68 e/12 y 14, tägl. 10–21 Uhr

Salón 1720: Interessante Mixtur aus nobel und shabby. Cubanische Gerichte werden in ungewohnten Varianten aufgetischt und Cubaner zu Gemüsefreundeng, wenn's nur von Hähnchen oder Schweinefleisch umhüllt ist! Ca. Frexes 190 c/ Miró, 12–23 Uhr

Avilés: Ein Pionier unter Holguíns Paladares. Weil die Qualität bis heute nicht nachgelassen hat, stets gut besucht. Ca. Frexes 182 e/ Miró y Lemus, tägl. 12–23 Uhr

Cremería Guamá: Was anderenorts die Coppelia ist, ist in Holguín die Cremería Guamá an der Nordostecke des Parque Peralta mit leckerstem Schokoladeneis, gelegentlich langen Wartezeiten und unschlagbaren Preisen. Ca. Luz Caballero c/Manduley, 10–23 Uhr

Hin-, Weiterkommen

Der internationale **Aeropuerto Frank País**, Tel. 24-47-4630, der u.a. von Condor angeflogen wird, ist 12 km vom Stadtzentrum entfernt im Süden Holguíns. Das *Cubana*-Büro, Tel. 24-46-1610, Mo.–Fr. 8–16 Uhr, im 2. Stock des Edificio Pico de Cristal (Ca. Manduley c/ Martí, Südostecke des Calixto-García-Parks) verkauft Flugtickets nach Havanna und Santiago. Taxis berechnen vom/zum Flughafen US$ 15, öffentliche Busse starten in der Nähe des Bahnhofs, Ca. General Rodríguez 84 (Parque Martí), ca. um 14 Uhr dorthin (die aktuelle Abfahrtszeit klärt man am Vortag ab, Tel. 24-42-5707). Das **Interprovincial-Busterminal**, Tel. 24-42-1055, befindet sich im Westen an der Kreuzung Ctra. Central c/Independencia (nahe dem Hotel Lenin) mit Víazul-Bussen in alle Großstädte (Santiago 3x, Bayamo 3x, Havanna 4x tägl.). Vor dem Museo de Historia Provincial, Ca. Frexes 198, fährt ein *Transtur*-Bus, Ctra. Central 244 c/Bayamo, Tel. 24-42-4695, tägl. um 13 Uhr nach **Guardalavaca** und kommt um 20.30 Uhr zurück (Rückfahrticket US$ 15).

Einen unregelmäßigeren Service bietet die Eisenbahn ab dem **Terminal de Ferrocarril**, Tel. 24-42-2331, in der Ca. Pita südlich vom Stadtzentrum (die neueren Züge nach Havanna sind die einzigen fest im Fahrplan verankerten Züge ab Holguín, für Fernstrecken muss evtl. in Cacocum, 17 km südlich von Holguín, umgestiegen werden). Touristen kaufen ihre Tickets am durch „U/B Ferrocuba Provincia Holguín" gekennzeichneten *Ladis*-Schalter, Tel. 24-47-4071, gegenüber dem Bahnhofsgebäude (Ca. Manduley) tägl. von 8–15 Uhr.

Info & Nützliches

Cadeca, Ca. Manduley 205 e/Martí y Caballero, Mo.–Sa. 8–18, So. bis 12 Uhr – **Etecsa**, Ca. Martí 122 e/Mártires y M. Gómez, 9–18 Uhr – **Apotheke**, Ca. Maceo 170, Mo.–Sa. 8–22 Uhr

Blick auf die Stadt Gibara

Gibara – Die weiße Stadt

An der Mündung des Río Cacoyoquin liegt im Norden Holguíns der reizende Fischerort Gibara. Die malerisch im Hafen dümpelnden Boote und verwinkelten, kopfsteingepflasterten Gassen mit ziegelgedeckten, blumendekorierten Häusern und schönen Buntglasfenstern sind beliebte Fotomotive. Wegen seiner weißgetünchten Fassaden ist der Ort auch als *La villa blanca* bekannt. Dabei ist Gibara längst nicht mehr so weiß. An der salzhaltigen Seeluft liegt's und den regelmäßig über die Küste hereinbrechenden Zyklone, die den Malecón unter Wasser setzen, Häuser durchspülen und Dächer hinwegfegen. So dominiert auch in Gibrara ein trübes Grau. Wer selbst renoviert, liebt's lieber bunt, nur um den **Parque Calixto García**, Gibaras Schauplatz, wurde das Häuserensemble penibel auf Vordermann gebracht, schließlich kommen Tag für Tag Reisegruppen aus Guardalavaca. Der Park ist hübsch, nett die markanten Afrikanischen Eichen, sonderbar die Miniatur-Freiheitsstatue, die hinter dem Standbild Camilo Cienfuegos am Malecón immer die Nummer zwei am Ort bleiben wird und selbst am Platz im Schatten der Kolonnaden und pittoresken Iglesia de San Fulgencio steht. An der Südseite produziert die **Zigarrenfabrik**, Ca. Independencia 11A, *para el pueblo* und öffnet für alle ihre Türen, wenn Reisegruppen angekündigt sind.

Die schönsten Ausblicke über Stadt und Bucht bieten sich von der **Batería Fernando VII** hinterm Parque de las Madres (1 Häuserblock vom Parque Calixto García entfernt mit Café-Betrieb und ARTex-Kulturprogramm) auf einem Felsvorsprung und vom spanischen Fort **El Cuartelón** auf dem Los-Caneyes-Hügel, von dem nur wenige Mauerreste und geziegelte Arkadenbögen übriblieben.

Festival del Cine Pobre: Seit Jahren findet in Gibara im Juli das internationale Filmfestival mit nur mit gering(st)em Budget gedrehten Filmen statt, bei denen ohne stilistische Kriterien die Geschichte, die sie erzählen wollen, im Mittelpunkt steht. Während der vier Tage gibt es Straßenstände, Live-Musik und belegte Casas Particulares.

Bahía de Bariay: Eine östlich Gibaras in der versumpften Bucht aufgestellte Kolumbusstatue bekräftigt den lokalen Anspruch, dass dies der Ort ist, an dem Kolumbus zum ersten Mal cubanischen Boden betrat. Mit der Fähre (Abfahrt immer dann, wenn sich genügend Fahrgäste eingefunden haben) kann ab der Base de Pescador Deportiva im Hafen die Bucht bis Playa Blanca durchquert werden. Die schönsten Badeplätze sind bei Los Bajos, 3 km entfernt, und die näher gelegene Playa Don Lino.

Playa Caletones: Nordwestlich von Gibara gelangt man nach 17 km Schlaglochgeholper zur langen Playa Caletones, am Wochenende die Strandpartie für die Leute von Gibara mit Rustikalbewirtung. Sie hat flaches, azurfarbenes Wasser, passable Sandflächen und landeinwärts cenote-ähnliche *Tanques Azules*, von der Brandung ausgewasche Salzwasserpools im Felsgrund, die in eine unterirdische Grotte münden. Angeleitet von Ortskundigen ist mit eigener Ausrüstung Höhlentauchen möglich.

Unterkunft & Restaurants

Villa Boquerón: Wenn schon in Gibara logieren, dann am Malecón mit Meerblick und einer kleinen Badestelle in der Nähe. Gediegene Casa-Particular-Ausstattung mit Patio und Terrasse, freundliche Vermieter. Av. Rabí 53, e/Peralta y Caballero, Tel. 24-84-4087, US$ 30

Hostal Los Hermanos: Alles groß und auf Alt gehalten mit Raumdimensionen von früher, allerdings etwas finsteren Zimmern. Das Zimmer oben ist heller und das beste im Haus. Herrlich großer Patio, in dem auch diniert wird. Wer nach einem Restauranttip fragt, wird ins Perla del Norte geschickt, denn es ist im Familienbesitz. Ca. Céspedes 13 e/Caballero y Peralta, Tel. 24-84-4542, US$ 25–30

Perla del Norte: Ausgezeichnete Fischküche und Meeresfrüchte wie *camarones enchiladas* (Garnelen in Knoblauch-Tomaten-Soße) mit der Gibara-Spezialität *cangrejos*, Krabben, und eine Dachterrasse für exquisite Cocktails. Ca. Céspedes 18, 11–23 Uhr

La Cueva Taina: Am nördlichen Stadtrand, doch mit eigener Finca und Kräutergarten bietet Tainas urige Ranchónes-Welt traditionelle cubanische Küche mit frischen Zutaten und günstigen Preisen. Ca. 2da 131 e/Ctra. y Playa Calatones, Di.–So. 12–24 Uhr

Hin-, Weiterkommen

Ohne eigenes Gefährt sind das kleine Busterminal, Ca. Máximo Gómez c/Aguero, an der Straße nach Holguín mit tägl. zwei Bussen von/nach Holguín, ein Colectivo oder Verhandlungsgeschick die Option.

Playa de Guardalavaca

Guardalavaca verkörpert in Cubas Osten, was Varadero im Westen und Cayo Coco in der Mitte sind. Eine dem Dreiklang Sonne-Meer-Strand gewidmete Ferienwelt. Obwohl an der Atlantikküste, verkörpert Playa de Guardalavaca die Klischeevorstellung der Karibik, wie man sie sich sonst nur erträumt oder von der Bacardí-Werbung suggeriert wird: ein blendend weißer Strand aus feinstem Korallensand, kristallklares und tiefblaues Wasser, Korallen, unbeschwerte Rumba-Rhythmen aus den Strandbars, eiskalte Rumcocktails, Königspalmen – und ist ein Touristenhort mit mal besser, mal schlechter geführten Hotels, deren Anzahl in Guardalavaca stetig wächst.

Einfacher zu erreichen als Cayo Coco, weniger isoliert als Varadero, nicht vom übrigen Cuba abgegrenzt, weil Cubaner genau so ein und aus gehen, wirbt Guardalavaca mit Lokalkolorit, dass man „Land und Leute" all inclusive mitgebucht hat, was spätestens an der Playa Esmeralda und ihren Meliá-Hotels fragwürdig wird, wo für Nicht-Hotelgäste der Strand tabu ist und an anderen Orten Touristen, weil All-inclusive-Gäste, mit Armbändchen markiert, unter sich bleiben. Früher war Guardalavaca, also „Hüte-die Kuh", ein einfaches Kuhdorf, existiert immer noch, nur mit der Viehwirtschaft ist's nicht mehr weit her und die Guardía oder Security wacht am Hoteleingang. Weil der Touristikboom bereits vor einem halben Jahrhundert begann, ist von der schönen Welt einiges in die Jahre gekommen. Die Zersiedlung touristischer Komplettversorgung erstreckt sich an, um und zwischen den Sektoren Playa Pesquero und Playa Esmeralda bis – schon etwas entfernt im Osten – zum eigentlichen Guardalavaca, wo es die einfachsten Unterkünfte gibt.

Das Angebot für Freizeitsport ist unlimitiert: Katamaran-Segeln, Hochseeangeln, Tauchen, Jetski- und Kajak-Fahren, Kite-, Windsurfen, Volleyball, Tennis (mit Flutlicht), Reiten etc. Vieles kann direkt in den Hotels gebucht werden. Spezialanbieter:

Marina Gavioata Puerto de Vita: Außer dem üblichen Programm für Freizeit-Skipper sind See-Safaris, das nahe Meeresaquarium (Acuario Cayo Naranjo) und Plantschen mit Delfinen im Angebot. Bahía de Naranjo, Tel. 24-43-0132

Centro de Buceo Eagle Ray: Für Schnorchler und Gerätetaucher ist die Unterwasserwelt – das vorgelagerte Riff ist gerade mal 200–500 m vom Strand entfernt – ein Genuss. Guardalavacas größtes Tauchzentrum bietet Tauchgänge, Kurse, Zertifikate, für Novizen günstige Schnorchelausrüstungen, ist sonst eher auf versierte Könner ausgerichtet, Playa Guardalavaca (westlich vom Club Amigo Atlántico), Tel. 24-43-0316, Mo.–Sa. 9–17 Uhr

Centro Ecuestre: Hier mietet man den Reitlehrer mit und bekommt weniger malträtierte Pferde als sonst in Cuba. Playa Guardalavaca, Ca. 2da (hinterm CC „Los Flamboyanes")

Las Guanas Eco-Archaeological-Trail: Der markierte Weg durchs Schutzgebiet ist nur 1 km lang, kostet US$ 3, so dass man seine Schritte mit Bedacht wählt und sich an endemischem Gewächs und sonderbaren Taíno-Figuren erfreut. Ctra. Playa Esmeralda, 8–16.30 Uhr

Unterkunft

Club Amigo Atlántico: Guardalavacas uniformer Hotelpionier in der Strandmitte mit der komplettesten Ausstattung und integriertem Marlin Dive Center. Besser und kaum teurer als ein Standardzimmer sind die hübscheren und komfortablen Bungalows, Cabañas del Atlántico, 300 m landeinwärts. Playa Guardalavaca, Tel. 24-43-0121, ab US$ 90 all inclusive

Hotel Las Brisas: Architektonisch gelungener als das Atlántico, All-inclusive-Anlage am Ostende der Hotelzone, Tennisanlage mit Flutlicht, Tauchzentrum an der Nordostecke des Hotels und durch das Kid-Camp (2–11 J.), falls der Pauschalpreis stimmt, der Ort für den Familienurlaub. Playa Guardalaca, Tel. 24-43-0218, ab US$ 110

Villa Bely: Eine der besten Casas Particulares vor Ort mit zwei kleinen Zimmern unten, einem Apartment oben, Patio und netten Vermietern. Guardalavaca Dorf, Los Pozos 263, Tel. 5-261-4192, US$ 30

Transport

Transtur-Busse, Tel. 24-43-0490, fahren tägl. nach Holgúin und zurück (Rückfahrticket US$ 15) ab Guardalaca mit Zwischenstops in Playa Esmeralda und Playa Pesquero. In einem tägl mehrmals abgefahrenen lokalen Rundkurs fährt ein Transtur-Bus zu diesen beiden Stränden und über Guardalavaca bis nach Aldea Taína (beliebige Zu-/Ausstiege, Tageskarte US$ 5).

Chorro de Maita, Aldea Taína & Banes

5 km südlich von Guardalavaca zweigt von der Straße nach Banes eine Piste hügelaufwärts zu einer der wichtigsten Fundstätten indocubanischer Taíno-Kultur ab. Inmitten einer in einem Palmenhain versteckten Bohío-Siedlung wurde die größte bekannte Indianer-Grabstätte der Großen Antillen, **Chorro de Maita**, freigelegt. Im Museum können fast 100 Skelette in unterschiedlichsten Stellungen, Grabschmuck und wertvolle Artefakte besichtigt werden. Di.–Sa. 9–17, So bis 13 Uhr, US$ 3

Gegenüber versucht die Siedlung **Aldea Taína** die „echte" indianische Lebenswelt nachzustellen. Nach archäologischen und historischen Quellen rekonstruiert, heißt es. Eine Ansammlung von Strohhütten und Tonfiguren in alltäglichen und rituellen Szenen ist das kunterbunt ausgefallene Resultat. Da passt der kitschige Souvenirverkauf ganz gut dazu. Di.–Sa. 9–17, So bis 13 Uhr, US$ 5

Ein Großteil der Fundstücke von Chorro de Maita wurde ins lehrreiche *Museo Indocubano Bani* in **Banes** gebracht. Dort können Figurinen, Idole aus Gold und Kupfer, Werkzeug, Quarzfels- und Koral-lenketten, Keramik und Muscheln besichtigt werden. Ca. General Marrero 305 c/Av. José Martí, Di.–Sa. 9–17, So. bis 12 Uhr

Auch ohne archäologisches Interesse ist die Kleinstadt Banes, 33 km südöstlich von Guardalavaca, ein malerischer wie lebhafter Ort für Guardalavaca-Urlauber, um auf einer Tagestour Cuba en vivo zu begegnen. Einige besuchen die Iglesia de Nuestra Señora de la Caridad, die Kirche, in der sich Fidel zum ersten Mal trauen ließ. Weit mehr suchen in Banes eine Unterkunft, um von hier zu den Playas Puerto Rico und Morales zu fahren.

Bayamo – La Heróica

In der Provinz Granma beginnt der *Oriente,* Cubas wilder Osten. Geografisch wird deren Hauptstadt Bayamo von der wildromantisch herben Bergkulisse der Sierra Maestra und deren ungezähmter Natur dominiert. Heldenhaft ist die Vergangenheit des Oriente, in dem – so oft wie in keiner anderen Region Cubas – Schlachten und Kriege geführt wurden, die zur Bildung der heutigen República de Cuba beitrugen. Bereits 1528 rebellierte hier der vom Kaziken Hatuey angeführte Taíno-Stamm gegen seine Unterwerfung und die gnadenlosen

Arbeitsbedingungen in den Gold-minen. Fünf Jahre später erlebte Cuba bei der Goldmine von Jobabo den ersten Aufstand afrikanischer Sklaven. Historisch bedeutsam wurden die Ereignisse 1868. Der Kreole Carlos Manuel de Céspedes läutete am 10. Oktober die große Glocke seiner Zuckerrohrplantage *La Demajagua* und befreite seine Sklaven. Zusammen mit den *Independentistas,* cubanischen Nationalisten, kämpften bewaffnete Schwarze und Landarbeiter gegen die Kolonialmacht und lösten den I. Unabhängigkeitskrieg aus. Nur zehn Tage später eroberten sie Bayamo, das zur Hauptstadt der „Republik in Waffen" wurde mit Céspedes als ihrem Präsidenten. Als im folgenden Jahr spanische Truppen vor ihrer Rückeroberung standen, beschlossen die Bewohner, die Stadt niederzubrennen, um sie nicht Spanien zu überlassen, und flüchteten aufs Land. Nur den schön geschnitzten Holzaltar mit der Statue der *Virgen de las Dolores* nahmen die Bayamesen mit. Bereits vor dem Período Especial fuhren die Bayamesen am liebsten mit Pferdekutschen durch die Stadt, was sich bis heute nicht geändert hat, das Leben verläuft nach wie vor tranquilo. Vor Touristen-

rudeln wurde Bayamo bisher verschont. Dennoch hat die Stadt Großes vorzuweisen, auch im Kleinen wie den Paseo Bayamés, eine der schönsten Fußgängerzonen Cubas.

Parque Céspedes: Es ist Bayamos imposantesten Platz mit Historie. Schattige Bäume und Marmorbänke flankieren ein Céspedes-Denkmal in Bronze und eine Figueredo-Büste in Marmor. Perucho Figueredo schrieb 1868 den Text zu *La Bayamesa,* Cubas Nationalhymne: „Al combate corred Bayameses, que la Patria os contempla orgullosa. No temáis una muerte gloriosa, que morir por la patria es vivir..." (Auf zum Kampf, ihr Leute von Bayamo ...). Im Rathaus (Ostseite, Ca. General García 13) unterzeichnete Céspedes im selben Jahr das Dekret zur Abschaffung der Sklaverei in den befreiten Gebieten.

Casa Natal de Carlos Manuel de Céspedes: In diesem vom Stadtbrand verschonten Haus an der Nordseite wurde der *Padre de la Patria* 1819 geboren, hier verbrachte er seine Jugend. Ausgestellt sind Dokumente, Fotografien seines Werdegangs, eine antiquierte Druckerpresse und viel koloniales Mobiliar. Ca. Maceo 57, Di.–Sa. 9–17, Sa. 20–22, So. 10–13 Uhr, US$ 1

Catedral del Santísimo Salvador: Interessanter als das ans Céspedes-Geburtshaus angrenzende Museo Provincial (Ca. Maceo 55, Archäologisches, Stadtgeschichte) ist die einen Häuserblock entfernte, 1995 zur Kathedrale deklarierte Pfarrkirche an der **Plaza del Himno Nacional**, auf der, von Figueredo angestimmt, La Bayamesa zum ersten Mal gesungen wurde. Im gedrungenen Kirchenschiff sind das Taufbecken von Céspedes und Figueredo und links in der vom Feuer unversehrten Capilla de las Dolores der mit Barockstatuen verzierte Altar und seine nach Bayamo zurückgebrachte schwarze **Virgen de las Dolores** beachtenswert. Ca. José Joaquín Palma 130, Mo.–Fr. 9–12, 15–17, Sa. 9–12 Uhr. Beim Gang über den **Paseo Bayamés**, eine auf Hochglanz polierte Fußgängermeile mit Bänken und Skulpturen, kommt man zum

Museo de Cera: Madame Tussaud auf cubanisch und kleiner dimensioniert, doch das Who is who Cubas und Persönlichkeiten mit Cuba-Afición sind ganz gut getroffen: Compay Segundo, Benny Moré, Carlos Puebla, Gabriel García Márquez, Hugo Chávez ... Ca. General García 261, Di.–Sa. 9–17, So. bis 12 Uhr, US$ 2

Fábrica de Coches: Wo sonst, wenn nicht in Bayamo, der Stadt der Pferdekutschen, macht eine Manufaktur von Holzwagen Sinn? Auf ihrem langen Weg der Fertigstellung können urige Gefährte begutachtet und als Modell oder Miniatur in verschiedenen Größen erstanden werden. Prolongación General García 530, Mo.–Fr. 8–15 Uhr, US$ 1

Unterkunft

Hotel Royalton: Seit der Renovierung nach Boutique-Maßstäben wird an der Nordseite des Parque Céspedes ein sehr gutes Preis-Leistungs-Verhältnis geboten, schönes Arkadencafé mit Blick auf den Park und eine Dachterrassen-Bar. Ca. Maceo 53, Tel. 23-42-2290, US$ 98/118

Hotel Telégrafo: Wer Bayamo mit Luxusbleibe kennenlernen möchte, ist hier richtig und wird sich im Jacuzzi und in der Bar auf der Dachterrasse noch besser fühlen. Ca. José A. Saco 275 c/Mármol, Tel. 23-42-5510, US$ 115/140 inkl. Frühstück

Balcón de Bayamo: Mit Blickkontakt zur Casa de la Trova die Casa Particular für Gäste, die es mitten drin am liebsten haben. Sofern frei, gibt es nach hinten ein ruhigeres Zimmer. Ca. Parada 16 e/Martí y Mármol, Tel. 23-42-3859, US$ 30

Casa de la Amistad: Zwei große Zimmer und viel Privatsphäre oder im Vokabular Cubas: independiente. Dazu mit Kochgelegenheit und trotz Unabhängigkeit hilfsbereite Vermieter. Ca. Pío Rosado 60 e/Ramíriez y López, Tel. 23-42-5769, US$ 30

Villa La Paz: Statt auf Terrasse und Patio setzt man im „Frieden" auf Wohlfühlzimmer, statt auf Ästhetik auf Gemütlichkeit und einen günstigen Preis. Ca. Coronel Estrada 32 e/Soler y Milanés, Tel. 23-42-3949, US$ 25

Restaurants

El Polinesio: Vom kleinen Paladar-Pionier zur festen Institution mit großer Menü-Auswahl gewachsen, variantenreich die kreolische Küche mit Ungewohntem kombinierend. Große Portionen belohnen die Suche nach dem etwas versteckt gelegenen Restaurant. Parada 125 e/Pío Rosado y Cisneros, 12–23 Uhr.

Restaurante 1513: Der Speisesaal der Bayamesen glänzt mit sensationell günstigen Preisen. Wer groß keine Sonderwünsche hat, dafür mit ordentlich zubereiteten Hähnchen und Congrí zufrieden ist, sitzt hier richtig, wenn nicht bei größerem Andrang der Einlass in Schüben erfolgt oder es heißt: „Se acabó!". Ca. General García 176 c/G. Lora, tägl. 12–14, 18–22 Uhr

La Sevillana: Klassisch cubanische *Primera categoría!* Hier sind Dresscode, Platzzuweisung und Eleganz angesagt, die spanisch inspirierte Küche mit Paella und Meeresfrüchten nicht übel, preisgünstig. Ca. General García 176 e/G. Lora y Figueredo, tägl. 12–14 Uhr

San Salvadorde Bayamo: Hier stehen ehemalige Kochlehrer in der Küche, die jetzt privat beweisen, dass die Integration indianischer Einflüsse auf die kreolische Küche Gaumen und Magen zu moderaten Preisen erfreuen kann. „Cerveza mambisa" ist in Zuckerrohrstengeln vergorener Jaguasaft. Ca. Maceo 107 e/Martí y Mármol, tägl. 12–23 Uhr

Kultur & Unterhaltung

Casa de la Trova: Unterm Palmendach erklingt eine der besten Troubadur-Bühnen Cubas. Mit und ohne „Yolanda" wird man's sehen und hören: In Bayamo wurde der Altmeister Pablo Milanés geboren. Ca. Maceo 111 c/Martí, Di.–So. 9–17, 21–1 Uhr, abends US$ 1

Casa de la Cultura: Nicht nur Musik, auch Kunst und Literatur sind hier angesagt. Am Wochende abends Live-Konzerte. Ca. General García 15, tägl. 8–23 Uhr

Casa de Estrada Palma: In Bayamos „Südstadt" wurde hier Cubas erster Präsident geboren. Heute residiert hier der UNEAC, der Cubanische Verband der Schriftsteller und Künstler. Traditionell am Samstagnachmittag: *Tarde del bolero*. Ca. Céspedes 158

Teatro Bayamo: Im Stadtviertel Jesús Menéndez gegenüber der Plaza de la Patria ist eines der besten Theater des Oriente zuhause. Für Spanischversierte ein Pläsier! Meistens Mi., Sa. und So. Ca. Figueredo c/Maceo

Hin-, Rum-, Weiterkommen

Bayamos *Aeropuerto Carlos Manuel de Céspedes,* 4 km nördlich der Stadt an der Straße nach Holguín, ist Inlandflügen vorbehalten. Die *Cubana* verkauft Tickets nach Havanna (3x/Woche) in der Ca. Martí 58 e/Parada y Rojas (zwei Häuserblöcke östlich des Parque Céspedes), Tel. 23-42-7514, Mo.–Fr. 10–16 Uhr. Das **Terminal de Ómnibus**,

Tel. 23-42-7482, liegt an der Kreuzung Ctra. Central c/Jesús Rabí, 1 km südlich vom Céspedes-Parque (u.a. tägl. *Víazul*-Busse nach Santiago (5x), Holguín (4x), Havanna (4x)). Die gleiche Distanz in Richtung Osten ist bis zur **Estación de Ferrocarril**, Ca. Saco c/Linea, Tel. 23-42-3056, zurückzulegen. Zielorte der Züge sind Manzanillo via Yara, Camagüey, Santiago, Havanna. Eine Fahrt mit einer **Pferdekutsche** gehört in Bayamo zum touristischen Standardprogramm. Auf ihrer Hauptroute pendeln sie zwischen Bahnhof und Krankenhaus via o.g. Busterminal (20 Peso, Wendepunkt: Cupet-CIMEX-Tankstelle im Süden).

Info & Nützliches

Cadeca, Ca. Saco 101, Mo.–Sa. 9–16 Uhr – **Etecsa** – Ca. General García 109 e/Saco y Figueredo, Mo.–Fr 8.30–19, Sa. bis 23 Uhr – **Farmacia Internacional**, Ca. General García e/Figueredo y Lora, Mo.–Sa. 8–12, 13–17 Uhr

San Salvador De Bayamo Kathedrale

Dos Ríos & Yara

Eine Stippvisite für historisch Interessierte führt nach Dos Ríos, 52 km nordöstlich von Bayamo, wo ein weißer Obelisk oberhalb des Río Cauto den Ort markiert, an dem **José Martí** am 19. Mai 1895 im II. Unabhängigkeitskrieg fiel (via Jiguaní, San Germán, nach Überquerung des Río Cauto folgt man der unmarkierten Abzweigung nach rechts). In Richtung Manzanillo sind es 46 km ab Bayamo bis zum Dorf Yara inmitten von Bananen-, Zuckerrohrplantagen und Reisfeldern. Hier begann ein Tag nach Freilassung seiner Sklaven, am 11. Oktober 1868, die erste Schlacht des I. Unabhängigkeitskrieges mit Céspedes **Grito de Yara,** in dem er die Freiheit Cubas proklamierte. Am Monument auf dem Hauptplatz sind die damaligen Ereignisse nachlesbar. Weitere Informationen bietet nur ein paar Schritte entfernt das Museo Municipal in der Ca. Grito de Yara 107.

Sierra Maestra & Pico Turquino: Cuba on top

Südlich von Bayamo ragen in der Ferne die dunkelgrün schimmernden Bergkämme der Sierra Maestra in die Höhe. Sie ist Cubas mächtigstes Gebirge und zieht sich von Cabo Cruz im Westen 250 km nach Osten und umschließt den Talkessel von Santiago. Bergwandern, *montanismo*, ist auf den Strecken des **Parque Nacional Sierra Maestra** in Begleitung eines Führers möglich, der Wanderern am Zugang zum Nationalpark zugewiesen wird. Trotz der Reglementierung hat der Gipfelsturm mit Rucksack und Wasserflasche Abenteuercharakter und ist anstrengend. Während der Anfahrt auf der Strecke Bayamo via Bartolomé Maso (km 50) zur Villa Santo Domingo (km 74, Parkverwaltung) durchquert man die besiedelten Nordhänge der Sierra und am Berg klebende Kaffeepflanzungen. Die Straße schlängelt sich über die Rücken der mit Eukalyptus- und Zedernwäldern bewachsenen Höhenzüge, passiert den Embalse Paso Malo und folgt dem Oberlauf des Río Yara durch eine Natur, die, je höher man kommt, wildromantischer wird. Für die letzten 5 km ab Villa Santo Domingo bis zum Alto del Naranjo (920 m), wo der Parque Nacional Sierra Maestra beginnt, ist wegen der mittleren Steigung von 16 % und Spitzen über 40 % ein 4WD obligatorisch. Schlaglöcher und Schotter treiben ungeübten Fahrern den Angstschweiß auf die

Stirn. Es gibt keinen öffentlichen Verkehr zwischen Bartolomé Masó und Alto del Naranjo.

Comandancia de la Plata: Ein 3 km langer Dschungelpfad (1 Std.) führt von Alto del Naranjo zur Comandancia de la Plata, die während der Revolution das Hauptquartier der Guerilleros war und wo Herbert Matthews, damaliger Reporter der „New York Times", 1957 sein berühmtes Interview mit Castro führte, wodurch die Welt erfuhr, dass der totgesagte Fidel tatsächlich noch lebte. Ein Museum, das Feldlazarett, Fidels Kommandoposten und der Originalsender von Radio *Rebelde* können besichtigt werden. Fotografieren ist verboten, Zutritt nur bei Trockenheit bis 13 Uhr, der Park schließt um 16 Uhr.

Pico Turquino: Unter allen Routen ist der *Sendero* zum höchsten Berg Cubas (1972 m) der Königspfad, jedoch von der Wetterlage abhängig, sollte in der Trockenzeit im Winter oder Frühjahr stattfinden und frühzeitig reserviert werden, denn er dauert zwei Tage (hin und zurück 36 km, in 15–16 Std. zu bewältigen) und die Schlafplätze im *Refugio Joaquín* sind limitiert (20). Wer bis hinunter zur Karibikküste bei Las Cuevas weiterwandern will, sollte die Weiterreise im Vorfeld or-

ganisieren (im Angebot). Warme Kleidung und Regenschutz gehören in den Rucksack, rutschfeste, strapazierfähige Schuhe an die Füße. Stationen am Sendero von Alto de Naranjo über den Pico Turquino nach Las Cuevas (Gesamtwanderzeit 14–15 Std.): das Dorf La Platica, Palma Mocha (Camping), Lima (Camping), Refugio Joaquín (Hütte, Wasserquelle), El Cojo (Unterstand), Pico Joaquín, Regino (Siedlung), Paso de los Monos (Brücke), Loma Redonda (Gipfel), Pico Turquino, Pico Cuba (1872 m, Unterstand auf 1650 m), Pico Cardero (1265 m), La Esmajagua (600 m, Hütte). Man steigt zwischen Vulkangestein und Felsen langsam bergan, passiert Mahagoni-Bäume, Orchideen und Farne in üppigster Pracht und wird auf dem Gipfel mit einem spektakulären Panorama (sofern die Bergspitze nicht in ein nebliges Wolkenmeer abgetaucht ist) über schroffe Gebirgszüge, isolierte Weiler und im Süden verlassene Buchten und das Karibische Meer belohnt.

Oficina Parque Nacional: Tel. 23-56-5349, 7–16 Uh, um ein rechtzeitiges Verlassen des Parks sicherzustellen, wird nach 11 Uhr der Einlass (gebührenpflichtig, ca. US$ 10) verwehrt, dazu kommen Kosten für

Führer (US$ 10/Tag), Fotografieren (US$ 5), Unterkunft im Refugio Joaquín (US$ 12) plus An-/Abreise, Gepäcktransport (wenn die Wanderung in Las Cuevas endet). Das *Büro* befindet sich 300 m hinter der Villa Santo Domingo. **Ecotur**, Tel. 23-56-5834, 8–12, 14–17 Uhr, vermittelt Transport etc.

Unterkunft

Das *Refugio Joaquín* bietet ein einfachstes Unterkommen in Etagenbetten, ein Bad mit dem Allernotwendigsten und Wasser. Es gibt einfachste, extra berechnete Mahlzeiten.

Villa Santo Domingo: nette Cabañas direkt am Río Yara (Badeplatz), guter Service, allerdings überteuertes Restaurant und nur kaltes Wasser. Tel. 23-56-5568, US$ 65 inkl. Frühstück

Casa Sierra Maestra: einfache, doch komplette Casa Particular gegenüber dem Parkeingang und Ranchón mit Landküche. Santo Domingo, Tel. 23-52-6405, US$ 30

Landschaft Sierra Maestra

Manzanillo

Auf dem Weg von Bayamo zur Südspitze des Golfo de Guacayanabo ist es eine knappe Fahrstunde bis Manzanillo, einem zu Boomzeiten bedeutenden Fischereihafen mit Werft und industriellen Randzonen. Die Gewässer des Guacayanabo-Golfs sind sehr flach, vom Ufer sind Korallenformationen und Sandbänke auszumachen und im seichten Wasser tummeln sich Hummer und Garnelen wie in keiner anderen Küstenregion Cubas. Manzanillo wurde bisher nicht von Touristenhorden überrannt und wird's auch nicht werden. Dennoch verkörpert die Stadt Cuba, wie es in seinen Gegensätzen nur allzu präsent ist. Viel Historie und Gedenken, verstreut architektonische Kleinode und viel kaputte Realität, in der nicht nur der Putz abbröckelt, sondern viele Behausungen mit Brettern und Draht zusammengehalten werden. Auf dass Manzanillos Drehorgelspieler nicht müde werden, gegen den schleichenden Verfall zu kurbeln! in einem wohlklingenden Protest – oder sind sie nur in der Stadt unterwegs, weil es in der Calle Maceo eine der beiden Drehorgelmanufakturen im Land gibt?

Parque Céspedes: Der Platz ist das beschauliche Stadtzentrum beim Hafen, von maurisch und andalusisch beeinflusster Kolonialarchitektur umgeben und wartet mit kachelverzierten Pavillons – beliebtes Fotomotiv ist die Glorietta –, Springbrunnen und kleinen Sphinxstatuen auf. Von der Terrasse des *Cabarets Salón Roja* an der Nordseite blickt man über das Geschehen auf dem Platz. Eine Plakette am *Comite Ejecutivo Municipal* an der Südseite bekundet, dass in Carlos Pueblas Geburtsstadt die *Nueva Trova* ihren Anfang nahm – ein Anspruch, den Manzanillo mit Santiago teilt.

Casa de la Trova: An der Westecke des Parque Céspedes ist die renovierte Trova Manzanillos musikalischer Dauerbrenner, Di. um 21 Uhr mit der *Noche de bolero, hasta siempre* mit engagierten Musikern. Ca. Merchán 213, Tel.23-57-5423, abends US$ 1

Schatten bieten auf der Ostseite des Parks die *Iglesia de la Purísima*, drinen ein vergoldeter Altar und Virgen de Caridad, und das Stadtmuseum *Museo Histórico Municipal,* Ca. Martí 226, Di.–Fr. 8–12, Sa./So. 18–22 Uhr.

Monumento Celia Sánchez: Manzanillos bekannteste Sehenswür-

Parque Céspedes

digkeit huldigt der großen Unterstützerin der Bewegung M-26-7 und ist einige Schritte (7 Kreuzungen) in südwestlicher Richtung vom Parque Céspedes entfernt. Entlang einer blitzblanken Treppenflucht ist das Mauerwerk mit weißer Keramik überzogen und bunten Ornamenten verziert, überwiegend sind Blumen und Vögel die Motive. Am oberen Ende findet es mit Celias Konterfei seinen Abschluss. Ca. Caridad e/Martí y Caballero, oberhalb des kleinen Besucherzentrums, Mo.–Fr. 8–12, 14–18, Sa. 8–12 Uhr, bietet sich eine schöne Aussicht über die Stadt.

Unterkunft & Restaurants

Hotel Guacanayabo: Beste Wahl im Süden der Stadt, obwohl das biedere Hotel in die Jahre gekommen ist (netter Pool, schlafhemmende Disco). Circunvalación C. Cienfuegos (1 km hügelabwärts von der Cupet-CIMEX-Tankstelle), Tel. 23-57-4012, US$ 48 inkl. Frühstück. Eine Treppe an der Nordwest-Seite führt zur Av. 8, diese direkt zum Malecón.

Casa Adrián & Tonia: Mit Sicht auf das Monumento Celia Sánchez sind die 4 Apartments, 3 davon mit Kochecke, und tolle Dachterrasse eine der besten Privathäuser in Manzanillo. Ca. Mártires de Vietnam 49 c/Caridad, Tel. 23-57-3028, US$ 25–30

El Golfo: Die Terrasse direkt am Meer macht den Ort zum stimmungsvollen Speiseplatz, der zwar keine Gourmetküche, aber Fisch und Meeresfrüchte aus der Sparte gut und günstig serviert. Av. 1ro de Mayo c/López, tägl. 12–21 Uhr

Paladar Rancho Luna: In einer selbstdesignten Kulisse werden sehr gut zubereitete Speisen zu erträglichen Preisen von den überkorrekten Betreibern aufgetischt. Ca. José Miguel Gómez 169 e/López y Aguilera, tägl. 8–24 Uhr

Hin-, Rum-, Weiterkommen

Manzanillos **Aeropuerto Sierra Maestra**, Tel. 23-57-7401, liegt an der Straße nach Cayo Espino, 8 km außerhalb und bietet jeden 2. Tag einen Direktflug nach Havanna. Das *Cubana*-Büro befindet sich in der Ca. Maceo 70 (Nordwestecke des Céspedes-Parks), Tel. 23-57-558. Das **Terminal de Ómnibus**, Av. Rosales, Tel. 23-57-2727, 2 km außerhalb der Stadt an der Straße nach Bayamo bietet keine Víazul-Busse, dafür endlose Warteschlangen für regionale *Guaguas* (geregelte Routen, langsam, supergünstig) und private *Camiones* (informell, Abfahrt abhängig von Verfügbarkeit und komplett gefüllter Ladefläche) bis nach Yara oder Bayamo. Hartgesottene können sich vor der Cupet-CIMEX-Tankstelle dank der *Amarillos* einen Platz gen Süden ergattern.

Alle Züge ab der **Estación de Trenes**, A. Marchán, Tel. 23-57-7512, in der Nordstadt fahren über Yara und Bayamo, u.a. 2x/Woche nach Havanna. Pferdedroschken zum Busbahnhof starten in der Ca. Doctor Codina e/Plácido y Caballero (3 Kreuzungen östlich vom Céspedes-Parks) und zur Fahrt über den Malecón zum Fischerhafen an der Kreuzung Ca. Saco c/1ro de Mayo (4 Kreuzungen nordwestlich vom Céspedes-Park).

Info & Nützliches

Cadeca, Ca. Martí 188, Mo.–Sa. 9–16 Uhr – **Etecsa**, Ca. Martí c/Codina, 9–19 Uhr – **Farmacia de Turno Permanente**, Ca. Martí 214 c/Masó, 24 h

Palmen am Strand von Manzanillo

La Demajagua & Media Luna

Im **Museo Histórico La Demajagua** im Süden Manzanillos sind auf dem Gelände der früher riesigen Zucker-Hacienda von Carlos Manuel de Céspedes nur bescheidene Überreste einer verrosteten Zuckermühle, Dampfmaschinen, Kupferkessel, in denen Zuckerrohrsaft zu Melasse gekocht wurde, Sklavenbehausungen und neben dem verfallenden Hauptgebäude die große Glocke erhalten, die der entfesselte Patriot am 10. Oktober 1868 läutete. Di.–Sa. 8–17, So. bis 14 Uhr, US$ 1, 10 km südlich der Cupet- CIMEX-Tankstelle in Manzanillo zweigt von der Straße nach Media Luna eine 2½ km lange Stichstraße nach La Demajagua ab.

Das Zuckerstädtchen Media Luna, 50 km südlich von Manzanillo, ist der Geburtsort von Celia Sánchez (1920–80). Die spätere Sekretärin Fidel Castro war Mitbegründerin der Bewegung des 26. Juli, unterstützte während der Revolution zuerst die Guerilleros in der Sierra Maestra mit Verpflegungspaketen, stieß dann als furchtlose Kämpferin zu ihnen und wurde eine der vertrautesten Mitstreiterinnen Fidels. Das in ihrem Geburtshaus untergebrachte **Museo Celia Sánchez** befindet sich in der Nähe der Zuckermühle direkt an der Hauptstraße. Ca. Raúl Podio 111, Mo.–Sa. 9–17, So. bis 12 Uhr, US$ 1

La Demajagua Monument

Parque Nacional Desembarco del Granma

60 km südwestlich von Manzanillo gabelt sich die Küstenstraße. Die linke Abzweigung führt nach Pilón (30 km) im Südosten, die rechte nach Niquero (10 km) im Südwesten. Auf dieser sind es weitere 23 km via Belic bis zum Eingang des Parque Nacional Desembarco del Granma. Die Landschaft ist durch Höhlen, Kalksteinplateaus und eine relativ unberührte Flora und Fauna geprägt. Bekannt ist er durch die Landung der Motoryacht **Granma** mit den von Fidel angeführten Revolutionären am 2. Dezember 1956 an der **Playa Las Coloradas.** Wegen des ins Mangrovendickicht gebauten Stegs ist der Ort heute zugänglicher als damals, als die Haudegen, durch den Schlamm watend, das Ufer erreichten. Das **Monumento Portada de la Libertad**, eine originalgetreue Kopie der Granma und das *Museo Las Coloradas* hinter der Parkpforte erinnern an die damaligen Ereignisse.

Sendero Arqueológico Natural El Guafe: 8 km fährt man vom Parkeingang bis zum markierten Lehrpfad „El Guafe", der durch üppige Vegetation zum unterirdischen Fluss führt, der einige Höhlen ausgewaschen hat. Der *Idolo de Agua* wurde in präkolumbischer Zeit in die Stalagmiten gemeißelt. Für Archäologen ist El Guafe eine rare Fundstätte, an der sie Gesteinsinschriften und Altäre zutage fördern. Während der knapp 2-stündigen Wanderung begegnet man farbenprächtigen Schmetterlingen, Vögeln (die Region ist Lebensraum 170 unterschiedlicher Spezies), riesigen Kakteen, Orchideen und exotischen Pflanzen (Hinweise auf Spanisch).

Cabo Cruz: 3 km nach El Guafe folgen der kleine Fischerhafen Cabo Cruz und der vom Militär okkupierte Leuchtturm an der von der Meeresbrandung umrauschten Südspitze des Golfo de Guacanayabo. Fischer entladen den Tagesfang, günstig wie nirgendwo gibt's Fisch auf den Tisch im *Restaurante El Cabo*. Die Vegetation ist spärlich, über den steil abfallenden Klippen und vorgelagerten Höhlen ziehen Möwen und Kormorane ihre Kreise.

Alegría de Pío: Von einem Abzeig in Niquero kommt man auf einer 26 km langen, desolaten Schlaglochpiste zur langen Marschierroute, die dem Weg der Rebellen von 1956 folgt und dort endet, wo am 5. Dezember das Himmelfahrtskommando vom Feuerhagel der Einheiten Batistas überrascht wurde. „Nadie se rinde aquí, cojo-

Parque Nacional Desembarco del Granma

ne!" soll Camilo Cienfuegos den Kugeln entgegengeschrien haben. So steht's auf der Gedenktafel und daran wollen auch wir uns halten! Direkt am Weg oder durch Abzweigungen zu erreichen sind einige spektakuläre Höhlen, Schluchten und Karsteinbrüche wie *Hoyo de Morlotte* und *Boca de Toro*.

Eintritt: tägl. 8–18 Uhr, Zutritt zum Nationalpark: US$ 6, Führer US$ 5, Museum US$ 5 inkl. vom machetenschwingenden Führer begleiteten Weg durchs Dickicht zum Ort, wo die Granma strandete.

Campismo Las Coloradas: 28 Doppel-Cabañas am Eingang zum Nationalpark und dunklen Strandabschnitt bieten eine einfache Bleibe mit AC/Bad. Ctra de Niquero km 17, Tel. 23-90-1147, US$ 10/15

Marea del Portillo

Auf der Küstenstraße im Süden Manzanillos quert man nach San Diego auf der Abzweigung nach Pilón die Ausläufer der Sierra Maestra, schlängelt sich über enge Pässe, um in der Nähe von **Pilón** auf die Küstenebene zu stoßen, wo eine **Tankstelle** die letzte bis Santiago ist, etwa 180 km weiter östlich, für Touristen einziger Grund, um hier auf die Bremse zu drücken. Die Bucht *Ensenada de Mora* östlich von Pilón erstreckt sich bis Marea del Portillo und lockt mit einem nüchtern-dunklen Palmenstrand, der ostwärts zum Mangrovenwald wird. Marea del Portillo ist in den Wintermonaten Cubas heißester Ort und beliebtes Ziel preisgünstiger Pauschalreisen. Abgelegen hinter den Bergen eignet sich Marea del Portillo nur für den reinen Badeurlaub, doch dafür gibt's in Cuba viel schönere Strände, höchstens man ist passionierter Taucher, denn hier kämpft man nicht mit viel anderen um freie Plätze.

Centro de Buceo Marea del Portillo: Tauchen zum Wrack des Panzerkreuzers *Cristóbal Colón*, der im Juli 1898 in der Schlacht um Santiago vor der Küste versank, ist der spektakulärste Trip. Gemütlicher sind Bootstouren zum unbewohnten Cayo Blanco oder in den Sonnenuntergang. Die Durchführung hängt von der Verfügbarkeit an Benzin und Booten ab. Tel. 23-59-7139 (im Hotel Marea del Portillo)

Die Küstenstraße nach Santiago – Zwischen Himmel und Hölle

Keine andere Straße in Cuba bietet soviel Landschaft wie diese entlang der Küste von Pilón nach Santiago an der Südflanke der Sierra Maestra – und keine andere Straße ist so die pure Herausforderung, bietet ein endloses Durchgeschütteltwerden und Absturzgefahr. Da spielt es keine Rolle, ob die Straße lange Zeit nur zwischen Uvero und Santiago asphaltiert war und erst spät die

Teermaschinen weiter gen Westen rückten. Denn Zyklone, abrutschende Berghänge und Steinschlag verkürzen die Haltbarkeit des Asphalts, lassen die Straße in halber Breitseite einstürzen und das gefräßige Meer holt sich das, was in mühevoller Arbeit gerade eben gebaut wurde.

Um Passagen mit in die Knie gehenden Brückenstelzen oder Faltenwurf der Straßenbeläge auf Schotterpisten zu umfahren, ist ein 4WD von Vorteil, ein Geländewagen noch besser, mit hohem Radstand, der auch tiefste Schlaglöcher schluckt. Am wichtigsten sind jedoch Aufmerksamkeit, Geduld und die Vorabinformation, ob Teilstücke gesperrt sind! Wer sich, gen Westen fahrend, Chivirico annähert, hat das Schlimmste überstanden. Unterwegs auf der gut 180 km langen Strecke eröffnen sich grandiose Ausblicke: auf der einen Seite die steil aufragenden Hänge der Sierra Maestra, auf der anderen mit Gischt bedeckte, ins Meer abfallende Bergfalten oder malerische Buchten. Und alle Sinneseindrücke überbieten sich im Kontrast: links oben, rechts unten, links grün und braun, rechts blau oder tiefblau. Als Zwischenstop bieten sich Las Cuevas (51 km hinter Marea del Portillo), der karibische Ausgangspunkt der Ruta al Pico Turquino, oder der Campismo La Mula an der Mündung des gleichnamigen Flusses an (von hier kann man zur 30 m vor der Küste gesunkenen „Cristóbal Colón" hinausschnorcheln).

Campismo La Mula: Eigentlich eine cubanische Domäne, Touristen sind auch willkommen. Am Kieselstrand stehen 48 aufs Notwendigste versehene Cabañas, dazu gibt's eine Kantine. Ctra. Granma km 113, Tel. 22-32-6262. Am besten checkt man davor ab, ob eine Cabaña frei ist, in Santiago: *Campismo Popular*, Ca. Cornelio Robert 163 bajo, Tel. 22-65-3639

Chivirico: Bei Calentura, 4 km westlich von Chivirico vor der langen Brücke führt ein Wanderweg in die Sierra Maestra nach Las Alcarraza. Pferdedroschken pendeln zwischen Calentura und Chivirico, dem größten der kleinen Küstendörfer dieser Strecke, das im Regenschatten der Sierra Maestra von Nordostwinden geschützt ist. Vom tiefen und warmen Wasser des Cayman-Grabens rollt eine gemächliche Brandung an den hübschen Strand – wie an viele andere nicht minder schöne dieses Küstenabschnitts. Zwischen Chivirico und Santiago pendeln Camiones und regionaler Busverkehr.

Brisas Sierra Mar: Das lokale Tophotel liegt isoliert einige Kilometer östlich von Chivirico hoch überm Steilufer der Playa Sevilla und bietet als komplett ausgestattetes All-inclusive-Resort inkl. Tauchzentrum einen tadellosen Aufenthalt. Tagesgäste können bis 17 Uhr für US$ 30 alle Hoteleinrichtungen benutzen. Playa Sevilla, Tel. 22-32-9110, US$ 90/120

Campismo Caletón Blanco: auf halbem Weg zwischen Santiago und Chivirico sind die 20 Cabañas mit Radverleih am geschützten Badeplatz die beste Basis für Gäste, die die Route auf zwei Rädern angehen. Caletón Blanco, Tel. 22-62-5515, US$ 35 inkl. Frühstück, Reservierung wie *La Mula*

Bei Aserradero, 44 km vor Santiago, ist der Kanonenturm des 1898 gesunkenen Kreuzers „Vizcaya" am ½ km entfernten Riff sichtbar. Bei der Ensenada Juan González, 27 km vor Santiago, ragen die Enden der Kanonenrohre des Wracks des spanischen Kreuzers „Almirante Oquendo" aus dem Meer empor. Knapp 1 km landeinwärts bietet ein Wasserfall mit Bassin eine Badegelegenheit wie 19 km vor Santiago die Playa Mar Verde.

Santiago de Cuba – Karneval & Trova

Die Sierra Maestra am Horizont und eine tiefe Bucht samt Hafen bestimmen Santiagos Terrain und Landschaft. Die Metropole des Ostens präsentiert sich mit engen, teils steilen Gässchen und einem Patchwork bunter Kolonialhäuser mit überhängenden Balkonen und schmiedeeisernen Gitterfenstern karibisch anmutend. Nirgendwo scheint Cuba ursprünglicher und freundlicher zu sein – einschließlich dem grassierenden Gebaren, dass Freundlichkeit ein Köder und Freundschaft ein Geschäft ist, was wie an keinem anderen Ort Fremde der Verzweiflung nahebringen kann, ob sie denn das „echte" Cuba wirklich kennenlernen wollen.

Die Stadt ist ein temperamentvoller ethnischer Schmelztiegel, eine tropisch-sinnliche Version von New Orleans, deren pulsierender Rhythmus und vibrierende Kakophonie afrocubanischer Klänge von der Música mulata bestimmt werden. In der Hauptstadt des Latin Jazz nahmen alle bedeutenden Musikströmungen Cubas ihren Anfang. Zum Abschluss der Zafra, während des Karnevals (der vom 25.–27. Juli seinen Höhepunkt findet), wird Santiago zur heimlichen Hauptstadt der Republik und das cubanische Wesen offenbart sich *en exceso*. Der Karneval wird hier nicht fürs Publikum zelebriert, sondern kollektiv erlebt, und er kennt keine Zuschauer, denn die ganze Stadt liegt für drei Tage und Nächte im Tanz- und Trommeltaumel. Auch außerhalb des Karnevals sind die Menschen Santiagos ausgelassen. Das Klima ist schwülheiß, besonders im Sommer tropischer als in Havanna.

Santiago wurde 1514 von Diego Velázquez gegründet und war ab 1515 Hauptstadt der Insel. Velázquez und ihr erster Bürgermeister, Hernán Cortés, sorgten für rasches Wachstum. Um die, wie sich bald herausstellte, wenig ergiebigen Goldvorkommen auszubeuten, entwickelte sich, begünstigt durch den tiefen Naturhafen, ein lukrativer Umschlagplatz für Sklaven, die in den Minen arbeiten mussten. Als die Kupferminen von El Cobre zum weltweit größten Kupferbergwerk heranwuchsen, erlebte der Konkurrenzkampf zwischen Santiago und Havanna um die Vorherrschaft eine letzte Renaissance. Die afrikanischen Ursprünge der Bevölkerung sind unverkennbar. Dunkelhäutige Menschen prägen das Bild der Stadt, obwohl, weniger auffallend, auch viele Nachkommen der Franzosen heimisch wurden, die

Blick über Santiago de Cuba

Ende des 18. Jh. nach dem haitianischen Sklavenaufstand von der Nachbarinsel kamen, um in Cubas Oriente Kaffeeplantagen zu errichten.

Für die heutige República de Cuba haben Santiago und der Osten eine besondere Bedeutung. Zuerst gab der Großgrundbesitzer Céspedes im Oriente seinen Sklaven die Freiheit und läutete die Glocken zum Kampf. Cubas Nationalheld José Martí rief schon als 16-jähriger dazu auf, gegen Spanien zu kämpfen. Wie später Fidel Castro landeten Martí und der Held der Unabhängigkeitskriege, Máximo Gómez, im Oriente. Wie Castro wurde Martí von den Bauern der Provinz unterstützt, bevor er in einem der ersten Gefechte fiel. Angesteckt von den Ideen Martís und voller Hass gegen das Batista-Regime, griffen am 26. Juli 1953, während in der Stadt der Karneval tobte, rund 140 Rebellen unter Castros Kommando die Moncada-Kaserne an (einige Heißsporne fuhren übermütig im Taxi vor, andere verfuhren sich im Straßengewirr). Der Angriff scheiterte, doch er war der Beginn der Revolution.

Trotz der historischen Bedeutung als Wirtschafts- und Hafenmetropole liegt Santiago im Schatten Havannas. Beide Städte trennen Welten. Während Havanna wieder zum Touristenmagneten wurde, zieht es wenige nach Santiago. Dabei gibt's in der wegen ihrer heldenhaften Geschichte mit dem Ehrentitel *Ciudad heróica de la República de Cuba* versehenen Stadt eine Menge zu sehen und vor allem zu erleben.

Centro Histórico

Parque Céspedes: Der Brennpunkt der Stadt! Hier wird getrascht, gehandelt, musiziert oder einfach nur der verinnenden Zeit nachgestiert. An diesem Platz oder vor dem Hotel Casa Granda beginnen die Streifzüge durch die Stadt. Auf einer der vielen Bänke um das bronzene Céspedes-Denkmal taucht man in die verführerisch träge Atmosphäre der Stadt ein und wird alsbald die ruhelose Geschäftstüchtigkeit der Santiagueros kennen lernen, der man unmittelbar in Form von Schleppern, Hehlern und Jineteras gewahr wird und sich bis zur Abreise zu erwehren hat.

Catedral de Nuestra Señora de la Asunción: Die Südseite des Platzes beherrscht die monumentale, engelsbekrönte Kathedrale im Renaissance-Stil. Hier stand bereits 1523 eine der ersten Kirchen Amerikas, die durch Erdbeben, Piraten und Feuersbrünste mehrmals zerstört wurde. Im jetzigen Kirchenschiff aus den 1920er Jahren können Interieur und Chorgestühl nur vor und nach einer Messe (Mo., Mi.–Fr. 18.30, Sa. 17, So. 9, 18.30 Uhr) besichtigt werden. Ein getrennter Eingang an der Südseite führt zum kirchengeschichtlichen *Museo Arquidiocesano* (Mo.–Fr. 9–17, Sa. bis 14, So. bis 12 Uhr).

Ayuntamiento: Im Rathaus, heute Sitz des Poder Popular, an der Nordseite des Céspedes-Parks verkündete von einem der blauen, für die Kolonialzeit typischen Holzbalkone Castro am 1. Januar 1959 „El Triunfo de la Revolución", den Sieg der Revolution.

Casa de Diego de Velázquez: Der niedrige, platereske, ab 1522 erbaute Steinbau mit holzvergitterten Balkonen (miradores) im Mudéjar-Stil und geschnitzten Holzdecken (alfarjes) an der Nordwestecke des Platzes gilt als Cubas ältestes erhaltene Haus. In der oberen Etage bezog Velázquez seine Wohnräume, während unten Gold zu Barren geschmolzen wurde (im Patio ist ein dafür verwendeter Ofen zu sehen). Heute beherbergt das Haus das *Museo de Ambiente Histórico Cubano* mit kolonialer Kunst und Interieurs (16.–19. Jh.). Mo.–Sa. 9–17, So. 9–13 Uhr, US$ 3

Calle Heredia

Beim Anstieg der Calle Heredia zwischen Kathedrale und Hotel Casa Granda beginnt Santiagos Kulturmeile. Im so schönen wie ramponierten Kolonialbau **Casa del Estudiante** (No 204) vermitteln die wilden Rhythmen der *Sábados de la Rumba* (auch So.) die Suggestion, sich mitten in Afrika zu befinden (das Hausorchester spielt auch Mi. und Fr. um 21 Uhr).

Casa de la Trova: (No 208) Sie ist die „Mutter aller Trovas" in Cuba, Treffpunkt der musikalischen Bohemiens sowie allabendlich (außer Mo.) ein vibrierendes Musikdrom à la Buena Vista Social Club – auch wenn viele der Helden bereits (von uns) gegangen sind, ist Eliades Ochoa immer noch regelmäßiger Gastmusiker in seiner Heimstätte – und ein populärer Touristenspot. Gemäßigter ist die Musik in der Trova von 11–15 Uhr. Programm am Eingang: Tel. 22-65-3892, 11–1 Uhr, tagsüber US$ 1, abends US$ 3–5

Eines der nächsten Häuser ist die **Casa Natal de José María de Heredia** (No 260). José María Heredia y Heredia (1803–39) war einer der ersten cubanischen Dichter, die für die nationale Unabhängigkeit eintraten und verfasste mit der *Ode to Niagara*, einer lyrischen Huldigung der Schönheit der Natur Amerikas, eines der ersten romantischen Gedichtbände im spanischen Sprachraum. Sein Geburtshaus ist Ort für Dichterlesungen und Konzerte (Di.–So. 9–20 Uhr). Im Haus No 266 ist der cubanische Schriftstellerverband **UNEAC** zu Hause.

Museo del Carnaval: Mit Plakaten, Kostümen, aus Holz geschnitzten oder mit Pappmaschee fabrizierten Masken ist die Geschichte des cubanischen Karnevals und der bodenständigen Karnevalsembles (carabalís) der Stadt und ihrer Ateliers dokumentiert. Folkloregruppen treten bei gegebener Publikumsresonanz um 16, So. um 11 Uhr auf. No 303, Di.–Fr., So. 9–17, Sa. 14–22 Uhr, US$ 2

Der *Foco Cultural Carabalí Izuama* ist unter den neun traditionellen Karnevalsgruppen von Santiago die älteste und führt Proben in der Ca. Pío Rosado 107 (Di., Do. 19 Uhr) durch, während der Tänze wie „Tumba francesa", „Carabalí obulo" und „Conga" zu sehen sind. Besucher sind willkommen. Sollten die Türen verschlossen sein, wendet man sich an Tulita (Ca. Pío Rosado 120), die Auskunft über die nächste Probe gibt. Die *Sarabanda Mayoubé* trifft sich im *Foco Cultural El Tivolí*, Ca. Desiderio Mesnier 208 e/Rabí y Padre Pico, an Werktagen um 20 Uhr zu geschlossenen Proben, bietet aber samstags um 17 Uhr innerhalb ihres öffentlichen „Mágica-religiosa"-Programms in der Casa de las Tradiciones folkloristische Tänze des *Palo Monte* und *Bembé*. Weitere führende Vereinigungen sind der *Conjunto Folklórico de Oriente,* Ca. Hartman 407 c/

Sagarra, und der *Foco Cultural Tumba Francesa,* Ca. Los Maceos 501 c/G. Banderas.

Den geruhsamen (sofern keine Jineteros auf der Pirsch sind) Abschluss eines Streifzugs durch die Ca. Heredia bieten linkerhand die schmiedeeisernen, schattigen Bänke der als **Bulevar** bekannten **Plaza de Dolores** (Ca. Aguilera c/Porfirio Valente).

Auf dem engen Übergang **Calle Pío Rosada** *zwischen der Ca. Heredia und Ca. Aguilera kommt man in wenigen Schritten zu zwei Museumsklassikern Santiagos. Links:* **Museo Emilio Bacardí**: Die Ausstellung wurde bereits 1899 in einem vom alten Griechenland inspirierten Palast durch den damaligen Bürgermeister und Gründer der Rumfabrik *Santiago Caney*, Emilio Bacardí y Moreau, initiiert, der sich auf Reisen als unersättlicher Kulturhamster erwies: ein Sammelsurium indigene Artefakte, ägyptischer und südamerikanischer Exponate, europäischer Gemälde, spanischer Costumbrismo des 19. Jh. Das klassizistische Gebäude auf der anderen Straßenseite (links der Etecsa) ist der *Gobierno Provincial,* Sitz der Provinzregierung. Ca. Pío Rosado c/Aguilera, Di.–Fr. 9–17, Mo. ab 13, Sa. bis 13 Uhr, US$ 3

Und rechts:
Museo del Ron: Im kleinen Museum der früheren Bacardí-Rumfabrik erfährt man in mehreren Sprachen anhand historischer Destillier- und Abfüllmaschinen, wie Zuckerrohr zu Rum wird, was den cubanischen Rum so besonders macht und bekommt zum Schluss einen Tragito Añejo kredenzt. Die Fledermäuse unterm Dach, die zum Bacardí-Logo inspirierten, sind nicht mehr vorhanden. Ca. Peralejo 103, Mo.–Fr. 9.30–17 Uhr, US$ 5

Tivoli – das „französische Quartier"

Hinter der Kathedrale beginnt das Viertel, in dem sich im frühen 19. Jh. französische, aus Haiti geflohene Kolonialisten niederließen. Zum Touristenprogramm gehört ein Gang durch die am Westende der Ca. Heredia beginnende **Calle Padre Pico,** eine hübsche Treppenstraße, über deren gepflasterte Stufen man den südwestlichen Bereich der oberhalb des Hafens gelegenen Altstadt erklimmt. Oben angekommen, gelangt man rechts zum **Museo de la Lucha Clandestina**: Das Gebäude war die Polizeistation, die am 30. November 1956 unter dem Kommando von Frank País von Mitgliedern der *Gruppe*

M-26-7 angegriffen wurde, um von der gleichzeitigen Landung der „Granma" mit Fidels Guerilleros abzulenken. Heute zeichnet es den Untergrundkampf in Santiago gegen Batista in den 1950er Jahren nach und bietet vom Balkon eine schöne Aussicht über die Stadt. Ca. General Jesús Rabí 1, Di.–Sa. 9–17, So. bis 12 Uhr, US$ 1,50

Balcón de Velázquez: Vom früheren spanischen Fort reicht der Blick über Hafen und Bucht bis zu den Bergen. Auf der Suche nach Trinkgeld versuchen verkappte Historiker die Stadtgeschichte an Kunden zu bringen. Ca. Bartolomé Masó c/Corona, US$ 1

Fábrica de Tabaco César Escalante: Die westliche Verlängerung der Calle Heredia führt fast direkt zur Tabakfabrik in der Hafenstraße, in der u.a. Zigarren der Marke Romeo y Julieta hergestellt werden. Av. Jesús Menéndez 703 (gegenüber dem Uhrenturm am Nordende der Alameda-Promenade). Mo.–Fr. 9–11, 14–16 Uhr

Fábrica del Ron: Von der Zigarrenfabrik folgt man der Av. Menéndez bis zum Bahnhof und der gegenüberliegenden *Fábrica del Ron*. Die von der Bacardí-Dynastie 1838 gegründete Destillerie verschob nach der Revolution ihre Produktionsstätten nach Puerto Rico, während hier unter dem traditionellen Namen *Ron Caney*, dazu *Ron Santiago* und *Varadero*, weiterproduziert wird. Ca. Peralejo 103, Tel. 22-65-1212, Mo.–Fr. 9–17 Uhr. Aktuell ohne Fabrikbesichtigung, doch die „Barrita de Ron" am Eingang schenkt den hochprozentigen Seelentröster aus.

Blick über Tivoli

Santiagos Außenbezirke

Über den Verkehrsknoten der **Plaza de Marte** und die Av. de los Libertadores (vor der Coppelia La Arboleda links abbiegen) erreicht man rechts in der Ca. General Portuondo den

Plaza de Marte

Cuartel Moncada: Am 26. Juli 1953 begann mit dem missglückten Sturm auf die zweitgrößte Kaserne des Landes die cubanische Revolution. Nach deren Sieg zog die Primarschule *Escolar 26 de Julio* in die Moncada-Kaserne ein. Im linken Flügel, wo die Einschüsse im gelben Fassadenputz an den Überfall der Rebellen erinnern (die originalen Löcher wurden nach der Attacke 1953 zugemörtelt, die heutigen wurden nachträglich in den Beton fabriziert), ist das *Museo Histórico 26 de Julio* (Tor 3) untergebracht. In zehn Sälen ist der lange Kampf um die Unabhängigkeit und Selbstbestimmung Cubas chronologisch festgehalten. Der Fokus der Ausstellung liegt auf den Devotionalien der Revolution. Ca. General Portuondo, Tel. 22-66-1157, Mo.–Sa. 9–17, So. 9–13 Uhr, US$ 5

Plaza de la Revolución: Die weiträumige, freie Fläche am Schnittpunkt der Avenidas de los Libertadores und de las Américas ist Santiagos Platz für Großkundgebungen. Überragt wird er vom wuchtigen Bronze-Reiterstandbild **Antonio Maceos**, dessen martialische Ausstrahlung durch die himmelwärts aufragenden Macheten verstärkt wird.

Casa Natal del Mayor General Antonio Maceo: Das Geburtshaus des Helden der Unabhängigkeitskriege, der in der Kommandohierarchie direkt auf Máximo Gómez folgte, befindet sich nördlich vom Centro und zeigt Persönliches und Fotos des unerschrockenen Generals, der mit dem Freiwilligenheer der Mambises gegen die überlegenen spanischen Truppen zog. Ca. Los Maceos 207 c/Corona, Mo.–Sa. 9–17 Uhr, US$ 1

Casa Museo de Frank y Josue País: Fünf Häuserblöcke östlich vom Maceo-Haus zeichnet ihr Geburtshaus Leben und Wirken der País-Brüder in Santiago innerhalb der M-26-7-Bewegung nach. Ca. General Banderas 226, Mo.–Sa. 9–17 Uhr, US$ 1

Cementerio Santa Ifigenia

In der Weststadt befindet sich der famose **Cementerio Santa Ifigenia**. Dieser Friedhof ist kleiner, bescheidener als die bombastische Nekropolis des Cementerio Cristóbal Colón in Havanna. Doch Santa Ifigenia ist das nationale Gedenken schlechthin, ein Pantheon, in dem die sterblichen Überreste der illustresten Persönlichkeiten aus Cubas Geschichte versammelt sind. Carlos Manuel de Céspedes, „Vater der cubanischen Unabhängigkeit", Emilio Bacardí, Gründer der legendären Rumdynastie, Helden und Märtyrer der Unabhängigkeitskriege und Revolution, Poeten und Musiker wie Compay Segundo, der durch „Buena Vista Social Club" vor seinem letzten Gang noch sein großes Revival erlebte.

Die herausragenden Grabstätten Santa Ifigenias sind

das Mausoleum des Dichters der Nation, *José Martí*. Der erhöht stehende, von Säulen getragene, offene Rundbau mit den Statuen, die die (damaligen) Provinzen Cubas symbolisieren, wurde so konstruiert, dass das von der cubanischen Flagge eingehüllte Grabmal stets vom Tageslicht bzw. den Sonnenstrahlen ohne Schattenbildung beschienen wird. Und seit dem 4. Dezember 2016

ein Monolit des Ex-Comandante y Jefe *Fidel Castro Ruz*. Nach einer prozessionsähnlichen Fahrt durchs ganze Land wurde die Urne des Máximo Líder in die Nische eines gewaltigen Gesteinsklumpen aus dem Río Cauto neben das Mausoleum Martís gesetzt. Die Inschrift auf der kleinen Metalltafel lautet kurz: *Fidel*.

Rund um die Uhr wird jede ½ Std. im Stechschritt die Wache des Mausoleums von José Martí abgelöst. Av. Crombet, tägl. 8–18 Uhr, US$ 3. Pferdekutschen fahren ab dem Malecón, Av. Jesús Menéndez, vom Parque Alameda die 3 km bis zum Cementerio Santa Ifigenia.

Der Bezirk Vista Alegre

Vista Alegre ist das traditionelle Nobelquartier Santiagos mit Parks, neokolonialen Anwesen und angelsächsisch inspirierten Bauten, die nach der Revolution u.a. in Schulen, Kliniken, Museen und administrative Büros umgewandelt wurden.

Palacio de Pioneros: Seit 50 Jahren üben sich im ehemaligen Kolonialpalast die *Children of the revolution* im guten und richtigen Leben und können auf dem im Garten plazierten historischen MIG-Kampfflugzeug herumklettern. Av. Manduley c/11

Casa de las Religiones Populares: Eine große Sammlung an Santería-Objekten und Dokumentation zu Synkretismus und Naturreligionen wie Palo Monte auf Cuba. Wer, in welcher Art auch immer, den Orishas begegnen möchte, kann sich informieren. Ca. 13 No 206 c/10, Mo.–Fr. 9–17 Uhr, US$ 2

Beim *Parque Zoológico,* Di.–So. 10–17 Uhr, in der Av. Raúl Pujol beginnt die Grünzone des San-Juan-Hügels. Vor dem Zooeingang ist der **Arbol de la Paz** (Friedensbaum) von Kanonen und einem eisernen Zaun umgeben. Unter dieser Baumkrone kapitulierte 1898 die spanische Garnison vor den US-amerikanischen Rough Ridern nach der zweiwöchigen Schlacht um den San-Juan-Hügel. Einige originale Kanonen und Schützengräben sind auf dem Gelände des Motels San Juan zu besichtigen.

Casa del Caribe: Hier werden das Festival del Caribe, Fiesta del Fuego, Konzerte organisiert, hier ist die Anlaufstelle für alle, die sich für cubanische Kultur interessieren. Zudem werden Workshops, Tanzstunden (Rumba, Mambó, Danzón, Cha-cha-chá, Conga santiagera) und Trommelkurse vermittelt. Ca. 13 No 154 e/Manduley y 8, Mo.–Fr. 9–17 Uhr

Museo de la Música: Die Geschichte der Liaison zwischen der Musik und Santiago der letzten hundert Jahre dokumentieren Fotos, Noten und Instrumente, was man in der Cafeteria im Patio am Wochenende, wenn das Museum schließt, auch live hören kann. Av. Manduley 155 e/5 y 7, tägl. 9–17 Uhr, US$ 3

Castillo El Morro

Zwischen Festung und Strand

Castillo El Morro: An der Südspitze der Bahía de Santiago schützte seit dem 17. Jh. die hoch auf die Klippen gebaute, auch als *Castillo San Pedro de la Roca* bekannte Festung die Stadt vor Piraten. Dass der steinerne Koloss wie eine Kopie der gleichnamigen Festung in Havanna wirkt, rührt daher, dass bei beiden Entwürfen der Italiener Giovanni Batista Antonelli, ein Spezialist renacentischer Festungsarchitektur und versierter Militärtechniker, am Werk war. Mehrfache Gräben, Zugbrücken, doppelte Bollwerke, massive Batterien und sechs unterschiedliche Niveaus, von denen man die Angreifer unter Beschuss nahm – über Holzrampen ließen sich Eisenkugeln ohne Zeitverlust zu den Kanonen an den Schießscharten rollen –, machten El Morro zu einer der sichersten Festungen Amerikas.

Nach dem superben Ausblick über die Bucht, Küste, von der die Sierra Maestra mit Wucht aufragt, gelangt man beim Gang durchs Festungslabyrinth zum „Verlies" der Ausstellung (alte Landkarten, Schiffsmodelle, Waffenarsenal, Munitionskisten) und spärlich beleuchteten, anregenden Piratenmuseum, das über traditionelle, aber auch moderne, also imperialistische Piraterie der Yanquís informiert. Als das komplexeste, am besten erhaltene Zeugnis hispano-amerikanischer Festungsarchitektur wurde El Morro von der Unesco zum Welterbe erklärt. Ctra. del Morro km 7, Mo.–Fr. 9–17, Sa., So. 8–16 Uhr, US$ 5

Weg zur Festung El Morro, Cayo Granma: 212er-Busse nach Ciudamar auf der Ruta Turística sollten bereits gegenüber dem Krankenhaus in der Av. de los Libertadores bestiegen werden, weil der spätere Zustieg am Céspedes-Parks schwierig (bereits voll) ist. Vor dem 20-minütigen Fußweg zur Morro-Festung kann stündlich von der Fährstation Ciudamar, *Punta Gorda*, zum mitten in der Bucht gelegenen **Cayo Granma** übergesetzt werden. Auf der Insel, eine traditionelle Sommerfrische der Santiagueros, befinden sich ein winziges Fischerdorf, sehr gutes Fischrestaurant, die *Casa de los Combatientes* mit einer netten Bar direkt an der Kaimauer und einige passable Strände. Wieder zurück, beginnt der kurze Aufstieg zur Festung rechts am Sandstrand *Caleta La Estrella*.

Siboney – Santiagos Osten

Playa Siboney: Die in kleinen Buchten versteckten Strände im Osten Santiagos sind den mit Schotter und Kieselsteinen übersäten Badeplätzen im Westen vorzuziehen. Der populärste und naheliegendste Strand der Santiagueros ist 2 km südlich des Ortes Siboney die Playa Siboney, 19 km vom Parque Céspedes entfernt. Zur Landseite gibt es einige wettergeplagte Hütten und Cafeterias. Der im Uferbereich sehr steinige Strand fällt flach ins Meer ab, eignet sich kaum für ein Hochglanzprospekt, sorgt aber für die abkühlende Flucht aus der Trockenheit und Hitze der Stadt. Bus 214 fährt ab der Av. de los Libertadores 425 (gegenüber der Empresa Universal) stündlich nach Siboney.

Granjita Siboney: Von der Straße Playa Siboney–Santiago zweigt man nach 2 km landeinwärts zur ehemaligen Finca Granjita Siboney ab. 1953 war sie der als Hühnerfarm getarnte Stützpunkt Castros und seiner Compañeros (und zwei Compañeras), die dort den Angriff auf die Moncada-Kaserne vorbereiteten. Herangeschaffte Waffen und Uniformen wurde als Hühnerfutter deklariert und im Brunnen versteckt. In den frühen Morgenstunden des 26. Juli 1953, um 5.15 Uhr, brachen von hier 26 Fahrzeuge mit 119 kampfentschlossenen Haudegen zur Attacke auf die Moncada-Kaserne auf. Heute werden in dem Gebäude die letzten Tage und Stunden vor der Attacke dokumentiert, Zeitungsausschnitte und Waffen der Revolutionszeit gezeigt. Di.–So. tägl. 9–17 Uhr, So. bis 13 Uhr, US$ 1

Unterhaltung & Kultur

Das Heft „Programación Cultural" informiert über Kultur-Events der kommenden Woche, oder man schaut in die 14-tägig erscheinende „Cartelera Cultural", von der man u.a. im Casa Granda eine Kopie bekommt. **Casa de la Trova** und **Casa del Estudiante** s.u. „Calle Heredia".

Mit afrocubanischen Tänzen, Kostümen und lebenssprühenden Temperament sind das *Festival del Caribe* und die *Fiesta del Fuego* Anfang Juli das Warm-up für Karneval. Einer der Schauplätze ist der moderne *ExpoCaribe*-Komplex **Teatro José María Heredia,** Av. de las Américas c/Av. de los Desfiles, Tel. 22-64-3190, im Norden der Pl. de la Revolución. Ticketschalter für Events in der *Sala Principal* (2459 Plätze) oder im *Café Cantante Niagara* (120 Plätze): tägl. 9–12, 13–16.30 Uhr

Tropicana Santiago: Die Varieté-Shows sind abgespeckter, ohne die Brillanz des Originals in Havanna, aber zum halben Preis immer noch ein tolles Erlebnis, wenn Tänzerinnen, ein Nichts von Glitzer und Federboas über die Bühne wirbeln. Autopista Nacional km 1,5 (3 km nordöstlich des Hotels Las Américas, in der Stadt/Hotel bucht man mit Transport), Tel. 22-68-7020, Mi.–So. 22–2 Uhr, US$ 40

Iris Jazz Club: Der musikalische Kontrapunkt Santiagos und dem Jazz gewidmete, angenehm kühle Oase. Bereits nachmittags geöffnet, kann man Gruppen wie Adriana Asseff und Boomerang mit einem Cuba Libre (heißt es doch hier: „Jazz ist Freiheit.") beim Soundcheck zuhören. Die Shows beginnen ab 21 Uhr (US$ 5). Ca. General Serafin Sánchez e/Saco y Bayamo (Westseite der Plaza de Marte), Mi.–Mo. 13–2 Uhr

El Patio ARTex: Zu später Stunde (außer Mo.) ist die Patio-Bar ARTex (tagsüber CD- und Souvenirverkauf, ab 22 Uhr dröhnen live Son- und Rumba-Rhythmen, US$ 3) die etablierte Kontaktbörse im Centro, man wird es bereits vor der Treppe am Einlass merken, für ein bilaterales Nachtleben. Ca. Heredia 304 e/Pío Rosado y Calvario, 11–2 Uhr

Casa de las Tradiciones: Abseits vom abendlichen Touristentrail versteckt im Tivoli, ist es eine der besten Adressen für traditionelle cubanische Live-Musik, und dies in genau der Atmosphäre, wie man sie erwartet, z.B. Freitagabends mit Trova at it's best. Hauptsächlich Son, auch Folklore, unter der Woche ab 21 Uhr, am Wochenende schon nachmittags live. Ca. General Jesús Rabí 154 e/José de Diego y García, tägl. 11.30–24 Uhr, Konzerte US$ 3

Patio Los Dos Abuelos: Etwas gezähmt und aus der Mode gekommen werden Tradicionales und Son dargeboten und distinguierte Señores schieben ihre Señoras übers Parkett. Ca. Francisco Pérez Carbo 5 (Ostseite der Pl. de Marte), Mo.–Sa. ab 21 Uhr

Café La Isabélica: Schon tagsüber versprüht die kleine Eckpinte die Aura einer Räuberhöhle, in der sich Amateurzuhälter und allerlei zwielichtiges Volk wohl fühlen. Ein Bier, Rum und ein kräftiger Kaffee ... und man hat schon viel über Santiago gelernt. Ca. Aguilera 552 c/ Calvario (Südwestecke des Bulevar), 7–23 Uhr, bei Abendsessions US$ 5

Casa de la Cultura Miguel Matamoros: Wo es sich früher der Aristokratenclub *San Carlos* gutgehen ließ, werden Ausstellungen organisiert und samstags die *Sábados de la Rumba* veranstaltet. Ca. Lacret 651 (unterhalb vom Casa Granda)

Noche Santiagüera: Ab der Plaza de Marte bis hinunter zum Parque Cespédes sind die verkehrsberuhigte und Fußgängerzone der Av. Garzón und *Enramada* am Samstagabend das Terrain für „Santiagos Nacht" mit Musik auf der Gass, vielen Tresen und Ess-Ständen.

Unterkunft

Hotel Casa Grande: Als Platzhirsch direkt am Parque Céspedes ist dieses altehrwürdige, stilvoll renovierte Haus die beste Wahl (ein Schauplatz von Graham Greenes Roman „Unser Mann in Havanna"), wenn man das Zimmer pauschal preiswert bekommt, die Roof Garden Bar auf der Dachterrasse, von der man die Szenerie auf Santiagos Hauptplatz bestens überblickt, ein stimmungsvoller Nightspot. Ca. Heredia 201 c/General Lacret, Tel. 22-65-3024, US$ 80/108

Meliá Santiago de Cuba: luxuriös ausgestattete Zimmer im monströsen rot-weiß-blauen Hotelturm aus Stahl, Beton und Glas beim Stadtteil Vista Alegre, superbe Aussicht von der Bar Pico Real in der 15. Etage, üppige Buffets, exquisiter Nightclub, Disco, dafür fern ab vom Charme El Centros. Wem's nach wochenlangem Duschen nach einer Badewanne zumute ist ... Av. de las Américas c/Ca. M, Tel. 22-68-7070, US$ 120/148 inkl. Frühstück

Hotel Las Américas: ordentliche Zimmer, solider Service, bestes Preis-Leistungs-Verhältnis, gegenüber dem Hotel Santiago am Rand von Vista Alegre, bescheidene Restaurantküche. Av. de las Américas c/General Cebreco, Tel. 22-64-2011, US$ 50 inkl. Frühstück

Gran Hotel: Nur vom Casa Granda im Standort übertroffen, bietet das Gran Hotel direkt an der Enramada eine Residenz mitten im Geschehen. Allerdings hat die Renovierung von 2015 nichts daran geändert, dass es Zimmer ohne Tageslicht gibt. Die integrierte Hotelfachschule sorgt für korrekten Service, die Bar auf der Terrasse für großartige Aussicht. Ca. Saco 312 c/Hartmann, Tel. 22-28-7171, US$ 110/135 inkl. Frühstück

Hotel Libertad: Sehr schlichte, doch mit Kolonialspuren ausgestattete Zimmer, deren Manko der Lärm von der Dachterrassenbar ist. An der Plaza de Marte ein Ort von Reiseagenturen, wo Colectivos zum Flughafen in Holguín starten, und beredter Platz zwischen Santiageros und Estranjeros. Ca. Aguilera 658 (Pl. de Marte Südseite), Tel. 22-62-7710, US$ 69/79

Hotel Rex: Lange Zeit eine der liderlichsten Absteigen der Stadt, ist durch Generalüberholung ein ordentliches Basisquartier westlich der Pl. de Marte entstanden mit cubanischem Esprit und typischem Lärmpegel. Av. Garzón 10 Altos e/Pizarro y Carbo, Tel. 22-68-7032, US$ 50/60 inkl. Frühstück

Roy's Terrace Inn: Ein Musterbeispiel, wie mit Gastro-Erfahrung und Kapital eine traumhafte Dachterrasse, in der man sich mitten in der Stadt im blühenden Tropenparadies fühlt, und vier superbe Gästezimmer geschaffen wurden, so dass Gäste sich rundum wohlfühlen. Der Service ist penibel korrekt und die Mamas kochen, was das Zeug hält, das Paradies soll schließlich erhalten werden, deshalb im oberen Preissegment. Ca. Diego Palacios 177 e/Padre Pico y Corona, Tel. 22-62-0522, US$ 40–50

Casa Juan Carlos: In bester Lage direkt unterhalb vom Balcón de Velázquez in einer ruhigen Seitenstraße bietet Señor Izaguirre ein gut ausgestattetes Zimmer mit Klimaanlage, Ventilator, Kühlschrank und eigenem Eingang (*independiente*). Während des Aufenthalts offenbart Juan Carlos sein unermüdliches wie rührendes Wesen, und als Cubano de pura sangre wird man ihn als immer durstig, galant, aber zurückhaltend! erleben, er versteht sich aufs Kochen, offeriert Gästen, wenn gewünscht, den Einstieg ins Leben der Santiagueros, führt oder fährt sie durch die Stadt, zu günstigen, guten Restaurants. Seit er Besitzer einer Hyuandai Atos ist, ist er auch als Chófer zu Diensten inkl. Flughafentransfer. Viele seiner Gäste kommen Jahr für Jahr wieder hierher! Ca. Lina Boza 69 e/San Basilio y Padre Pico, Tel. 22-62-2044, jizaguirre@nauta.cu, US$ 30

Restaurants

Fontana de Trevi: Santiagos unprätentiöse cubanische Institution schlechthin, in die sich selten Touristen verirren. Hier wird klassisch angestanden, der Einlass vollzieht sich in Schüben. Schließlich sitzt man im AC-gekühlten, schmucklosen Kantinensaal und bekommt prompt das Bestellte, dessen sehr preiswerte Auswahl sich aber auf Hähnchen, Pizza, Spagetti und ab und an Bistéc beschränkt. Einer der wenigen Orte, wo die Rechnung immer korrekt ist. Ca. Saco 260 c/ Lacret (an der Ecke, wo's von der

Enramada zum Parque Céspedes geht), tägl. 12–17, 18–22.30 Uhr. Die angrenzende **Fontana-Bar**, tägl. 12–24 Uhr, ist ein guter Ort für „Neue", um bei einem Trago mit den Santiagueros ins Gespräch zu kommen.
Taberna de Dolores: preiswerter, als *Bodegón* bekannter Platz zum Dinieren in einem alten Feudalanwesen (Kolonialwarenlager) mit überhängenden Balkonen, dekorativen Holz- und Eisenarbeiten um einen rustikalen Innenhof. Hausspezialität sind Hähnchen vom Grill und Spanferkel. Ca. Aguilera 468 e/ Reloj y Calvario (an der Pl. de Dolores), tägl. 12–17, 18–23 Uhr
Santiago 1900: ein Großteil der Fin-de-siècle-Eleganz konnte in den Salóns, im Patio mit seinem hübschen Springbrunnen und auf den Terrassen der ehemaligen Bacardí-Residenz erhalten werden. Das 1900 ist der Speisetempel der Santiagueros, wenn sie stilbewusst ihre Doñas zum Dinieren ausführen. Die Auswahl auf der Karte ist stattlich, das, was reell serviert wird, bescheiden. Ca. San Basileo 354 e/Pío Rosado y Hartmann, tägl. 12–24 Uhr (wenn El Capitán nicht wegen leerem Lager die Pforte geschlossen lässt)
La Karreta: In der oberen Enramada hat sich das La Karreta zu einem der besten Paladares Santiagos gebrutzelt. Eine gute Wahl ist *Plata La Karreta*, denn da ist alles drauf, nur nicht vegan, und kommt mit Garnelen, Fisch und Fleisch zu Tisch, mit dem Berg an Reis und Salat ist selbst der größte Hunger weg. Ca. Saco 563 e/San Agustín y Barnada, Tägl. 12–24 Uhr
St Pauli: Auch wenn man auf dem Weg ins Restaurant meint, hier geht's zur „Ritze", ist's dann doch ein gutes, hier nicht mit üblichem Patio und Grünwuchs punktendes Restaurant, sondern mit der Aura einer dunklen Hafenkneipe, ausgiebig mit St.-Pauli-Fanutensilien dekoriert. Überraschend sind die moderne wie gelungene Variation cubanischer Küche und moderaten Preise. Ca. Saco 605 e/ Paraíso y Barnada, tägl. 12–23, Fr.–So. bis 24 Uhr
Ranchón Los Naranjo: Bodenständiges Open-air-Restaurant beim Marktplatz in Ferreiro mit günstigen cubanischen Speisen wie Fisch vom Grill oder Lammeintopf in Tomatensoße. Ca. Pedro Alvarado 16, tägl. 12–23 Uhr
Coppelia *La Arboleda*: garantiert für lange Warteschlangen (El último?"), köstliches wie preisgünstigstes Schokoladeneis und eine Atmosphäre, in der man inmitten von Cubanern, aber ohne Schlep-

per und Hehler sitzt. Av. de los Libertadores c/Garzón (nahe der Pl. de Marte), Di.–So. 10–23.40 Uhr

Jardín de las Enramadas: Weil La Arboleda brummt und brummt, hat sich in der Enramada ein weiterer hübscherer Eis-Garten etabliert, und auch hierher zieht's die Santiageras, -os. Moderner und größere Auswahl als bei La Arboleda, doch die Namen sind heimatverbunden die gleichen: „Pico Turquino", „Gran Piedra" ... Ca. Saco e/10 de Octubre y Peralejo, tägl. 9.45–22.45, Sa./So. bis 23.45 Uhr

Hin-, Weiterkommen

Der **Aeropuerto Antonio Maceo**, Tel. 22-69-1053, liegt 7 km südlich vom Centro am Abzweig von der Ctra. del Morro. Die Cubana fliegt tägl. 2- bis 3mal nach/von Havanna. Die Busse 212 und 213 in die Stadt fahren nicht direkt vorm Flughafenterminal, sondern von der Westseite des Parkplatzes ab (von der Stadt zum Flughafen ab der Av. de los Libertadores, vor dem Krankenhaus). Die Niederlassung der *Cubana*, Tel. 22-65-1577, Mo.–Fr. 8.15–16 Uhr, befindet sich an der Kreuzung Ca. Saco c/General Lacret unterhalb vom Parque Céspedes.

Das **Terminal de Ómnibus** befindet sich 2 km nördlich der Pl. de Marte in der Av. de los Libertadores 457 c/Yarayó. ***Víazul*** fährt tägl. 3mal nach Havanna (Stops in Holguín, Camaguey, Santa Clara), jeweils 1mal nach Baracoa, Trinidad und Varadero. Touristen kaufen Tickets am Schalter nebenan in der Av. de los Libertadores 453, Tel. 22-62-8484, 8–12, 13–17 Uhr. *Colectivos* fahren nach Baracoa, wenn sich mindestens 5 Fahrgäste eingefunden haben. Ab dem **Terminal Intermunicipal**, Av. de los Libertadores c/4, starten *Camiones* und Busse über die Autopista nach El Cobre, San Luis, Palma und Contramaestre („El último?", inkl. zähem Ringen um freie Plätze), vom Busterminal **Serrano Intermunicipal** in der Av. Jesús Menéndez, gegenüber dem Bahnhof, fahren den ganzen Tag über Camiones entlang der Küste nach Caletón Blanco und Chivirico (am Schalter besorgt man sich eine „Bordkarte", bezahlt wird beim Zusteigen).

Im **Terminal Central de Ferrocarriles,** Av. Jesús Menéndez c/Sánchez Hechavarría, Tel. 22-62-2836), beim Hafen ist der *Ladis*-Schalter (tägl. 8–17 Uhr) im Erdgeschoss rechts. Tägl. Züge nach Bayamo, Holguín und Camagüey. Seit der *Tren francés* ausrangiert ist und „China"-Züge den Transport übernommen haben, sind die Verbindungen nach Havanna häufiger, d.h. es fahren mehr Züge bis Havanna, allerdings nur jeden 2. oder 3. Tag, weshalb der Fahrplan mit den Zugnummern eingesehen werden muss. Die Fahrzeit von 15 Std. hat sich nicht geändert. Das innerstädtische Büro der Ferrocarriles befindet sich in der Ca. Aguilera 565 bajos e/San Agustín y Barnada, Tel. 22-65-1046.

Info & Nützliches

Cadeca, Ca. Aguilera 508 (oberhalb vom Bulevar), Mo.–Fr. 9–16, Sa. bis 12 Uhr – **Etecsa**, Ca. Heredia c/ Felix Peña (unterhalb der Kathedrale), tägl. 8.30–19.30 Uhr – **Clínica Internacional**, Av. Raúl Pujol c/14 (Vista Alegre), Tel. 22-71-4021, rund um die Uhr, bei telefonischer Voranmeldung auch Zahnarzt-Service und *Farmacia Cubanacán*

La Basílica de El Cobre

El Cobre – Schutzpatronin und Göttin der Blumen

Verlässt man Santiago über die alte Straße nach Bayamo, folgt nach 14 km Melgajero. Dort weisen Schilder den Weg nach El Cobre. Von weitem sichtbar, krönt hoch über Königspalmen und Koniferen die crèmefarbene Basilika, Cubas einzige Wallfahrtskirche, einen dicht bewachsenen Hügel. Die Kulisse bilden die düsteren Berghänge und Steinbrüche von El Cobre (dt. Kupfer), der ersten Kupfermine Amerikas, in der vom frühen 16. bis ins 20. Jh. im Tagebau Unmengen an Kupfer abgebaut wurden. Seit die Mine geschlossen wurde, sind viele Bergarbeiterdörfer der Umgebung verlassen. In der 1927 eingeweihten **Basilika** von El Cobre wird eine dunkle Madonnenfigur verehrt. Diese hölzerne Statuette mit dem Jesuskind in der Linken und einem Kreuz im rechten Arm soll 1608 von drei Fischern in der Bucht von Nipe gefunden worden sein. Nach einer anderen Legende wurde sie nach mehreren Marienerscheinungen in der Region im 17. Jh. geschnitzt. Danach verbreiteten einige Wunderheilungen den Ruf der Madonna, 1916 erklärte der Papst die **Virgen de la Caridad del Cobre** (Jungfrau der Barmherzigkeit) zur Nationalheiligen bzw. Schutzpatronin Cubas. Über die Treppe gelangt man zum mit Votivlampen spärlich erhellten Schrein der Madonna. Dort thront die geweihte Figur von Maria mit dem Kind, in gelben Satin und einen Mantel aus Goldbrokat gehüllt, von zahllosen Opfergaben und einem Blumenmeer umgeben, die ihr Gläubige zum Dank für vollbrachte oder erst noch erbetene Wunderheilungen überbringen. Am 8. September, **Cachitas** Namenstag, strömen Tausende in die Basilika, denn die Virgen (eine Mulattin!) ist auch von der Santería vereinnahmt: als sinnliche **Ochún**, die eine magische Anziehungskraft ausübende Göttin der Blumen und Koketterie. Zu den illustresten Opfergaben an die Schutzheilige gehör(t)en ein goldener Miniatur-Guerillero von Lina Ruz, der Mutter Fidel Castros, und die Literaturnobelpreis-Medaille, die Hemingway für „Der alte Mann und das Meer" erhielt. Nachdem diese 1986 gestohlen und später von der Polizei entdeckt wurde, ist sie unter Verschluss. Basilika: tägl. 6–18 Uhr, Messen: Mo./Di., Do.–So. 8 + So. 16 Uhr

Hospederia El Cobre, Tel. 22-34-6246: Hinter der Basilika sind im Klosterbau spartanische Schlafräume, für die ein streng katholischer Verhaltenskodex gilt. Wer um 7 Uhr parat ist', bekommt ein Frühstück, während des Aufenthalts die Freundlichkeit der Nonnen und bei einer Spende deren Dankbarkeit.

Von Santiagos innerstädtischem Busterminal in der Av. de los Libertadores c/Ca. 4 (gegenüber der Cupet-CIMEX-Tankstelle) fahren Busse „No 2" nach El Cobre, Camiones dann, wenn die Ladefläche voll ist, den ganzen Tag über ab Andén No 1.

La Gran Piedra

Von der Straße zum Parque Baconao zweigt bei km 16 (ausgeschildert) links eine Holperstraße ab, die den Skulpturenweg *Prado de las Esculturas* passiert und in engen Serpentinen durch eine Landschaft mit Kaffeesträuchern, Guaven und Wildbächen bergauf führt. Ziel ist die höchste Erhebung der Cordillera de la Gran Piedra, dem östlichen Ausläufer der Sierra Maestra. Auf dem Bergrücken, 1 km vor Villa La Gran Piedra, führt eine 800 m lange Schotterpiste zum *Jardín Botánico,* der außer einem Orchideen-Blütenmeer prächtige Exemplare der subtropischen Blume *Ave de paraíso* („Paradiesvogel", benannt nach den

Farbtönen in Gelb, Orange und Violett und Blütenformen, die dem exotischen Vogel gleichen) sein Eigen nennt, die das ganze Jahr über blüht. Die Hauptstraße endet am Fuß der Gran Piedra (1234 m), einem riesigen Felsklotz (51 m lang, 25 m hoch), der auf dem Bergkamm thront. La Gran Piedra ist auf einem steilen Fußweg und an dessen Ende über 459 Steinstufen zu erklimmen. Von der Felsspitze hat man eine überwältigende Aussicht über Cubas gesamten Osten, an klaren Tagen sogar bis Jamaika und Haiti. Am besten ist ein Aufstieg am frühen Morgen, weil sich die Bergspitze nachmittags oft in Wolken hüllt. Über die Kammhöhe gelangt man nach einem 30-minütigen Fußweg zum erstaunlich guterhaltenen **Cafetal La Isabélica**, der ehemaligen Kaffee-Hacienda eines aus Haiti geflohenen Kaffeebarons. Die zum Museum umgewandelten historischen Werkstätten und Kaffeemühlen können besichtigt werden. Tägl. 8–16 Uhr, US$ 3

Villa La Gran Piedra: Auf 1200 m Cubas höchstgelegenes Hotel unterhalb vom Gipfel, das aus einfachen Cabañas mit Restaurant und schöner Terrassenaussicht besteht. Tel. 22-68-6147, US$ 30 mit Frühstück

Parque Baconao: Landschaft & Kirmes

Der Parque Baconao beginnt östlich von Siboney und erstreckt sich ostwärts entlang der Küstenebene bis zur Mündung des Río Bacanao über 800 km². Er ist eine kuriose Mischung aus Biosphärenreservat und Rummelplatz, sich selbst überlassener Natur und kalkuliertem Kommerz. Nach der Kunsthandwerkskolonie *El Oasis* ist der **Complejo Recreativo Fiesta Guajira** (km 4) ein Ort zum Ausreiten, am Wochenende nachmittags für „Rodeo" mit unerschrockenen Vaqueros. Bei der Abzweigung zum Club Bucanero folgt nach fünf Fahrminuten das **Valle de la Prehistoria** mit lebensgroßen, kitschigen, aber gigantischen Beton- und Gipsdarstellungen von Sauriern und anderen prähistorischen Wesen sowie einem naturhistorischen Museum, ein Ort für Kinder oder junggebliebene Ausflügler. Ctra. a Baconao km 8,5, tägl. 8–17 Uhr, US$ 1.

Museo Natural de Transporte Terrestre: In der exquisiten Oldtimer-Sammlung ab Jg. 1912 sind u.a. der 1958er Cadillac von Benny Moré, der Chevi Raúl Castros, mit dem er 1953 zum Cuartel Moncada ratterte, und Rosita Fornés Ford Thunderbird zu bestaunen. Ctra. a Baconao km 8,5, tägl. 8–17 Uhr, US$ 1

Hinter der *Reserva El Indio* passiert man die geöffneten Galerien der Künstlerkolonie *Verraco*, nach weiteren 8 km den **Jardín de Cactus** mit 150 Kakteenarten, einer großen Fledermaushöhle, Nistplätzen von Schwalben und Kolibris. Ctra. a Baconao km 34,5, tägl. 8–17 Uhr, US$ 1. Es folgen *El Mundo de la Fantasia,* eine Disneyland-Miniaturenwelt für Kinder, ein Marlin Dive Center und schließlich das

Aquario Baconao: Haie und Seelöwen sind größte Insassen im sehr cubanisch ausgefallenen Aquarium, dessen Delfin- und Seehund-Shows Besucher anlocken. Ctra. a Baconao km 34,5, Di.–So. 9–17, Delfin-Shows um 10.30, 15 Uhr, US$ 10, Plantschen mit Delfinen US$ 50

Exposición Mesoamericana: Östlich des Hotels Club Amigo - Los Corales wurden auf einem Terrain mit Kakteen und Höhlen Repliken präkolumbischer Artefakte Mesoamerikas in einer kunterbunten Mixtur von Azteken, Maya und Taíno entlang der Felsküste positioniert. Ctra. a Baconao km 44,5, tägl. 8–17 Uhr, US$ 1

Laguna Baconao: Eine Schotterpiste zweigt zur großen Lagune ab, an der sich ein trostloser *Criadero de Cocodrilos*, Jutías-Käfige und das Restaurant *La Casa de Rolando* (9–17 Uhr) mit Ruder- und Tretbootvermietung befinden. Um den See gibt's Spazierwege, inkl. dessen Umrundung, für die ein Führer (es ist ein Biosphärenreservat) angeheuert werden muss.

Die Asphaltstraße durchs reizvolle Valle de Río Baconao führt bis zum Militär-Checkpoint, wo für nicht in der Region lebende Zivilisten die Fahrt nach Osten endet (sie passiert im weiteren Verlauf die US-Marinebasis im Süden Guantánamos). Wer weiter nach Osten will, muss zurück nach Santiago und von dort zur mehrspurigen Schnellstraße, die bis ins Zentrum Guantánamos verläuft.

Die Buslinien, No 401/415, fahren ab Santiagos Terminal Intermunicipal (s.o.) zum und durch den Parque Bacanoa und zurück.

Statuen von Primaten im Parque Baconao

Club Amigo Carisol - Los Corales: In der Hauptsaison eine Ferienresidenz am besten Strand des Parque Baconao, die all inclusive nichts zu wünschen übriglässt: Buffet, Animation, Poolbar. Das Herausragende ist das hoteleigene **Centro de Buceo**, das versierten Tauchern den Zugang zu 24 ausgewiesenen Tauchplätzen vor der Küste ermöglicht, darunter Wrack- und Höhlentauchen (plus übliches Kurs- und Zertifikatprogramm, Abholung von in anderen Hotels stationierten Tauchern). Ctra. a Baconao km 44, Tel. 22-35-6121, US$ 98

Guantánamo – „Ein Dolch im Herzen"

Die Region um Guantánamo, Hauptstadt der gleichnamigen Provinz, ist die trockenste in Cuba mit einer ausgedörrten, von Dornensträuchern übersäten Steppenlandschaft. Vor allem im Osten gibt es kaum Vegetation, Landwirtschaft ist nur mit minuziöser Bewässerung möglich. Herausragend sind die annähernd fünf Meter hohen, bis zu 200 Jahre alt werdenden Kakteen in der Nähe der Marinebasis. Dass man sich hier einer politischen und militärischen Problemzone nähert, wird, von Santiago

Eingang zum Camp Delta in Guantánamo

kommend, kurz vor Guantánamo augenfällig. Dort mutiert die Carretera Principale zur getarnten Start- und Landebahn für die cubanische Luftwaffe. In die Hügel wurden versteckte Hangars für Flugzeuge gesprengt. Guantánamo ist wenig attraktiv, hat öde Wohnblöcke, Mietskasernen und ein monotones Zentrum, auch wenn in den letzten Jahren punktuell sanierende Bautrupps durch die Stadt geschickt wurden. Im Westen ist Santiago das Ziel, im Osten Baracoa. Nach Guantánamo kommt man nur, wenn man von Santiago nach Baracoa fährt oder zurück und, aus welchen Gründen auch immer, hier eine Pause einlegen muss, bis es, so schnell wie möglich, weitergeht. Und ist man hier, geht einige Schritte über den Parque Martí oder hinüber zur Plaza Garajales. Nichts! Keine *Guajira Guanánamera* weit und breit. Landauf, landab wird ihr mit Inbrunst gehuldigt. Bloß hier ist sie nicht. In der Cafetería sind die „Populares" alle. Also weiter!

Parque Martí: Wie in vielen Orten ist der Hauptplatz José Martí gewidmet. Ruhe kehrt hier selten ein, was die Dominospieler nicht weiter stört, auch nicht Señor Martí, den es in einer sitzenden Version gibt, der nicht mitwippt, wenn Ensembles auf der Bühne in der Ostecke ihren Groove verbreiten. Spielt keiner live, plärren konkurrenzlos von der Casa de la Cultura Trommeln und Trompeten über den Platz. Um ihn scharen sich Restaurants, Geschäfte und interessante Gebäude wie die *Pfarrkirche Santa Catalina de Riccis*, die vom Papst bei seinem Besuch zur Kathedrale befördert wurde und dennoch das alte unscheinbare Gotteshaus blieb. Fulminant ist der **Palacio de Salcines**, Ca. Pedro Agustín Pérez 802–804 c/del Prado, der heute das *Museo de Artes Decorativas* beherbergt. 1919 vollendet, vereint das Stadtpalais Architekturstile vergangener Epochen und ist Guantánamos repräsentativstes Gebäude. Die Kuppel, die ein über eine Wendeltreppe besteigbarer Aussichtspunkt ist, ist von **La Fama** gekrönt, der mythologischen Figur, die, so sagt die Legende, mit dem Klang ihres Horns gute und schlechte Nachrichten verkündete und zum Symbol der Stadt wurde.

Plaza Mariana Grajales: Guantánamos Revolutionsplatz wird vom martialischen *Monumento a los Héroes* dominiert und ist der Ort für Großveranstaltungen. Mariana Grajales war die Mutter von Antonio Maceo, ist aber für diesen Pathos der Scheußlichkeit nicht zu belangen. Ca. 11 Norte e/2 y 3 Oeste

U.S. Base Naval

Unterkunft & Restaurant

Hotel Guantánamo: Die Zimmer sind komplett und in Ordnung gehalten, der Pool hat Wasser und die Café-Bar Mojitos, Bier und Kaffee. Ca. 13 Oeste e/Ahogados y 2 de Octubre (bei der Pl. Grajales), Tel. 21-38-1015, US$ 48

Sabor Melian: in der lebhaften Avenida verpasst man leicht den Eingang zum Paladar, der auch mit guten Restaurants an touristischen Orten konkurrieren kann. Fisch, Meeresfrüchte, Schwein und die Haus-Menü *Relleno Melian*, mit Garnelen und Käse gefüllte Bistecroulade, werden tadellos zubereitet. Av. Camilo Cienfuegos 407 e/ Pérez y Martí, tägl. 12–24 Uhr

Züge & Busse

Von der **Estación de Trenes**, Tel. 21-32-5518, am Ende der Ca. Calixto García, 5 Kreuzungen nördlich vom Parque Martí, fährt 2x/Woche ein Zug nach Havanna (17 Std. mit Stops in Camagüey, Cienfuegos, Santa Clara und Matanzas).

Das **Terminal de Ómnibus**, Tel. 21-32-9640, befindet sich weit außerhalb, 5 km westlich vom Parque Martí in der Verlängerung der Av. C. Cienfuegos an der alten Straße nach Santiago. Wer diese Unpässlichkeit in kauf nimmt, kann

mit Víazul einmal tägl. nach Baracoa (150 km, 3 ½ Std.) und zweimal nach Santiago (86 km, 1 ¾ Std.) fahren oder sich für vor dem Terminal wartende *Colectivos* entscheiden.

Guantánamos Base Naval

In Guantánamo steckt der Stachel der USA in Form einer Marinebasis. Der hermetisch abgeriegelte Stützpunkt auf beiden Seiten der Bucht wird von 7000 auf dem Seeweg versorgte US-Soldaten bewohnt. Die ungewollte Untermiete geht auf das Washingtoner Platt Amendment von 1902 zurück, das die damals junge Republik Cuba ihrer gerade erst erhaltenen Souveränität beraubte und zwang, die Marinebasis (116 km²) in Guantánamo Bay den USA quasi für ein Butterbrot zu verpachten. Obwohl der Pachtvertrag auf 99 Jahre gezeichnet wurde, weigern sich die USA, den Stützpunkt zu verlassen. Nach wie vor zahlen sie die jährliche Pachtsumme von US$ 5000 auf ein Schweizer Konto, ohne dass Cuba die Gelder abhebt, da es die Legitimität der US-Basis, die nach Worten Castros „ein Dolch im Herzen Cubas" ist, nicht anerkennt. Die USA berufen sich auf die damals diktierte Klausel, dass der Vertrag nur in gegenseitigem Einvernehmen gekündigt werden kann. Neben der militärischen Bedeutung wird die Bucht wegen ihrer idealen Bedingungen für die Schifffahrt begehrt. Ein Grund mehr, den Abzug der US-Amerikaner zu fordern. Seit der *Mirador de Malones* direkt an der Ostseite der Sperrzone geschlossen ist, verbleiben für einen Blick auf den US-Militärstützpunkt auf der Straße nach Baracoa nach 29 km auf einem Hügel der **Mirador La Gobernadora** oder das 21 km südlich von Guantánamo im Fischerdorf Caimanera auf einer Anhöhe gelegene **Hotel Caimanera**: hübsche Ferienanlage, einige Zimmer haben „Balkon mit Aussicht", Pool, Hausspezialität: *caldo de jaiba* (Krabbenbrühe), Tel. 21-49-9414, US$ 52 inkl. Frühstück. Vor Ort können Passagierschein und Führer in Guantánamo bei Infotur, Ca. Galixto García e/Crombet y Giro, Tel. 21-35-1993, 8.30–12, 13–16.30 Uhr besorgt werden oder man bucht über Islazul.

Punta de Maisí & Boca de Yumurí

Bei Cajobabo, wo die Carretera Central nordwärts drehend in die Farola nach Baracoa mündet, führt die Abzweigung nach Osten entlang der Küste via La Máquina zur Punta de Maisí, Cubas östlichstem Punkt. Die rauhe Südostküste gleicht an vielen Stellen einer naturfernen, von der Sonne ausgebrannten Mondlandschaft mit Kakteen, Gesteinsbrocken, Disteln und Wüstenflecken und bietet einige passable Strände, so die dunkelsandige *Playa Imías,* 2 km östlich der gleichnamigen Ortschaft mit Basisunterkünften aus Beton (Dusche, AC, Kühlschrank), und die verlassene *Playita de Cajobabo* mit Kieselsteinen und 1 km abseits der Hauptstraße einem einfachen Campismo (Tel. 21-88-6304), bei dem man Ferien unter Einheimischen verbringen kann. 2 km östlich des Campismo befindet sich ein Denkmal an der Stelle, wo José Martí am Beginn des II. Unabhängigkeitskrieges, vom Exil zurückkehrend, an Cubas Küste landete (guter Schnorchelplatz). Bis La Máquina (51 km) ist die Straße passabel, für die letzten 13 km auf der schotterigen Stichstraße zur Punta de Maisí ein 4WD ratsam. Am

Ziel belohnen ein idyllisch weißer Sandstrand und an klaren Tagen von der Spitze des über 144 Holzstufen barfuß ersteigbaren **Faro de Punta de Maisí** (1862) ein Blick bis nach Haiti die beschwerliche Anfahrt. Der diensthabende *Torrero*, Leuchtturmwächter, ist bei einem Trinkgeld immer aufgelegt, Anekdoten zum Cabo Este zu fabulieren. Seit Aerotaxi-Doppeldecker bei ihren Rundflügen ab Baracoa zur Punta Maisí seltener landen, wird die Landebahn zum Trocknen von Kaffee verwendet.

Fährt man weiter Richtung Baracoa, folgt hinter Sabana eine rasante Serpentinenabfahrt auf einer Holperpiste bis zur Fischersiedlung Boca de Yumurí an der Mündung des **Río Yumurí.** Dessen dunkler Sandstrand ist für sich eigentlich reizvoll, doch an Wochenenden verwandeln ganze Horden von sonnen- und strandsüchtigen Baraconesen ihn in einen tosenden Rummelplatz mit einer Heerschar rastloser Strandhändler. Nach dem *Paso de Alemanes* kann man bei der Holzbrücke über den Fluss zur Bootsfahrt auf dem Río Yumurí aufbrechen, durch die Schlucht, durch die der Fluss sich dem Meer entgegen windet und eine dichte Wildnis, wo sich am Ufer verschlungene Wege im Dickicht verlieren (Bade-, Tauchgelegenheiten in kleinen Höhlen). Im weiteren gut geteerten Streckenverlauf bis Baracoa (30 km) passiert man weitere dunkelsandige Strände und genießt die Ausblicke aufs Meer.

Leuchtturm an der Punta de Maisí

Auf der Farola nach Baracoa

Die tollkühn angelegte Straße von Cajobabo nach Baracoa, **La Farola** (Leuchtfeuer), wurde ab 1960 gebaut. Folgt man ihr nordwärts in die Berge der Cuchillas de Baracoa, lässt man schnell die hitzeverbrannten Steppen Guantánamos hinter sich. Das grandioseste Panorama genießt man von der Passhöhe am **Mirador Alto de Cotilla**. Víazul-Fahrer halten sonst dort, wo ihnen von fliegenden Händlern, die unverzüglich den Bus umlagern, eine *Comisión* winkt, und für einen gefüllten *Cubalse* kommen schnell ein paar neue Passagiere dazu. Verkauft werden Schokolade, Mandarinen, Kokosnüsse und leckere *Plátanos manzanos*. Die kleinen rötlichen „Stumpenbananen" haben zuerst einen leicht säuerlichen Geschmack (deswegen *manzana*), bevor sich eine intensive Süße entfaltet. Es sind Vitaminbomben, die, je dunkler die Schale, umso süßer schmecken.

Auf den letzten Kilometern bis Baracoa verläuft die Straße zwischen üppig grünen und mit Kakao- und Kokoshainen, Pinien und Regenwäldern überwachsenen Bergzügen. Die Region im äußersten Osten Cubas ist eine der regenreichsten der Insel, die Luft tropisch feucht. Auch an der Küste setzen sich Kokoswälder fort, verströmen die Aura einer pazifischen Südseeinsel. Unter Baracoas Frauen ist eine sämige Hautcreme begehrt, die aus den Früchten der lokalen Kakaopflanzen hergestellt wird, die zudem in die *Fábrica de Chocolate - Peters Baracoa* vier Kilometer hinter Baracoa an der Straße nach Moa, wandern (keine Besichtigung).

Nach der Revolution förderte man die rückständige Region. Polikliniken wurden geschaffen, Straßen asphaltiert, schließlich konnte man sogar die Elektrifizierung der Stadt feiern. Welch unvorstellbaren Fortschritt dies bedeutete, lässt die Anekdote erahnen, die der Direktor des historischen *Museo Municipal* gerne erzählt: Zurückgekehrt vom Besuch in Baracoa, wurden die Kinder aus einem nahegelegenen Bergdorf von den Daheimgebliebenen gefragt, wie ihnen die Stadt gefallen habe. In der Stadt seien sehr viele Menschen, antworteten sie, doch wunderschön wäre, dass dort die Sterne so niedrig hingen – und meinten damit die elektrische Straßenbeleuchtung.

Baracoa – Cubas erste Stadt

War hier die Stelle, an der am 27. Oktober 1492 Kolumbus zum ersten Mal cubanischen Boden betrat oder fand das denkwürdige Ereignis stattdessen an der Nordküste in der Bahía de Bariay bei Guardalavaca statt? Und ist das Holzkreuz in der Kirche Nuestra Señora de la Asunción dasjenige, das Kolumbus auf seiner Expedition in die Neue Welt mitbrachte und in den Boden von Baracoa gerammt haben soll? Baracoa und Bariay beanspruchen beide, Landeplatz des Großadmirals gewesen zu sein, beide bemühen dafür mehr oder weniger stichhaltige Argumente. Ganz sicher ist, dass Baracoa vom ersten spanischen Gouverneur auf Cuba, Diego Velázquez, als erste cubanische Stadt 1512 gegründet wurde und während der nächsten drei Jahre die erste Hauptstadt der Insel war. 1515 wurde der Verwaltungssitz nach Santiago verlegt. Fortan geriet die Region um Baracoa ins Vergessen und war, hinter unwegsam hohen Bergen, nur auf dem Seeweg mit der übrigen Insel verbunden. Bis 1960 existierte nicht einmal eine Verbindungsstraße nach Guantánamo. Die Arbeit in den Kaffee-, Kokos-,

Kakaopflanzungen und in den Bananenplantagen war eine üble Schufterei und machte die Baraconesen nicht gerade reich. Als der Handel von Schmuggelwaren Profit abwarf, kamen Piraten, später die United Fruit Company, die bald den Bananenanbau und -handel kontrollierte. Um sich gegen Plünderungen der Piraten zu schützen, errichtete man in und um Baracoa drei Festungen. Die United Fruit Company gab 1944 ihre Aktivitäten in Baracoa wegen einer schweren Schädlingsplage, während der die *Sigatoka* fast alle Pflanzen vernichtete, auf. Die Stadt verfiel zum ärmlichen Provinznest.

Seiner Abgeschiedenheit verdankt es Baracoa, dass es touristisch nicht überrannt wurde und sich *down under* wie ein magischer Ort am Ende der Welt präsentiert, obwohl die hübsche Hügellandschaft und der Charme der Kleinstadt, in der die Pracht irdischen Reichtums außen vor blieb, zum Besuch reizen. Baracoa ist kein herausgeputztes Juwel, auch weil es regelmäßig von *Zyclones* heimgesucht wird, wie 2016 vom Hurrikan *Matthews*, der einen zerzausten Trümmerhaufen zurückließ. Im wieder mal reparierten und restaurierten Kleinstädtchen mit ziegelgedeckten Häusern

Blick über Baracoa

und auf Pfähle gebauten Holzhütten scheint die Zeit stillzustehen. Vieles verbreitet den Eindruck, dass seit Ankunft der spanischen Conquistadoren kaum Zeit verstrichen sei. Auf den Straßen und Plätzen begegnet man einer verträumt karibischen Atmosphäre, einem sinnlichen Müßiggang, der jede Hast im Keim erstickt: „Tranquilo, amigo, tranquilo!" Am schönsten ist die Stadt, wenn die Abendsonne die Häuser in ein warmes Licht taucht und die ausgebleichten Fassaden in intensiven Farben leuchten, oder frühmorgens an der Uferpromenade sitzend, wenn sich am Markt ein wohliger Hauch von Meeresfrüchten, vermischt mit dem Duft von Palmentau, verbreitet, bis mit der nächsten heranwehenden Brise sich andere Aromen und Gerüche der Nase darbieten, oder an einem späten Julinachmittag, im Angesicht einer Gewitterfront, wenn die schwarze Wolkenwand den Tafelberg El Yunque zu erdrücken scheint und aus dem Dunkel zuckende Blitze die vermeintliche Südseekulisse, ihre Häuschen und sich duckenden Palmen, in magischer Schönheit zum Leuchten bringt.

Parque Cental: Hier ist der Parque Central, der genügend schattige Bänke und WLAN- Empfang hat,

dass sich jeder mal tagsüber hier einfindet und es dennoch nicht zu gemütlich wird, denn der innerstädtische Verkehr rattert lautstark am kleinen Dreieck vorbei, nicht José Marí gewidmet und er symbolisiert Anfang und Ende: das Ende der indigenen Kultur, verkörpert durch die Bronzebüste von **Hatuey**, die sinnigerweise direkt vors Portal der **Catedral Nuestra Señora de la Asunción** plaziert wurde, und der Anfang des Christenzeitalters in Cuba, soll es doch genau hier oder wo auch immer gewesen sein, wo Kolumbus das heilsbringende Kreuz in die Erde gerammt haben soll (wieso schaut Hatuey so grimmig von seinem Sockel, wo ihm doch das Paradies versprochen wurde?). In der Kathedrale ist das etwa ein Meter hohe **Cruz de la Parra** auf einem Silbersockel eingeschlossen. Ein Radiokarbontest datierte das ominöse Kreuz tatsächlich aufs späte 15. Jh., allerdings soll es aus dem Holz der cubanischen Weinrebe bestehen. Aber die Kathedrale ist ja auch nicht die originale Kirche aus Holz, sondern ein Neubau aus dem 19. Jh. und, genau genommen, das Werk cubanischer und italienischer Restauratoren, denn Matthew hatte, als er über und durch Baracoa fegte, ganze Arbeit geleistet. Der verschlossene Innenraum ist nur vor oder nach der Messe (Di.–Fr. 18, Sa. 20, So. 9 Uhr) zu besichtigen.

Fuerte Matachín: Auf dem Malecón, der in Nichts einer Promenade gleicht, gelangt man am Ende (südöstlicher Ortseingang) zur trutzigen Festung (18. Jh.), in dem das *Museo Municipal* neben Waffengeschirr Kuriositäten wie die Geschichte von Cayamba, dem berühmten Sänger mit der allerschlechtesten Stimme, der russischen Emigrantin Magdalena Rowenskaia, die mal gegen, mal für die Revolution Carperntier zur Novelle „La consagración de la primavera" inspirierte, das Hotel *La Rusa* eröffnete, oder Polymita-Schnecken, für die die Region das letzte Refugium ist. Ca. José Martí c/Malecón, tägl. 8–12, 14–18 Uhr, US$ 1

Casa de Cacao: Das Gebiet um Baracoa ist Kakaoland, der in kleinen Parzellen mit anderen Kulturen von Kleinbauern gepflanzt, gehegt und geerntet wird. Im kleinen Museum wird der Weg von der Kakaobohne zur Schokolade demonstriert, zum Schluss gibt's ein Tässchen dicker Schokolade, die als Barren, Kugeln oder Pulver im Geschäft verkauft wird, etwas bitterer als Herrenschokolade, was der Gesundheit dienen mag. Ca. Antonio Maceo 129 e/Maraví y Frank Paíz, tägl. 7–23 Uhr

El Castillo de Seboruco: Hoch über Baracoa auf der Loma del Paraíso diente die Festung als Wacht- und Zufluchtsbastion, von der man weit aufs Meer hinausblickt, und wurde zum noblen Hotel El Castillo umgebaut. Auch Nicht-Hotelgäste können die ca. 100 Treppenstufen am Westende der Ca. Frank País erklimmen, eine superbe Aussicht auf die Bahía de Baracoa, den Tafelberg El Yunque genießen und sich einen Mojito in der Terrassenbar gönnen.

Fuerte de la Punta: Was früher ein gedrungenes, kanonenbestücktes Bollwerk an Baracoas Hafeneinfahrt war, hat bisher jedem Hurrikan getrotzt. Doch weder Gebäude noch Quartier haben ein einladendes Flair, so dass das hier eingezogene Restaurant ein tristes Dasein führt. Av. de los Mártires c/García

La Cueva del Paraíso: Hier gibt's keine Höhle um der Höhle willen, sondern die Grabhöhlen dienen, durchaus gelungen, für cubanische Verhältnisse modern und in die Natur integriert, zur Ausstellung eines Teils der ca. 2000 in El Paraíso entdeckten Artefakte der Taino-Kultur. Außer der Darstellung eines Taino-Dorfes, der Begräbnisriten sind Keramiken, Idole, Figurinen, Petroglyphen, Skulpturen, Werkzeuge und eine Nachbildung der Tabakgöttin aus Maisí aufbereitet. Das Panorama vom Aussichtspunkt ist grandios. Ca. 2da, Loma del Paraíso, Mo.–Fr. 9–17, Sa./So. bis 12 Uhr, US$ 5

Playa Blanca: Baracoas Stadtstrand ist die müllgeplagte Playa del Miel, die sich eher zum Strandspazieren eignet. Ein 30-minütiger Spaziergang ab dem Fuerte Matachín passiert das Pelota-Stadion, führt entlang einer Kokosplantage, überquert auf einem Holzsteg den Río de Miel und gelangt schließlich zur Playa Blanca, einem schattenverwöhnten Strand, wo die Wellen zwischen zwei Felsvorsprüngen an Land rollen.

Finca Duaba: Weiter ist's bis zur Finca Duaba. Von der Straße nach Moa zweigt nach 6 km eine Stichstraße durch einen Kokoshain zur Finca ab, einer tropischen Obst- und Gemüsefarm, die einen Eindruck vom zivilisationsfernen Landleben vermittelt. Gäste werden viele tropische Pflanzen sehen, können im Río Duaba schwimmen, durch teils schlammiges Gelände reiten und bekommen kreolische Küche kredenzt (8–19 Uhr, US$ 3, Restaurant 12–16 Uhr). Die von Bohíos, Ostcubas typischen Hütten flankierte, kokospalmengesäumte **Playa Duaba** an der Küste hat dunklen, etwas vermüllten Sand.

Río Toa: Cubas wasserreichsten Fluss erreicht man 10 km nordwestlich von Baracoa. Er windet sich in vielen Schleifen aus den bewaldeten Nordhängen der Sierra Maestra zum Atlantik, die biologische Vielfalt und der hohe Anteil endemischer Arten machten ihn Teil des *Biosphärenreservats Cuchillas del Toa*. Nachgebaute *Cayucas*, traditionelle Boote der Ureinwohner, fahren durchs Valle de Toa.

El Yunque: Die Besteigung des Tafelbergs El Yunque (*Der Amboss*, 575 m), der an den Seiten steil abfällt und oben platt ist, ist ein imposantes Naturerlebnis. 6 km nordwestlich von Baracoa zweigt von der Straße nach Moa eine 4 km lange Schotterpiste zum Campismo El Yunque ab, dem Beginn des Aufstiegs (hin und zurück ca. 4 Std.). Obwohl deutlich niedriger als die Gipfel der Sierra Maestra, ist der Gang zum El Yunque schweißtreibend, erfordert gute Kondition wegen extrem hoher Luftfeuchtigkeit, die oben weiter zunimmt, wie der Weg, zuerst nur leicht durch Mangos- und Bananenplantagen ansteigend, zunehmend steiler wird und durch wucherndes Dickicht und Tropenwald führt, in dem es zirpt, zischt und raschelt und man winzigste Wasserpartikel in der Luft schweben sieht, wenn die Sonnenstrahlen durch die Blättergalerien dringen. Oben angekommen, belohnt der erhebende Ausblick aufs Meer und Baracoa die Mühen. Beim Campismo El Yunque, tägl. 8–18 Uhr, wird die Eintrittsgebühr erhoben und Gästen ein Führer zugeteilt. Die große Route endet mit einem Bad im *Charco de la Piña* (US$ 16), die einfachere *La Cascada* (US$ 10) an einem hübschen Wasserfall mit Naturbecken.

Playa Maguana: Einer der verstecktesten und bekanntesten Hide aways ist der herrliche Strand 21 km nordwestlich von Baracoa, zu dem man über eine von der Straße nach Moa abzweigenden Schotterpiste kommt. Kokos- und Königspalmen, ein blendend weißer Sand und tiefblaues Meer, so weit das Auge reicht, dazu eine von keiner Invasion gestörte Ruhe, machen die Playa Maguana zum schönsten Strand der Provinz Guantánamo, was Jineteros und Strandhändler auch wissen. Die *Villa Maguana* mit vier Cabañas, Kühlschrank, TV und Comedor (Ctra. a Moa km 20, Tel. 21-64-1204, US$ 90 inkl. Frühstück) ist hier das einzige Gästehaus und nur für den puristischen Strandurlaub mit eigenem Gefährt geeignet.

Unterkunft

Hotel El Castillo: In Baracoas Adlerhorst wohnt man komfortabler als die Conquistadoren, sollte dennoch sein Zimmer gut auswählen, wobei alle 28 Räume im neueren Anbau Aussicht gewähren. Innen kolonial, draußen ein modernerer Pool. Ca. Calixto García, Loma del Paraíso, Tel. 21-64-5524, US$ 70/95 inkl. Frühstück

Hotel La Rusa: unprätentiöses, familiäres Hotel am Malecón, das schon illustre literarische und politische Größen wie Alejo Carpentier, Errol Flynn und Ernesto Guevara beherbergte. Ca. Máximo Gómez 161 c/Malecón, Tel. 21-64-3011, US$ 45 inkl. Frühstück

Hotel Río Miel: Eines der modernen Etablissements Baracoas mit gehobener Ausstattung in der Nachbarschaft von La Rusa direkt am Meer und Centro, die Hälfte der Zimmer hat Blick nach hinten zur Stadt. Malecón c/Ciro Frías, Tel. 21-64-1207, US$ 70 inkl. Frühstück

Hotel Porto Santo: modernes Resort im mediterranen Stil mit Pool, nur wenige hundert Meter vom Flughafen entfernt an der der Altstadt gegenübergesetzten Seite der Bucht, eine Treppe führt direkt zum Hotelstrand, dessen Palmen Matthew rasierte. Eine Replik des Cruz de la Parra insistiert, dass genau hier der Großadmiral den Sand bekreuzte. Ctra. del Aeropuerto km 3, Tel. 21-64-5106, US$ 75 inkl. Frühstück

Casa Dorkis: Eine herrliche Terrasse mit Meerblick und ein ordentliches, ruhiges Apartment mit Bad im Obergeschoss machen die Distanz zum Parque Central wett. Ca. Flor Crombet 58 e/Coliseo y 24 de Febrero, Tel. 21-64-3451, US$ 30

Casa Colonial Ykira: Familiär heißt hier mit Familienanschluss bzw. ein Aufenthalt in sowohl von Mietern als auch Vermietern genutzten Räumen. Wird's zuviel, ist die Terrasse ein willkommener Rückzugsort, wo das exquisite Essen serviert wird. Ca. Antonio Maceo 168A e/Ciro Frías y Céspedes, Tel. 21-64-3881, US$ 30

Casa Juan Maresma: Señor Maresma zeigt Präsenz, weiß, mit was man Fremden zu Diensten sein kann. Seine Casa ist ein Ort für Gäste, die sich ihren Aufenthalt gern organisieren lassen, ohne sich selbst die Hacken abzulaufen. Vom Fahrrad bis zur El-Yunque-Führung, Señor Maresma hat's. Ca. José Martí 292 e/Díaz y Blanco, Tel. 21-64-1918, US$ 30

Restaurants

El Buen Sabor: Ein Speisetempel lokaler Küche, d.h. Kokosnüsse, regionale Gewürze und Früchte sind wie Reis und Bohnen Grundsubstanz der Menüs. Mit Schwertfisch in Kokosmilch macht man nichts falsch, Vegetarier bestellen *Calalú* und bekommen in Kokosmilch gekochte Knollenfrüchte. Einzig die öde Terrasse und satte Rechnung trüben das Pläsier. Ca. Calixto García altos 134 e/Céspedes y Frías, tägl. 12–24 Uhr

Las Terrazas Casa Nilson: Die Dachterrasse der Casa Particular ist zum gutbesuchten Lokal im afrocubanischen Look aufgestiegen, dessen Köche nichts über die Ingedienzien der Soßen verraten. Köstlich sind sie und geben Meeresfrüchten, Tintenfisch und Schweinefleisch eine duftende Note. Ca. Flor Crombet 143 e/Ciro Frías y Cuervo, tägl. 12–15, 18–23 Uhr

Cafetería El Parque: Populärer Ort für Hähnchen und Pizzen, Cocktails und Bier, Treffpunkt mit Streetlife-Terrasse. Ca. Maceo 142 (neben dem Cine-Teatro Encanto), tägl. 24 Std.

Sabor Taino: Die Namen verraten's, Baracoa beruft sich nicht erst seit den Funden von El Paraíso auf die indigene Vergangenheit. Lokale Spezialitäten verfeinert mit *Raíces* der Taino, dies können definitiv Wurzeln oder Knollen sein, sind en vogue. Eines der günstigeren In-Restaurants. Ca. Maraví 114 e/ Maceo y Martí, tägl. 10–23 Uhr

La Colonial: Einer der etablierten Paladare Baracoas serviert kreolische Küche, direkt am Meer natürlich Langusten, Krabben und Tintenfisch, und viele Menüs in Kokosmilch. Hier sitzt man nicht mit Blick aufs Meer, sondern aufs Geschehen der Straße oder gemütlich bei Kerzenlicht.

Ca. José Martí 123 e/Maraví y Frank Paíz, tägl. 11–13, 17–22 Uhr

Casa del Chocolate: Obwohl nur als *segunda categoría* klassifiziert, ist's einfach herrlich – und süß: heiße Schokolade, Cake, Eis und die lokale pappsüße Dessert-Spezialität *Cucurucho*, eine gekochte, in Bananenblätter eingewickelte karamelisierte Masse aus geriebenen Kokosnüssen, Guaven, Orangen, Papayas, Honig und viel Zucker. Ca. Maceo 121 c/Maraví, tägl. 7–23 Uhr

Entertainment

Casa de la Trova: Eine sehr kleine, aber umso engagiertere Trova. Für Zuhörer, die bereits firm in Son und Guajiras sind, ist es spannend, Ausdrucksformen des Changüí guantanamero, Nengón und Kiribá herauszuhören, uralte, fest in der Tradition dieser Region verankerte Rhythmen. Guayo, Marímbula, Bongo, Maracas und die Tres gehören zu einer kompletten Combo. Ca. Ruenes 6, tägl. 10–24 Uhr, abends US$ 1

Casa de la Cultura: Im Haus der Kultur gibt's Ausstellungen, wird Musikunterricht gegeben, abends live gespielt. Ein Aushang informiert übers Programm. Der Freitagabend ist für die *Noche afrocubano* reserviert. Ca. Antonio Maceo 124, e/ Frank Paíz y Maraví, tägl. 9–24 Uhr

ARTex Cenro Cultural: Tagsüber ein Kommen und Gehen, abends ab 21 Uhr Live-Musik im Terrassencafé „El Patio". Ca. José Martí 197 c/ Céspedes, tägl. 10–24 Uhr

Hin-, Rum-, Weiterkommen

Eine Abzweigung von der Straße nach Moa führt zum 4 km westlich des Stadtzentrums gelegenen **Aeropuerto Gustavo Rizo**. Bei der Cubana-Niederlassung in der Av. Martí 181 (bei der Pl. Martí), Tel. 21-64-2171, Mo.–Fr. 8–12, 14–17 Uhr, sollten frühzeitig, weil schnell ausgebucht, Tickets gekauft werden (4x pro Woche nach Havanna, davon 2x via Santiago).

Am **Terminal Interprovincial**, Av. Los Mártires c/Martí (am Nordwestende des Malecón), Tel. 21-64-3880, fahren **Víazul**-Busse 2x täglich via Guantánamo nach Santiago. Aufgrund eingeschränkter Kapazität kauft man Tickets schon einige Tage vor der Fahrt. *Conectando*-Busse fahren auf der gleichen Route und weiter bis Holguín 3mal pro Woche.

Colectivos der ***BaracoaBusTour*** fahren ab dem Parque Central zur **Playa Maguana** und holen die Fahrgäste dort wieder ab (Kontakt und Abfahrt am Parque Central, US$ 6).

Info & Nützliches

Cadeca, Ca. José Martí 241, Mo.–Fr. 9–16, Sa./So. bis 12 Uhr – **Etecsa**, Ca. Antonio Maceo 182, tägl. 9–19 Uhr – **Clínica Internacional**, Ca. José Martí 237 c/Reyes, 24 Std.

Bucht von Baracoa

219

Parque Nacional Alejandro de Humboldt

Von der Bahía de Taco über den Oberlauf des Río Toa bis zum Mazico de Sagua wurde ein Gebiet von 79.680 ha zum Nationalpark erklärt und der Unesco 2001 ins Welterbe aufgenommen, denn sie ist eine der wichtigsten Regionen zum Erhalt der endemischen Flora in der gesamten westlichen Hemisphäre, einer der ungebändigtsten Naturräume der Karibik und erstreckt sich über imposante Bergrücken und eine üppige Tropenlandschaft, in der zig Palmenarten, moosbehängte Regenbäume, Korallenbäume, die sich in ihrer Blütenpracht gegenseitig übertreffen, und von Kletterpflanzen, Luftwurzlern und Baumfarnen überwucherte Edelhözer wie Mahagoni oder Teak anzutreffen sind.

Ein kleiner Teil ist für Besucher zugänglich. Auf halber Strecke zwischen Baracoa und Moa kommt man nach gut 30 km und einstündigen Holpertortur auf einer Schotter- und Schlaglochpiste zur Kontrollstation und Besucherzentrum des Nationalparks (Ctra. a Moa km 33). Er ist von 7.30–17 Uhr geöffnet, Einlass bis 10 Uhr, um die rechtzeitige Rückkehr der Gäste zu garantieren. Beim Eingang ist die Maut von US$ 10 zu entrichten plus Gebühr für die gewählte Route und den zugeteilten Führer, die hier zu den professionellsten und sachkundigsten aller Nationalparks Cubas gehören. Am anspruchvollsten ist der **Sendero Balcón de Iberia**, der hin und zurück 5 Std. dauert, seinen Kulminationspunkt am Mirador auf dem Plateau des Monte Iberia (740 m) hat, den Schweiß aus den Poren treibt und am Bassin des Wasserfalls des Río Santa María erfrischende Abkühlung bringt. Spaziergänger wählen den 3-stündigen **Sendero El Recreo** entlang dem Río Taco, noch behäbiger ist eine 2-stündige Bootstour durch die Bahía de Taco und Mangrovenwälder. Mal sind nur Ruderboote in Gebrauch, mal Motorboote mit extra dafür gebauten, umweltschonenden Motoren, wie gesagt wird, doch die Fahrt zu den letzten Refugien der vom Aussterben bedrohten, ausgewachsen etwa ½ t schweren und 5 m langen cubanischen *Manatí*-Seekühen, den einzigen puren Vegetariern unter den Meeressäugern, führt die Nationalparkintention ad absurdum.

Organisierte Touren: In Baracoa können Komplettpakete inkl. Transport, Eintritt und Führer gebucht werden (US$ 30–40): **Ecotur**, Ca. Antonio Maceo c/Grajales, Tel. 21-64-2478, Mo.–Sa. 8–12, 14–18 Uhr – **Cubatur**, Ca. Antonio Maceo 181, Tel. 61-32-8342, Mo.–Sa. 8–12, 14–17 Uhr

CUBAS INSELN

Isla de la Juventud

Die Isla de la Juventud – „La Isla" – ist die größte Insel vor Cubas Küste und westlicher Abschluss des *Archipiélago de los Canarreos,* der aus mehr als 650 Inseln besteht und den Golfo de Batabanó vom Karibischen Meer trennt. Jahrhundertelang war sie eine unwirtliche Insel, diente als Piratenunterschlupf (die *Parrot Island*, wie sie die Freibeuterzunft nannte, in deren Erde sie ihr Raubgut lagerten, soll Vorlage für Stevensons „Schatzinsel" gewesen sein) und später als Zwangsexil für unliebsame Zeitgenossen (u.a. José Martí). Anfang des 20. Jh. siedelten sich US-Immigranten in der Gewissheit an, dass die Insel von den USA annektiert würde. Stattdessen geriet sie zum Ort der Verbannung für politische Häftlinge. Um 1930 wurde unter der Diktatur Machados der gigantische Presidio Modelo (Mustergefängnis) bei Nueva Gerona errichtet. Erst nach der Revolution wurde die Insel mit staatlichem Engagement urbar gemacht, mit dem Plan, sie zu einem Mega-Internat zu machen.

Nachdem 1966 ein Zyklon über die Insel fegte und schwere Schäden hinterließ, rief Castro die Jugend Cubas auf, beim Wiederaufbau zu helfen. Anlässlich der Weltjugendspiele 1978 wurde die Insel, damals noch „Isla de Pinos", symbolisch der Jugend geschenkt und in Isla de la Juventud umbenannt. In der Folgezeit verbrachten bis zu 21.000 Pioniere und Studenten, darunter viele ausländische, großteils aus symphatisierenden afrikanischen Ländern, in über 60 Schulen, Hochschulen und Internaten einen Teil ihrer Ausbildung. Während des Período Especial wurden die Ambitionen reduziert, viele Schulen geschlossen, heute sind die meisten verwaist. Dennoch blieb die Isla de la Juventud mit den *Escuelas en el campo* genannten Internaten Paradebeispiel der cubanischen Educación integral, in dem Schüler eine Tageshälfte die Schule besuchen, die andere an der Kultivierung riesiger Zitrusplantagen mitarbeiten. Geografisch teilt sich die Insel in zwei Großräume auf. Im Norden bestimmen Siedlungen, sanft ansteigende Hügel und riesige Grapefruitplantagen die Landschaft. Der kaum bewohnte Süden wird von Wäldern und dem Sumpfgebiet Ciénaga de Lanier dominiert.

Nueva Gerona

Ob man mit der Fähre oder Flugzeug auf La Isla reist, ist ihre Hauptstadt Nueva Gerona der Ankunftsort. Eingerahmt von den Höhenzügen der Sierra de Las Casas im Westen und Sierra de Caballos im Osten, ist die Hafenstadt wenig aufregend, hat ein nostalgisches Zentrum, dessen provinzielle Ausstrahlung von den vielen Holzhäuschen mit Veranden im Stil der US-amerikanischen Pionierzeit verstärkt wird. Bei einem Streifzug durch die Innenstadt drängen sich kaum konkrete Ziele auf. Am Parque Central wird man an der Pfarrkirche oft vor verschlossenen Türen stehen, das Museo Municipal ist mit seinem Säulengang draußen fast schöner als drinnen lehrreich und zwei Häuserblöcke östlich am Ufer des Río Las Casas die ausgemusterte Fähre *El Pine-*ro ein nationales Denkmal, aber auch nur, weil sie am 15. Mai 1955 unter den Passagieren einen Kerl namens Fidel in die Freiheit schipperte. Das *Museo Casa Natal Jesús Montané Oropesa*, Ca. 24 e/43 y 45, ist das Geburtshaus eines tapferen Mitkämpfers beim Sturm auf den Cuartel Moncada, vermag aber außer den schriftlich festgehaltenen „Reflexionen" aus dem Presidio Modelo nichts Neues zu verkünden. Im Planetario y Museo de Historia Natural, Ca. 41 c/52, an der südlichen Ortseinfahrt sind neben dem Teleskop der naturhistorischen Abteilung die Repliken der Höhlenmalereien von Punta del Este am interessantesten. Ein Gang durch die Calle 39 („Calle Martí"), die eine Fußgängerzone mit vielen Sitzbänken, Restaurants und Geschäften ist, bietet am ehesten einen Zugang zur Stadt.

Unterkunft

La Isla: Hier hat einer den großen Wurf gewagt und gewonnen. Denn herausgekommen ist die eigenwilligste und hübscheste Casa Particular von Nuevo Gerona, deren Gestaltung eines Diego Rivera würdig ist und mit dekorativen Accessoires nur so protzt. Sechs Gästezimmer stehen zur Verfügung, idyllische Patios und mit „El Galeón" ein Schlemmerparadies auf der Dachterrasse. Ca. 24 No 4510 e/45 y 47, Tel. 46-50-9128, US$ 20-25

Hotel La Cubana: 5 Gehminuten vom Stadtzentrum am Parque de la Cotorras hat dieses Hotel 17 ordentliche, moderne Zimmer zu günstigen Preisen parat, dazu ein Restaurant mit einem passionierten Grillmeister. Ca. 39 e/16 y 18, Tel. 46-32-3512, US$ 38

Villa Gerona: Für alle Inselnovizen die Topadresse, zumal es vom Fährterminal nur 1 Häuserblock entfernt ist. Die drei Zimmer sind gut ausgestattet und sauber, die Vermieter hilfsbereit. Der tolle Patio hat auch bei Regen eine Trockenzone. Ca. 35 No 2410 e/24 y 26, Tel. 46-31-2962, US$ 25–30

Restaurants

El Cochinito: dunkel, düster mit Schweinedekoration, also gibt's kreolische Gerichte mit Schweinefleisch, das mal als Bistec, Kotelett oder Spießchen im eigenen Sud (hier gibt's kein AC) verspeist. Keine Gourmetküche, aber günstig. Ca. 39 c/24, Do.–Di. 12–22 Uhr

El Galeón: Ein schmuck dekoriertes Piratendeck bzw. Dachterrasse auf der Casa „La Isla", vorzüglich zubereitete Klassiker der cubanischen Küche vom Holzkohlengrill, Fisch und Mojitos mit einer Piratenration Rum. Am Wochenende Tradicionales live. Tägl. 11–23 Uhr

Restaurante El Dragón: Ein bisschen Chop Suey, viel Reis, schon nennt's sich chinesische Küche, obwohl das meiste cubanische Standardkost ist. Genieß- und bezahlbar. Ca. 39 c/26, tägl. 12–22 Uhr

Restaurante-Bar Buena Vista 39: In der Ca. 39 führt eine Treppe hinauf zu traditioneller, mit einer Prise Kreativität „verfeinerter" kreolischen Küche. Ca. 39 e/24 y 26, Mo.–Sa. 11–23 Uhr

Hin-, Weiterkommen

Cubana fliegt dreimal täglich vom internationalen Flughafen José Martí in Havanna zum **Aeropuerto Rafael Cabrera Mustelier**, Tel. 46-32-2300, 5 km südöstlich von Nueva Gerona. Schneller und günstiger als die Fähre, sollten Tickets frühstmöglich gekauft werden,

Presidio Modelo

weil die Flüge schnell ausgebucht sind. In Nuevo Gerona ist die Filiale der Cubana in der Ca. 39 No 1415 c/ Ca. 16, Tel. 61-32-4259, Mo.–Fr. 8–12, 13–16 Uhr. *Servicio-Aereo*-Busse pendeln zwischen Parque Central und Flughafen, Abfahrt zum Flughafen vor dem Cine Caribe an der Nordostecke des Parque Central.

Zwischen Nueva Gerona und Surgidero de Batabanó, 71 km südlich von Havanna, besteht ein regulärer Fährverkehr mit unterschiedlichen **Fähren**. Mit dem Katamaran dauert die Überfahrt 2 ½ Std. (US$ 60 einfach), der täglich um 8 Uhr von Surgidero de Batabanó ablegt und um 11 Uhr von Nueva Gerona zurückfährt. Es kommt, abhängig von Kapazität und Nachfrage, permanent zu Fahrplanänderungen. Die für den Ticketverkauf zuständige Empresa Viamar hat einen Schalter im Terminal de Ómnibus an der Pl. de la Revolución in Havanna, Tel. 78-70-1841 (in Batabanó Tel. 47-58-8240, in Nuevo Ge-

rona Tel. 46-32-4415), und bietet ein Kombiticket für Bus und Fähre, was die beste Option ist und gleich mit Hin- und Rückfahrt gekauft wird. Die Busse fahren viermal am Tag vom Terminal nach Batabanó, jedoch mit latenter Unzuverlässlichkeit. In Nueva Gerona befinden sich Fährhafen, Tel. 46-32-4415, und Anlegestelle 4 Häuserblocks östlich der Calle 39.

Die Busse 431 nach La Fé und 441 zum Hotel Colony starten gegenüber dem Friedhof in der Ca. 39a, der Bus 38 nach Chacón (Presidio Modelo) und zu den Playas Paraíso und Bibijagua ab der Kreuzung Ca. 18 c/37 hinter dem Hotel La Cubana.

Info & Nützliches

Cadeca, Ca. 39 No 2022 c/20, Mo.–Sa. 9–18, So. bis 12 Uhr – **Etecsa**, Ca. 41 No 2802 e/28 y 30, Mo.–Sa. 9–19, So. bis 13 Uhr – **Farmacia Principal McPal**, Ca. 39 c/24, kümmerlicher Medikamentenbestand, doch den gibt's rund um die Uhr.

Finca El Abra & Presidio Modelo

Vom Motel El Rancho El Tesoro führt eine Schotterpiste zur geteerten Straße, auf die man rechts einbiegt, eine Brücke am Río Las Casas überquert und bei der nächsten Option wieder rechts abbiegt, wo Schilder auf das **Museo Finca El Abra**, 3 km südwestlich von Nueva Gerona, hinweisen. In der Finca El Abra, am Fuß der Sierra de Las Casas, wurde 1870 vor seiner Deportation nach Spanien für neun Wochen der junge José Martí kaserniert, nachdem er wegen Anstiftung zum Aufruhr verurteilt worden war. Ctra. Siguanea km 2,5, Di.–Sa. 9–17, So. bis 12 Uhr, US$ 1. Kurz vorm Museum zweigt ein Feldweg nach Norden ab, über den man zu den Marmorsteinbrüchen und Kaolinvorkommen der Sierra de Las Casas, die in den Keramikwerkstätten Nueva Geronas verarbeitet oder exportiert werden, gelangt. Von der Hügelspitze bietet sich nach kurzem Anstieg eine hübsche Aussicht, die Ca. 54 weiter nördlich führt direkt in die Stadt zurück.

Die düsterste Vergangenheit hatte der **Presidio Modelo** im Bezirk Chacón, 5 km östlich von Nueva Gerona. Das einstige Zuchthaus für Schwerstkriminelle mit einer Kapazität für 5600 Häftlinge wurde 1926–31 während der Amtszeit Machados nach dem Vorbild des Joliet-Gefängnisses in Illinois gebaut, in dessen sechs Kerkertürmen die winzigen Zellen nur zum Beobachtungsschacht in der Mitte offen waren, was eine ununterbrochene Überwachung mit nur wenigen Wärtern erlaubte. Nach dem missglückten Anschlag auf die Moncada-Kaserne saßen Fidel Castro (Register-Nr.: RN3859) und andere Rebellen von Oktober 1953 bis Mai 1955 ein. Das Gefängnis wurde 1967 aufgelöst, 1980 zum historischen Museum umgewandelt. Reparto Chacón, Di.–Sa. 8–16, So. bis 12 Uhr, US$ 3

Von den beiden nahen Stränden bei Chacón ist die **Playa Paraíso** die schmutzigere, hat dazu am Wochenende die Atmosphäre einer Kantine mit Strandzugang. Die östliche **Playa Bibijagua** hat dunklen Sand, statt Kokospalmen Ananassträucher und eine Brutzelküche im Rücken, deren Oferta in der Hochsaison von ambulanten Strandverkäufern erweitert wird.

Ab in den Süden

Wer auf La Isla kommt, kommt zum Tauchen. Und weil man nicht nur tauchen kann, sind andersartige Orte Besuchern bereitet worden. Der **Criadero Cocodrilo** befindet sich 12 km südlich von La Fé, hat einen Bestand von über 500 Krokodilen und die hehre Absicht, ausgewachsene Krokodile auszuwildern. Wer frühzeitig kommt, kann sich an der Morgenfütterung laben (Ctra. Sur km 12, tägl. 7–17 Uhr, US$ 5). 6 km westlich von La Fé ist **La Jungle de Jones** ein botanischer Garten, der teils in bedauerlichem, teils verwildertem Zustand gar mit einer Bambus-Kathedrale aufwarten kann. Für ein Trinkgeld führen Bauern Besucher durch den ½-stündigen Rundweg. Ctra. La Fé km 2,5, Di.–So. 9–18 Uhr, US$ 3

Cayo Piedra/Militärzone: Der komplette Süden ab Cayo Piedra ist Militärzone. Um von hier weiterzureisen, braucht man einen Tagespass/Erlaubnisschein und eine Begleitung/Führer, was man bei Ecotur in Nueva Gerona (zugeteilt) bekommt. Weil zusätzlich Eintrittsgebühren, z.B. für Cueva de Punta de Este, Playa Larga, anfallen, ist bei begrenztem Budget die Bildung von Reisegemeinschaften sinnvoll.

Cueva de Punta del Este: Die Cueva de Punta del Este an La Islas Südostspitze, 59 km nach Nueva Gerona, wurde 1910 entdeckt und als *Sixtinische Kapelle karibisch-indianischer Kunst* gefeiert. Höhlenwände und Gewölbe sind mit 235 Felszeichnungen und Petroglyphen überzogen, deren Alter auf bis zu 3000 Jahre geschätzt wird. Bei den archaischen Zeichen (Pfeile, Schlangenlinien, Menschen-, Tierfiguren) soll es sich u.a. um einen Mondkalender (Piktogramme aus je 28 roten und schwarzen konzentrischen Kreisen) und Sternenbewegung handeln. Tägl. 9–17 Uhr, US$ 5

12 km südlich von Cayo Piedra lockt die **Playa Larga**, ein herrlich unberührter Strand, der sich entlang der Südküste hinzieht und durch ein kilometerlanges Barriereriff, an dem sich die tiefblauen Wellen des Karibischen Meeres brechen, geschützt wird.

Hotel Colony: Das Hotel an der Ensenada de la Siguanea, 46 km südwestlich von Nueva Gerona, ist wichtigstes Touristenquartier der Insel, auch wenn sich die Tauchstation zur 1 km vom Colony entfernten Marina Siguanea verlagerte. Am 1958 von der Hilton-Kette erbauten Hotel, das nie eine ästhetische Offenbarung war, nagt der Zahn der Zeit und im seichten Wasser des mauen Sandstrands vorm Hotel fühlen sich nur Seeigel pudelwohl. Ein langer Steg verläuft (und verfällt) hinaus in die Bucht, auch das Schnorcheln in Ufernähe gibt kaum was her. Gerade mal die Mojitos in der auf Stelzen gebauten Bar am Steg mögen über manchen Trübsinn, der sich zwangsläufig einstellt, hinwegtrösten. Was soll's, man ist zum Tauchen hier! Ctra. Siguanea km 42, Tel. 46-39-8181, US$ 48

Marina Siguane a Centro de Buceo

Tel. 46-39-8282. Hier starten exklusiv Tauchgänge vor der *Piratenküste*, hier gibt's eine Depressionskammer und den Tauchdoktor. Jeden Morgen fährt ein Boot Taucher in 1 ½ Std. zum National Maritime Park bei Punta Francés. Tauchkursteilnehmer bekommen die meist gute Ausrüstung gestellt. Auch Taucher

Cayo Largo Island

mit eigener Ausrüstung müssen sich offiziellen Tauchführern anschließen, denn das Gebiet ist maritime Schutzzone, um die fragile Unterwasserwelt zu bewahren. Zwischen Punta Francés und Punta Pedernales liegt Cubas spektakulärstes Tauchrevier. Zahllose Riffe und Korallenbänke formen ein bizarres Unterwassergebirge, das von Tunneln, Grotten, jähen Abgründen oder von Schwämmen überwachsenen Hügeln durchbrochen wird. Zwischen verästelten Unterwasserbäumen und hauchdünnen Wedeln tummeln sich bunt schillernde Tropenfische im kristallklaren Wasser. Exkursionen führen zu 56 offiziellen Tauchplätzen (*Piratenanker*, *Korallenschlucht*, *Höhle des Mysteriums* ...) und versunkenen Wracks. Wegen der geöffneten Lage der Randzonen der Riffe, wo der Inselsockel auf über 1000 m Tiefe abfällt, ist größte Erfahrung vonnöten, denn dort entstehen überraschend starke Meeresströmungen.

Cayo Largo – Island in the sun

Es ist noch nicht lange her, da war die 27 km lange und zwischen 1 und 3 km breite Insel am Ostende des Canarreos-Archipels so, wie wir uns ein exotisches Tropenparadies vorstellen. Hier gab es nichts, nur kristallklares Wasser und leuchtende Strände, der Sand so weiß wie Elfenbein und fein wie Puderzucker, einige verlassene Holzhütten, Palmenhaine und dichte Mangrovenwälder: all das, was notwendig erscheint, eine romantische Robinsonade fern jeder Zivilisation zu erleben. Das Wetter mit 290 Sonnentagen im Jahr (Wassertemperatur: 26–28 °C) hat sich gar nicht, die Strände etwas verändert. Doch statt Einsamkeit gibt's jetzt eine erstrangige Touristendestination, einen Rummelplatz mit Hotels der gehobenen Kategorie, die all inclusive operieren. Cubaner wird man mit Ausnahme des Service-Personals nicht antreffen. Cayo Largo (del Sur) wird bei denen, die nichts außer Sonne und

Meer im Sinn haben, immer populärer. Tagesbesucher von Havanna werden am Flughafen unterm riesigen Strohdach (die bohío-ähnliche offene Halle mutiert abends zur Discoteca Iguana Azul) mit einem Langusten-Cocktail und verwässerten Cuba Libre begrüßt und dann per Boot zur 10 Minuten entfernten Playa Sirena – einer Badehalbinsel mit einem makellosen, 2 km langen Sandstrand, dem schönsten von Cayo Largo – im Westen verfrachtet. Exkursionen zur Playa Sirena mit jeglichen Wassersportoptionen (bei Tagestouren wird das Equipment extra berechnet, ein Tauch-Shop ist vor Ort) bieten alle Hotels. Zu den populären Zielen gehören die weiter entfernt im Westen liegenden Cayos del Rosario und

Cayo Largo

Rico, der Cayo Iguana (Lebensraum zahmer Leguane, die von Touristen gefüttert werden), im Nordwesten von Cayo Largo die Playas Los Cocos (Schnorcheln) und Tortuga (wo Meeresschildkröten ihre Eier im Sand vergraben) und die Schildkrötenfarm *Granja de las Tortugas* hinterm Flughafen. Außer dem Meliá Sol Club Cayo Largo gehören die Hotels zur Gran-Caribe-Kette, Gäste eines Hotels können auch Sport- (von Wasser-, Jetski über Surfen, Tennis und Reiten bis zu Schnorcheln) und Animationsangebote der anderen nutzen. Die Hotels sind am 4 km langen Strand im Süden, an dem man, so man keinen Sonnenschirm ergattert, in der prallen Sonne schmort, weil Bäume und Schatten fehlen. Auf Cayo Largo ist wie an der Südküste von La Isla ein wirksames Mittel gegen Moskitos unverzichtbar, denn nach Sonnenuntergang ist man, den Mangrovensümpfen im Norden sei's gedankt, unweigerlich ganzen Horden der Plagegeister ausgeliefert.

Auf den Spuren von Ernest Hemingway

Mit Ausnahme der Helden der Revolution hat in Cuba kein Ausländer einen solchen Ruf wie der US-amerikanische Schriftsteller Ernest Hemingway, den die Cubaner schlicht und liebevoll „Papa" nannten. Der Nobelpreisträger verbrachte mit Mary Welsh 21 Jahre seines Lebens auf Cuba. Zuerst bewohnte er in La Habana Vieja ein Hotelzimmer im Ambos Mundos. Sein spätes Domizil, die Finca La Vigía, dient heute als Museum, sein Name als Werbung für die legendären Bars *El Floridita* und *La Bodeguita del Medio*, die seine Stammkneipen waren. Die Marina Hemingway, der Yachthafen in Miramar, trägt heute ebenso seinen Namen wie das legendäre Hochseeangelturnier.

Hemingways Bootsmann erzählt

Im Fischerort Cojímar, einem heruntergekommenen Nest im Osten Havannas, wohnte **Gregorio Fuentes Betancourt.** Er arbeitete für Hemingway als Bootsmann und Kapitän auf dessen Yacht „Pilar", die im Hafen vor Anker lag. Im ausgehenden 20. Jh. wurde Gregorio, fast gleichaltrig wie Hemingway, als 80-, 90-jähriger und schließlich sogar

Villa von Ernest Hemmingway

100-jähriger „alter Mann" in Cojímar zur Legende. Gregorio, in dessen zerfurchtem Gesicht das Salzwasser, Wind und Sonne wie bei den langsam verfallenden Häusern ihre Spuren hinterließen, freute sich über Besuch. Auch über die zehn Dollars, die er von unbekannten Gringos für seine theatralisch zum Besten gegebenen Anekdoten kassierte. Auf der kleinen Veranda seines Hauses in der Calle 98 No 209 am Hang von Cojímar gab's Schaukelstühle, eine leichte *Brisa*, der Golfwind, machte die Hitze erträglich. Gregorio kam sofort zur Sache. Kennengelernt hatten sich Ernest und er 1925. Gregorio war ein junger Kapitän eines Fischereischiffes.

Im August, der Zeit der Ciclones, lief er eines frühen Morgens aus dem Hafen von Havanna aus. Stunden später kam schlechtes Wetter auf. Er nahm Kurs auf Dry Tortugas, eine Inselgruppe zwischen Cuba und Florida. In einer Bucht lag ein Sportfischerboot mit Gringos, die beim Angeln von der Unwetterfront überrascht wurde. Nur Hemingway konnte gut Spanisch. Sie setzten auf Gregorios Schiff über, aßen gemeinsam zu Mittag. „Ernesto hatte ein großes Stück Speck und eine Flasche Rum dabei", erinnerte sich Gregorio. Jahre später suchte Hemingway einen Bootsmann. In der Bar vom Ambos Mundos wurde man einig.

Königliche Stimulans und Besänftigung: Cubas Zigarren

Rauchspuren – Die Entdeckung

Die 500-jährige Geschichte der *Nicotiana tabacum,* der einst als Braunhaut bezeichneten Tabakpflanze – *Havanna* war der Name für die Farbe des echten cubanischen Blattes –, begann mit allerlei Missverständnissen. Die spanischen Conquistadoren waren des erhofften Goldes wegen gekommen und sichtlich irritiert, als sie der durch den Urwald fegenden Menschen gewahr wurden, die wie Schornsteine rauchten. Kaziken und Schamanen trugen, wohin sie auch gingen, diese seltsam glimmenden Rohre mit sich, die sie mit dem Kienspan entzündeten. Während das eine Ende dieses Rohres brannte, steckten sie dessen anderes Ende in den Mund, und es machte den Anschein, als würden sie eine Weile daraus trinken. Anschließend qualmten sie aus Mund und Nasenlöchern. Mit jedem Atemzug inhalierten sie Rauch, von dem man sagte, er schläfere das Fleisch ein, beruhige die Gedanken und mache auf seltsame Weise trunken.

Im Reich der Pflanze – Das Stumpenland

Zu den fünf klassischen Regionen Cubas, in denen der beste Tabak angebaut wird, zählen die *Semi Vuelta* um San Cristóbal in der Provinz Pinar del Río, *Partido,* in den Ebenen um die Marktstätte Antonio de los Baños im Süden Havannas, *Remedios* in der Inselmitte zwischen Sancti Spíritus und Santa Clara, wo sich Firmen mit klangvollen Namen niedergelassen haben und das fruchtbare Gebiet für die grünen Fluten „Villas" heißt, und *Oriente* nördlich von Ciego de Ávila, im Süden Bayamos und Mayarí in der Provinz Holguín. Die Blätter der Semi-Vuelta-Tabake sind grob geädert, besitzen starke Aromen, die sie zu Favoriten der Zigarren rauchenden Guajiros machen, während die helleren, geschmacklich fein abgestimmten Partido-Zigarren für den Export verwendet werden. *Deckblatt aus Vináles, Einlage aus*

Palacios: Das Gebiet in Cuba, das die edelsten Tabakblätter hervorbringt, ist die **Vuelta Abajo** bei Pinar del Río. Jede Pflanzung dort hat ihre formidablen Merkmale, und die gesuchtesten Sorten gedeihen in den Gemarkungen von San Luís und San Juan y Martínez der roten, wahrhaft königlichen Erde wegen. 27 °C werden dort übers Jahr gemessen bei einer konstanten Luftfeuchtigkeit von 79 %. Die sandige Erde ist quarz- und eisenhaltig, bester Nährboden für die zarten Tabakpflanzen. Um diesen nicht zu verdichten oder zerstören, werden zum Pflügen keine Traktoren, sondern nur Ochsen eingesetzt.

Eindrucksvoll ist die Landschaft der Vuelta Abajo im Dezember, wenn sich die Morgennebel zwischen den Mogotes gelichtet haben und der Blick sich auf die *Vegas* genannten, von ausladenden Königspalmen und hölzernen Trockenschuppen umrahmten Felder öffnet, auf denen sich in voller Reife Tabakstaude an Staude reiht und ein Meer aus sattem Grün die sienarote Erde bedeckt. Als wär's die Ruhe vor dem Sturm, schaukeln vor der Ernte Ochsenkarren gemächlich über die holperigen Wege, auf denen sich ab nur einige streunende, bis auf die Knochen abgemagerte Hunde verlieren. Hinter den Bretterbuden haben sich ein paar alte Guajiros, die ihre zerfurchten Gesichter unter den breitkrempigen Strohhüten verbergen, vor der sengenden Sonne in den Schatten verkrochen. Nichts scheint die Stille des ländlichen Idylls zu stören. Sollte Kolumbus doch recht gehabt haben: Wird wenigstens das Braune Gold aus der Stille geboren?

Rum – Der hochprozentige Seelentröster

Die Geschichten der Seeräuber in der Karibik sind voller Legenden von Männern und ihrem Respekt gegenüber dem hochprozentigen Destillat aus Zuckerrohr. Rum stand auf der Liste des Begehrens, für das es sich zu kämpfen lohnte, ganz oben. Rum bedeutete Luxus sowohl für einfache Matrosen in der Hafenkneipe als auch feinen Herrschaften in den eleganten Etablissements und wurde am eindringlichsten durch Sir Henry Morgans, dem berühmtesten aller Piraten, gewürdigt, der ihn euphorisch beschrieb als „Freund und Bruder, wenn man in der Dunkelheit allein ist, als warme Decke in kühler Nacht und Nervenkitzel auf der Zunge, der zu Mut und tapferen Taten anregt". Seit dem 16. Jh. verwendet man Zucker-

rohr zum Brennen alkoholischer Getränke, die unter den Namen *Veson, Guildive* oder *Tafia* kursierten. Sie waren hart, etwas bitter mit einem hohen Alkoholgehalt. Auch die Mixtur, die im 18. Jh. erstmals unter dem Namen Rum gebrannt wurde, hat mit dem heutigen, veredelten Getränk wenig zu tun, außer dass man Zuckerrohr verwendete. Während der großen Zuckerhausse Mitte des 19. Jh. setzte der königliche spanische Konsul der Großen Antillen einen Preis für diejenigen aus, die das harte Getränk zu einem „delikateren, leichten Rum destillieren, um den Geschmack der Könige und Kenner befriedigen zu können". Der Preis fiel an Cubas Rumproduzenten.

In der *cubanischen Gründerzeit* der großen Rumdynastien wurde 1872 in Santiago erstmals der Rum *Matúsalem* gebrannt, 1878 begann dort die *Bacardí Rum Factory* mit ihrer Poduktion, im gleichen Jahr wurde *Havana Club* in Cárdenas gegründet, dessen heutige Produktionsstätten in Santa Cruz del Norte (die Hauptdestillerie im Osten von Havanna) und Santiago liegen. Nach der Revolution verschob Bacardí seine Destillerien samt Patent nach Puerto Rico, in ihrer früheren Rumfabrik in Santiago werden nun Ron Caney sowie lokale Rummarken wie Matúsalem, Ron Varadero, Ron Caribbean Club, Ron Santiago und Ron Caribe hergestellt.

Nach wie vor sind Cantinas und Bars in Cuba Männersache, auch wenn nun auch Frauen den Weg dorthin finden, vorausgesetzt, sie sind in Begleitung ihres oder eines männlichen Partners. Die Leidenschaft für Alkohol, speziell Rum, ist grenzenlos, fast eine manische Gier. Er wird als *Aguardiente* (billiger Zuckerrohrschnaps) getrunken, als *Trago* (Schluck), einfach (sencillo) oder doppelt (doble), meistens jedoch *De un trago,* was wörtlich „mit einem Schluck" oder „auf einmal" bedeutet, von Cubanern aber „alles auf einmal", „so viel, wie da ist", oder „bis zur rauschenden Trunkenheit" verstanden wird. Bei vielen Treffen kursieren Rumflaschen, es gibt kaum einen Anlass – familiär oder in Gesellschaft –, der nicht als Ausrede herhalten muss, sich zu betrinken. Rum ist der Treibstoff für jedes cubanische Fest, bei denen Cubaner ihre Grundstimmung Alegría ausleben in einer zeitlich begrenzten Flucht aus *Tristeza* (Traurigkeit) und *Soledad* (Einsamkeit). Das cubanische Volk, das sich nicht nur von Brot, Reis mit Hühnchen, sondern aus Mythen und Legenden nährt, besitzt die kreative Eigenschaft der Übertreibung, der Maßlosigkeit und Verschwendung – *en exceso* –, und das beim Feiern und Trinken. Wenn Cuba feiert, übertrifft es sich selbst.

REGISTER

REGISTER

REGISTER